应用型本科高校系列教材

U0652571

金融风险管理

主　编　　殷平生　王晓蕾

副主编　　陈健利　王欢喜

参　编　　魏榆帛　何　娅　刘穗谕

西安电子科技大学出版社

内 容 简 介

本书具体、全面、深入地介绍了金融风险管理的相关理论及知识。全书共 12 章，主要内容包括：金融风险管理概述、金融风险管理的基本理论与方法、利率风险的度量与管理、汇率风险的度量与管理、信用风险的度量与管理、市场风险的度量与管理、操作风险的度量与管理、流动性风险的度量与管理、其他风险、金融监管与政策实践、经济资本与风险调整绩效、大数据发展与金融风险管理。

本书可作为高等院校金融学及其相关专业的教材，也可作为金融风险理论研究者的参考书，还可作为金融风险理论研究者的资料书。

图书在版编目（CIP）数据

金融风险管理 / 殷平生，王晓蕾主编. —西安： 西安电子科技大学出版社，2023.8
(2025.7重印)
ISBN 978-7-5606-7018-8

Ⅰ. ①金…　Ⅱ. ①殷… ②王…　Ⅲ. ①金融风险—风险管理　Ⅳ. ①F830.9

中国国家版本馆 CIP 数据核字 (2023) 第 147613 号

策　　划　毛红兵
责任编辑　吴祯娥　毛红兵
出版发行　西安电子科技大学出版社(西安市太白南路 2 号)
电　　话　(029)88202421 88201467　　　　邮　编　710071
网　　址　www.xduph.com　　　　电子邮箱　xdupfxb001@163.com
经　　销　新华书店
印刷单位　陕西精工印务有限公司
版　　次　2023 年 8 月第 1 版　　2025 年 7 月第 3 次印刷
开　　本　787 毫米×1092 毫米　1/16　印　张　14
字　　数　312 千字
定　　价　41.00 元
ISBN 978-7-5606-7018-8

XDUP 7320001–3

如有印装问题可调换

前 言

随着经济全球化的发展，金融自由化、国际化及金融创新给各个金融机构带来了新的机遇和挑战。尤其是 2008 年的金融危机后，金融风险已经成为各国政府及公众面临的重大问题，金融风险管理也成为了相关行业及学者研究的重要课题之一。金融风险管理成为一门独立的学科是全球金融自由化及一体化的直接体现。

我国金融总量迅猛增长，金融风险问题频频爆发，各类企业、金融机构及组织、监管部门等都在积极寻求金融风险识别、度量及管理的技术和方法。在这样的背景下，国内相关的论文、专著和教材不断涌现，但由于金融风险管理的理论、策略及工具等仍处于不断发展的过程，有些理论工具已经过时，而有些理论技术还尚未成型，在这个领域还有很多值得探讨的问题。

本书分析了近年来经典的国际金融风险事件，介绍了金融风险管理的必要性以及金融风险管理已有的成果及最新动态；论述了金融风险管理的基本理论与方法；分析了各种金融风险的概念、分类及管理模型。本书对促进应用型本科金融学及其相关专业的课程建设有一定的帮助，也可以给社会和金融机构提供一定的理论指导。

本书共 12 章，第一章对金融风险进行了概述；第二章对金融风险管理的基本理论与方法进行了介绍；第三章至第八章分别对利率风险、汇率风险、信用风险、市场风险、操作风险及流动性风险进行了分析，并提出来了相应的度量与管理的模型；第九章对其他风险的度量与管理进行了论述；第十章对金融风险监管与政策实施进行了论述；第十一章对经济资本与风险调整绩效进行了介绍；第十二章分析了大数据在金融风险管理方面的运用。

为了使本书能够适应应用型本科院校金融学专业学生的教学需求，本书在编写过程中力求体现以下特点：

(1) 全面性与系统性。基础理论知识体系的完整性，以及各个构成部分的有机整体性是教材的基础。本书首先对金融风险进行了概述；再依次对利率风险、汇率风险、信用风险、市场风险、操作风险及流动性风险这六类风险的度量及管理进行了全面的阐释和系统的分析；最后涉及金融风险监管与政策实施，以及大数据在金融风险管理方面的运用等内容，进而体现了金融风险管理基本知识体系的全面性和内部结构的系统性。

(2) 针对性与实用性。作为教材应保证读者能够使用相关理论知识分析实际问题，进而对各种风险有一定的解决方案。本书是根据应用型本科学生的知识结构、学习特点及需求，对理论知识在一定宽度及深度范围内进行剖析，并结合理论针对典型行业最新的具有实用性的案例进行了阐释，从而体现了针对性与实用性。

本书由殷平生、王晓蕾任主编，陈健利、王欢喜任副主编，并由课题组成员魏榆帛、何娅、刘穗谕共同完成。殷平生对本书进行了精心设计、总体策划，王晓蕾对编写工作进行了分配协调并统稿。本书编写过程中得到了各位同事、领导及院校的大力支持，他们在本书的内容框架及实际教学要求等方面提供了很好的建议及帮助，在此，特表示诚挚的谢意！在编写的过程中我们参考了大量的文献，在此也向这些文献的作者表示感谢！

由于编者的水平有限，书中定有不足之处，恳请广大读者批评指正。

编　者

2023 年 6 月

目 录

第一章　金融风险管理概述

本章导读

随着经济全球化和金融自由化的加快，全球金融结构发生了重大变化：金融商品服务多元化、金融机构服务网点增多、区域商品买卖遍布大街小巷……金融与日常生活的融合，以及多元化的金融体系给风险管理带来了威胁，例如，随着利率的市场化固定利率向浮动利率的转变引发的利率风险，企业经营失败或破产无法按时还款引发的信用风险，资金融通过程中引发的流动性风险，管理人员的疏忽造成的操作风险，市场汇率变动导致的外汇风险等。

本章立足于市场经济的实际情况，以金融风险管理理论基础为指导，对金融风险进行概述，从不同角度对金融风险进行分类，揭示金融风险产生的规律，并从金融风险的识别、金融风险的度量与评估、金融风险的应对与控制、金融风险的报告与监控这四个方面介绍了金融风险管理的流程。

学习目标

(1) 掌握风险及金融风险的概念。
(2) 了解金融风险理论。
(3) 掌握金融风险的分类。
(4) 熟悉金融风险的管理过程。

第一节　金融风险概论

一、金融的概念

金融作为现代经济发展的核心，是国家经济建设的核心竞争力。金融主要是指市场主体利用金融工具进行资金融通的一系列日常经济活动，是货币资金融通的总称。"金"可以理解为资金，任何商品的流通都需要货币(资金)的支付才能完成，也就是人们通过货币的使用，完成商品的计价衡量；"融"就是流动融合，商品加工完成进行销售时，资本就会和商品发生融合。在现代经济生活中，个人、家庭、企业等都会和资金打交道，而资金的融通就是对资源协调利用的过程。因此，金融的本质就是"资金融通"，即金融市场上资金由资金盈余一方向资金赤字一方进行转移，实现资金的跨时期配置。

二、风险及金融风险的概念

（一）风险的概念

"风险"一词是中性的，即风险本身没有好坏之分。有的学者认为风险即损失的不确定性；有的学者则认为风险的发生就是损失的可能性的暴露；也有学者定义风险是可能发生结果的差异，造成的损失与危害是我们无法预知的不确定性事件。如果用概率统计的语言分析风险，即风险大、变动程度大、事件发生变量会增大；风险小，变动程度小、事件发生变量会减小。那么，风险发生的大小在本质上就表现为事件发生的概率引发的后果，也就是说损失程度和概率决定风险的影响范围。

现实社会中风险无处不在，无时不有。风险的本质就是不确定性，根据风险不确定性的定义，风险事件的未来不确定性结果可以划分为四个层次：

(1) 确定性事件，即在一定条件下必然发生或不可能发生的事件。事件的结果可以精准预测，比如物理学定律或是自然科学的规律是确定的结果，太阳从东方升起、水从高处流往低处、力的作用下物体运动、物体的加速运动等确定性规律。

(2) 客观不确定性事件，即客观环境条件发生变化带来的不确定性。事件可能出现的结果和概率均已知，比如生活中的纸牌或是掷骰子游戏，可以进行预测，推断出未来结果。

(3) 主观不确定性事件，即人的行为受到意识影响的不确定性。事件的结果可能已知，但概率未知，比如车祸、地震及其他金融投资活动发生的概率无法估计。

(4) 完全不确定性事件，即在一定条件下完全未知的事件。事件可能出现的结果和概率都未知，比如太空探索、基因研究等事件的不确定性。

根据这四个层次的含义，可以把风险的不确定性理解为"在一定条件下和一定时期内，由于各种结果发生的不确定性导致行为主体遭受损失的大小及可能性的大小"，表现为未来事件发生结果的不确定性以及对未来事件发生结果的不确定性的影响。

(1) 风险是未来事件发生结果的不确定性。风险描述的是未来事件结果的不确定性。不确定性的结果是指事件未来发展与变化带来的结果状态是可衡量的不确定性和不可衡量的不确定性，从结果的角度出发即表现为潜在的损失与盈余并存。不确定性可以被认为是一个或几个事件（结果）发生的概率分布，每一个事件的发生都应该对应着一定概率的风险。

(2) 风险对未来事件发生结果不确定性的影响。风险同时具有对未来事件发生结果不确定性的影响，对于同样事件的结果，不同的人类活动遭受的影响是不一样的。比如未来的天气状况对所有人来讲都是不确定的，但是给人类生产活动带来的影响完全不同，天气对农业的影响远远大于对工业和金融业等其他行业的影响。

（二）金融风险的概念

金融总是与风险联系在一起的。可以说无风险，就无金融；有金融，就必然有风险。诺贝尔经济学奖获得者莫顿指出，金融风险的触角已经渗透到现代经济生活中的每一个角落。在我国经济、金融快速发展的同时，由于金融、经济、社会、历史等方面的因素，潜伏着较大的金融风险，主要表现为经济转轨时期的金融风险。从国际上来看，近年来，动荡不安的国际金融领域险象环生。世界上发生的金融危机表明，一旦金融风险得不到控制，很容易引起连锁反应，从而引发全局性、系统性的金融危机，并殃及整个经济生活，甚至导致经济秩序混乱与政治危机。

金融风险指的是经济主体在从事资金融通过程中遭受损失的可能性，包括两个方面的内容：一是金融机构因经营管理不善而酿成大量不良资产或造成无法承受的巨额亏损进而诱发支付危机，并最终倒闭、破产；二是金融市场、金融衍生工具市场、债务市场等领域潜伏的风险。从广义上来看，金融风险包括金融机构的风险、企业经营的风险、个人投资的风险、政府管理的风险和国际间交易的风险；从狭义上来看，金融风险就体现在金融机构、企业和个人三者的经济交易活动中。

拓展阅读

"黑天鹅"事件与"灰犀牛"事件

金融市场中的"黑天鹅"事件，也被称为小概率事件，它是指非常难以预测且不寻常的事件引起市场连锁负面的反应。一般来说，"黑天鹅"事件满足两个特征：一是它具有意外性，会产生重大影响；二是虽然它具有意外性，但人的本性促使人们在事后为它的发生寻找理由，并且或多或少认为这个事件是可解释、可预测的。"黑天鹅"的逻辑理论认为："你不知道的事比你知道的事更有意义。"在人类社会发展进程中，对历史或是社会产生重大影响的事件通常都不是已知或可以预见的。例如自然灾害的突然发生、重大疾病、疫情的冲击或是股市的崩盘等无法预测到的重大事件，都会引起经济瘫痪，导致风险发生，造成一定的损失。

与"黑天鹅"事件相对应的风险事件是"灰犀牛"事件，或称习惯性事件，它是指由于某事件太过于常见以至于人们习以为常而导致风险发生，常用来比喻大概率且影响巨大的潜在危机。例如，人们会习惯性选择在经济发达的一线城市进行投资或是发展其他商品经济，那么投资者或融资者涉及区域的房价或是物价水平就会明显上升。由此，人们就会面临房价高涨的风险。因而，我们需要对风险的不确定性结果和不确定性影响进行管理。

三、金融风险理论

金融风险理论主要包括金融体系不稳定理论、金融资产价格波动性理论、金融风险传染性理论和信用脆弱性理论，如表 1.1 所示。

表 1.1　金融风险理论

金融风险理论	观　点
金融体系不稳定理论	金融不稳定假说 不对称信息论
金融资产价格波动性理论	经济泡沫理论 股价波动理论 汇率波动理论
金融风险传染性理论	金融风险传染机制理论 囚徒困境 银行挤提理论
信用脆弱性理论	信用是经济主体之间形成的一种生产关系和社会关系

（一）金融体系不稳定理论

金融体系不稳定理论认为金融体系具有天然的不稳定性，这种天然不稳定性是金融风险产生的根源。金融体系的内在不稳定性原本是一种假说，在信息经济学的帮助下才发展成一种颇有影响的金融理论。

西方学者海曼·明斯基作为激进的凯恩斯主义者，通过引入债务紧缩理论建立了金融不稳定假说，从而解释了金融和经济发展的关系，提出了债务对经济行为影响的理论。这个理论按照债务和收入的关系将金融市场主体划分成三种类型：

(1) 投机型或冒险型。投资人或借款者根据未来资金丰缺程度和时间变化来确定借款的类型。如果预期的经济发展趋势良好，投资人或借款者会根据预测的未来资金变动方向，发生投机型或冒险型投资行为。

(2) 抵补型。投资人因为市场经济的波动，基于未来现金流的变化作出预测，判断是否进行融资交易。例如，银行利率下调，投资者如果持有债券，可能会进行出售或转让，来避免利率风险的发生。

(3) 庞氏型。这是一种借新债抵旧债的行为。借款人通过持续发生的借款行为去补充资金的空缺，投资者在较长时间内没有收益。借款人主要靠借款偿还本息，久而久之借款者就会失去资金的流动性和偿付能力，导致金融风险的发生。

（二）金融资产价格波动性理论

资产是指经济主体根据风险和收益的衡量持有的财富组合。不同投资者或融资者对资产未来风险和收益有着不同的预期，资产组合的价格会随着投资者或融资者期望的预期收益进行调整。许多金融风险都与金融资产价格的过度波动相关，金融资产价格的过度波动是金融风险产生的一个重要来源。

金融资产价格的波动表现为股票、外汇等资产价格的波动，这些金融资产价格的波动与信息不完全性有关，信息不完全决定了经济主体的有限预期，即经济主体不可能完全了解决定金融资产未来收入流量变化的各种因素，从而使金融市场的有效性和完善性大大降低，产生金融市场的失衡状态，造成金融资产价格的不稳定性。而且，不同金融资产价格之间呈现出一定的互动性，通货膨胀率、利率、汇率和股价之间存在联动效应，彼此相互影响，又进一步加剧了资产价格的不稳定性。

金融资产价格波动性理论具体又包括经济泡沫理论、股价波动理论、汇率波动理论等理论分支。

经济泡沫理论认为，预期因素和左右人们行为的信息因素决定了经济泡沫的形成。资产价格的上升通常伴随着预期的反向变化，并带来价格的迅速下降，最终导致金融危机。

股价波动理论的焦点为以下四个方面：

(1) 过度投机的存在，强调市场集体行为的非理性导致的过度投机对资产价格的影响。

(2) 宏观经济的不稳定。股市的波动在很大程度上来自宏观经济波动的影响。

(3) 市场操纵机制作用。通过操纵市场，操纵者创造虚假交易繁荣和虚假价格，也创造了表面上稳定的市场，最终市场价格必然出现不可逆转的下跌。

(4) 交易和市场结构的某些技术性特征的影响。任何有利于高卖低买的技术性特征都可能加剧股市的波动，如信用交易、保证金交易及做空机制等。

汇率波动理论则认为汇率的波动性分为两种：一种是固定汇率的波动性，即货币对外价值发生意外的变化，使固定汇率水平难以维系；另一种是浮动汇率的波动性，即市场汇率的波动幅度超过了能够用真实经济因素来解释的范围。关于汇率的波动性根源，又产生了许多解释理论，主要包括国际借贷理论、利息平价理论、汇兑心理理论、汇率过度调整理论和汇率错乱理论等。

（三）金融风险传染性理论

依据金融风险的传染性理论，金融风险具有传染性，它可以由一个经济主体传染给别的经济主体，或者由一家金融机构传染给别的金融机构，或者由一个国家传染给别的国家，结果可能导致系统性金融风险，甚至世界性金融危机。金融风险的传染过程就是金融风险由小到大、由此及彼、由单个金融机构到整个金融体系、由一个国家到另一个国家发展的过程，也是金融风险的范围和强度不断放大和加深的过程。金融风险的传染性理论包括金融风险的传染机制理论、囚徒困境与银行挤提理论等，这些理论都解释了金融风险的传染根源和过程。

（四）信用脆弱性理论

信用不是独立存在的，它是指依附在人与人之间、企业与单位之间以及社会整体之间形成的一种相互信任的生产关系和社会关系。金融以信用为基础，是一种人与人、企业与单位、社会整体之间发生交易的双方愿意遵守的规章制度。比如我们常说的借和贷之间的关系，在一段时间内借款人获得的一笔钱或者是赊销得到的一批货物，得到债权人认可的一个信用额度，但这个额度不是独立存在的，是因为贷款人的信任才发生的经济行为。多边的信任关系是相互交织、相互联动的。其中任何一方的信任关系发生破裂都会成为信用崩溃的前提条件，引起金融信用风险的发生。

第二节　金融风险的分类

根据研究的需要，根据不同的分类标准，可以从不同的角度对金融风险进行分类。

一、按金融风险的性质划分

按金融风险的性质可将金融风险划分为系统性风险和非系统性风险。

（一）系统性金融风险

系统性金融风险是指一个事件在金融机构或金融市场引起的一系列损失的可能性，它通常涉及整个金融体系。系统性金融风险无法通过资产多样化来分散和回避，因此又可以称为不可分散风险。例如，2020年，世界新冠疫情的爆发对各国经济都带来了严重打击，从股票市场的交易量来看，因为疫情的爆发，各国经济增长速度减缓，市场股价下跌。在这种情形下，投资者会抛出手中股票，放弃购买证券，减少金融交易活动。系统性金融风险的影响因素主要有政策风险、利率风险、购买风险、市场风险四个方面。

1. 政策风险

政策风险是指政府经济政策和管理措施的变化引起企业利润和投资回报的变化。当然，证券交易政策的变化也会直接影响证券价格的变化。因此，在政策风险的影响下，经济政策法规的调整或是更改都会对证券市场产生一定的影响，如果影响较大，整体市场将出现较大波动。

2. 利率风险

利率风险是指市场价格的变化会受到利率水平的影响。一般来说，当市场利率上升时，股票市场的价格会下降，对资金供求带来影响。

3. 购买风险

购买风险是由于市场价格的变动，如价格的上涨，相同金额的资金可能无法购买到过去相同价格的商品。这种价格变化导致了货币实际购买力的不确定性，即购买力风险或通货膨胀风险。在证券市场上，通货紧缩时期，货币购买力增加，投资收益增加，这可以给投资者带来利润；相反，如果是通货膨胀时期，投资者的购买力水平会下降，会面临损失的风险。

4. 市场风险

市场风险是金融证券投资活动中最常见的风险。当市场经济整体被低估时，市场风险变化不明显，但是如果市场整体被高估，对投资者来说面临的市场风险就会增加。

（二）非系统性金融风险

非系统性金融风险是指由于内部和外部的一些因素的影响，个别经济主体（或金融机构）遭受损失甚至倒闭的情形。非系统性金融风险属于个别经济主体的单个事件，对其他经济主体没有产生影响或影响不大，一般不会引起连锁反应，可以通过资产组合等措施来避免遭受损失，因此也可以称为可分散风险。例如，在公司的经济活动中，可能会因为公司产业升级，开发的产品研发失败，工人操作不当或是企业破产等非预期事件的发生，而这些特定的事件只会给局部带来影响。企业可以通过减少新产品的研发、加强工人的职业技能培训或是对企业进行兼并重组来分散非预期事件风险的发生。

二、按金融风险的形态划分

按照金融风险的形态划分，金融风险可以分为利率风险、信用风险、市场风险、操作风险、流动性风险等风险。

（一）利率风险

利率风险是指由于利率水平的不确定性变动导致经济主体受到损失的可能性。利率是资金的价格，利率的高低由政治、经济、金融状况共同决定。由于利率是不稳定的，故而收入也是不稳定的，这就导致借贷双方都要受到利率的制约。一般来说，金融风险中的利率变化分为两种方式：

(1) 当利率降低时，贷方会遭受损失；利率升高时，借方不得不支付较高的成本。受利率变化影响的双方头寸都会存在风险。

(2) 当固定利率低于市场利率时，利息收入就比按市场利率收取利息的方式要低。对于一个金融机构而言，如果持有利率敏感性正缺口，将面临利率下降、净收益或净利息收入减少的利率风险。反之，如果持有利率敏感性负缺口，则面临着利率上升、净收益和净利息收入减少的利率风险。

利率的波动使损失和收益发生具有不确定性，经济主体的实际收益与预期收益或实际成本与预期成本发生背离，使其实际收益（或成本）低于（或高于）预期收益（或成本）。从而金融风险就以利率风险的形式直接表现出来了。

（二）汇率风险

汇率风险又称为外汇风险或外汇暴露，通常是指由于汇率的变动致使某一经济活动主体蒙受损失的可能性。20世纪70年代，随着布雷顿森林体系的崩溃，大多数国家由固定汇率制度慢慢向浮动汇率制度变化。与此同时，随着金融市场的国际化和信息技术的运用，外汇市场上的不确定性因素增多，加上各国经济发展不平衡、国际收支不平衡、一些国家政治动荡不安，使汇率的波动日趋复杂，给经济活动主体造成损失。

汇率风险有广义风险和狭义风险两个不同的范畴。广义的汇率风险是指汇率变化对经济活动的影响，如汇率的变动会从宏观经济层面影响一国进出口贸易的变化，进而波及国民经济的其他部门，使该国的贸易、对外贸易和债权出现不良反应。狭义的汇率风险则是指外汇汇率变动对某一项具体的经济活动的影响，如某一项以外币结算的出口贸易，在取得收入时因外汇汇率下跌而导致兑换本币的数量减少，这会给出口企业带来损失。根据经济主体、经济活动形式以及汇率风险的表现和影响，汇率风险可以分为交易风险、折算风险和经济风险。

（三）信用风险

传统的观点认为，信用风险是指交易对象无力履约的风险，即债务人未能如期偿还其债务而给经济主体经营带来的风险。其基本思想是只有当交易对手在到期时不履约并且这种行为给经济主体造成损失时，经济主体才遭受信用风险的损害。随着现代风险环境的变化和风险管理技术的发展，传统的含义已经不能反映现代信用风险及其管理的本质。现代意义上的信用风险是指借款人或市场交易对手拒绝或无力按时、全额支付所欠债务时，给债权人或金融工具持有人带来的潜在损失，包括由于借款人的信用评级的变动和履约能力的变化导致其债务的市场价值变动而引起损失的可能性。这种风险定义认为信用风险不仅存在于合约到期时交易对手是否履约这一时点，还存在于合约的整个有效期。

（四）市场风险

市场风险是指金融参与者由于市场价格因素的波动导致资产价值变化而遭受损失的可能性。市场风险有广义和狭义之分，广义的市场风险是指金融机构在金融市场的交易头寸，由于市场价格因素的变动而可能遭受的收益或损失。广义的市场风险充分考虑了市场价格可能的有利方向及不利方向的变化，以及可能带来潜在的收益或损失。该定义对正视市场风险、不避讳市场风险乃至利用市场风险，具有积极的作用。狭义的市场风险是指金融市场的交易头寸，由于市场价格因素（如利率、汇率、股票价格和商品价格等）的不利变动而可能遭受的损失。影响市场价格的因素主要有利率、汇率、股票价格和商品价格等，那么市场风险可以分为：利率风险、汇率风险、股票风险、商品价格风险。

（五）操作风险

操作风险是由人员、系统、流程和外部事件所引发的风险。巴塞尔银行监管委员会对操作风险的正式定义是：操作风险是指由于不完善或有问题的内部操作过程、人员、系统或外部事件而导致的直接或间接损失的风险，并由此分为七种表现形式：内部欺诈；外部欺诈；就业制度和工作场所安全性；客户、产品及业务活动事件；实物资产损坏；业务中断和系统失灵；执行、交割及流程管理。这一定义包含了法律风险，但是不包含策略性风险和声誉风险。例如，1995 年 2 月，巴林银行的交易柜员因为越权使用金融交易衍生工具给银行造成了巨额损失，加之缺少合理的独立监督机制，管理层无法及时获取交易的真实情况，最终导致该银行破产。

（六）流动性风险

流动性指的是金融资产在不发生损失的情况下迅速变现的能力，流动性风险指的是经济主体机构在经营过程中，常常面对资金流通困难的不确定性风险。它要求的是经济主体在任何情况下都能具有其资产随时变现或是从外部获得可用资金的能力。流动性风险的发生反映了一个经济实体因这种流动性的不确定变化所造成的损失。尤其对于金融机构，由于其经营职能的特殊性，当客户的贷款承诺无法随时兑现或客户提现的要求不能及时满足，都会给金融机构的正常运行带来一定的困难。

流动性风险表现出来的有内生性和外生性两大特征，当商业银行将缺乏流动性资产与高流动性负债进行转换时，内生性就变现为整个社会的流动性冲击压力。当商业银行在经营过程中受到外部力量冲击时，比如系统性的市场危机、资本管制或债务延期付款的事件时，外生性就会使银行面临流动性压力。

（七）其他金融风险

金融机构面临的其他金融风险是相对于金融机构体系内部风险而言的，是指由于脱离常规市场经济活动的外在非市场可控因素引起的意外性风险，也可以称为外在金融风险。这些外部性风险的发生表现为声誉风险、法律风险、国家风险、战略风险等其他金融风险类型。多数情况下这些风险的发生带来的影响并不是我们能够预期到的结果，它脱离了市场的常规活动，与当前常规经济活动无关，但其发生会影响金融机构的发展。

三、按金融风险的层次划分

按金融风险的层次划分，金融风险可以分为微观金融风险和宏观金融风险。

（一）微观金融风险

微观金融风险是指金融活动的参与者，如居民、企业、金融机构面临的风险。微观金融风险产生于微观经济因素，如外汇市场供求的波动，货币市场供求的变化带来利率的波动等。利率风险、汇率风险、流动性风险、信用风险等基本属于微观金融风险。

（二）宏观金融风险

宏观金融风险是国家、整个国民经济和整个金融体系面临的风险。宏观金融风险主要产生于宏观金融因素。金融体系风险、外债风险、国家风险及一国的货币当局指定的货币政策或汇率政策产生的制度风险都属于宏观金融风险。

四、按金融风险的地域划分

按金融风险的地域划分，金融风险可以分为国内金融风险和国际金融风险。

（一）国内金融风险

国内金融风险是国内金融活动中存在的风险，源于国内金融活动的不确定性，其影响或承受主体仅限于本国居民，即国内经济主体。

（二）国际金融风险

国际金融风险是指国际金融活动中存在的风险，是金融风险在国际领域的特殊表现形式。国际金融风险的承担主体可以是居民，也可能是非居民。国际金融风险比国内金融风险复杂，管理的难度也要大一些。国际金融风险既有经济性风险，又有政治性风险和社会性风险。

在金融全球化程度日益提高的今天，国内金融风险与国际金融风险相互影响、相互渗透、相互转化，越来越难以截然分开。一方面，一个国家的金融风险可以"输出"，渗透到其他国家，引发国际金融风险；另一方面，国际金融风险也可以向国内传导，形成国内金融风险。

第三节　金融风险管理的流程

一、金融风险管理的内涵

金融风险管理是指人们通过实施一系列的政策和措施来控制风险以消除或减少其不利影响的行为。金融风险管理的内涵是多重的，对金融风险管理的含义应从不同的角度加以理解。

金融风险管理根据管理主体不同可分为内部金融风险管理和外部金融风险管理。内部金融风险管理是指作为风险直接承担者的经济个体对其自身面临的各种风险进行管理。内部金融风险管理的主体是金融机构、企业、个人等金融活动的参与者，尤以金融机构的风险管理为代表。外部金融风险管理主要包括行业自律管理和政府监管，其管理主体不参与金融市场的交易，因而不是作为受险主体对自身的风险进行管理，而是对金融风险的参与者的风险行为进行约束。

金融风险管理根据管理对象的不同可分为微观金融风险管理和宏观金融风险管理。微观金融风险管理只是对个别金融机构、企业或部分个人产生不同程度的影响，对整个金融市场和经济体系的影响较小。微观金融风险管理的管理目标是采用合理的、经济的方法使微观金融活动主体因金融风险的影响而受到损失的可能性降至最低。宏观金融风险可能引发金融危机，对经济、政治、社会的稳定性可能造成重大影响，因此，宏观金融风险管理的目标是保持整个金融体系的稳定性、避免出现金融危机，保护社会公众的利益。

二、金融风险管理技术的发展

金融风险管理技术的发展经历了三个阶段。

第一阶段：金融资产负债管理阶段。比如在商业银行或金融机构的融资计划和决策中，可以主动利用利率的变化进行资金协调、控制银行资金配置，使银行维持一个正的净利息差额与正的资本净值。具体来说表现在以下三个方面：

(1) 测量和监控流动性风险与利率风险。

(2) 资产负债表的管理控制。

(3) 针对流动性风险和利率风险采取的避险策略。

第二阶段：金融工程管理阶段。即利用各种衍生的金融工具，如期权、期货、互换等，并通过金融工具的组合、分解、创新等方法，对金融领域中的各种风险进行管理。金融工程是新型金融产品（包括金融工具和金融服务）和新型金融技术的设计、开发和实施的科学。广义上，金融工程包括理论、工具和技术三个部分：理论上有金融理论、经济理论、数学理论和统计学等；工具上包括传统的股票和债券等金融工具和众多的衍生工具，如远期合约、期货、期权、互换等；从技术方法上看，它是结合相关的理论和工具构造与实施操作步骤以及操作过程本身。

金融工程管理的出现使得风险呈现出两个变化：第一是量化和模型化，金融工程技术的发展使得数学、统计学、物理学和计算机科学等技术在风险管理和产品开发中得到大量的运用；第二是产品化和市场化，金融机构为了自身经营目标利润，加大同行业的竞争力度，会扩大产品的市场份额，扩张经营市场范围。金融工程技术使得金融机构的风险管理可以通过提供产品和交易的方式得以实现，而金融机构向其他机构提供风险管理产品也可以成为一项重要的业务和利润来源。

第三阶段：全面风险管理阶段。全面风险管理就是建立和实施整个企业范围的风险管理系统，通过管理具有最大潜在影响的风险，改进财务绩效、实现策略目标，进而从整体的角度评估风险，使金融机构面临的意外风险最小化。通过综合整个金融机构内各个层次的业务单位，对各个种类的风险进行监督，也就是说以更好的风险管理来改进公司治理，从而履行权益人职责，保证监管符合规范要求。

三、金融风险管理的流程

金融风险贯穿于金融机构业务活动的整个生命周期，所以风险管理是个持续的过程，建立良好的风险管理机制以及基于风险的决策机制是稳健经营和持续发展的重要保证。科学的风险管理流程要求能够有效贯彻、执行金融机构既定的战略目标和管理政策。金融风险管理的流程包括风险的识别、度量与评估、应对与控制，以及报告与监控。

（一）金融风险的识别

风险识别是金融风险管理的首要步骤，是风险管理人员运用科学、系统的方法来识别经济主体所面临的各种潜在风险形态，分析和确定风险发生的类型，找出风险的变化因素，并分析这些风险的成因及后果的动态过程。风险识别为金融风险管理指明了方向，风险识别过程，如图 1.1 所示。

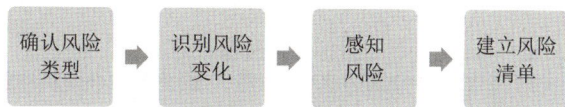

确认风险类型 → 识别风险变化 → 感知风险 → 建立风险清单

图 1.1　风险识别过程

1. 确认风险类型

风险的衡量应在普遍估计的基础上，以严格的数量分析为工具进行对比筹划，以得出比较合理的分析结果。首先，确认风险发生类型、存在部位和风险源，为后续风险管理工作作好准备；其次，对风险发生带来的严重性进行确认，既不能高估风险发生带来的成本，造成管理过度，带来新的风险，也不能低估风险的影响，造成管理不足，带来其他潜在风险。

2. 识别风险变化

对金融机构来说，金融风险具有动态的变化性，因而要实时关注经济主体的财务状况或是市场环境的风险变化。例如，由于 2020 年新冠疫情的爆发，各国经济都遭受了一定程度的打击，在金融市场上，以银行为代表的各金融机构会缩紧信贷规模，减少对产业的投资，从而规避风险。如果这时企业想要扩大产业链加大投入的话，就会面临融资困难、资金成本增加等风险的发生。

3. 感知风险

经济主体要感知在经营活动中每一个环节的风险，对经营业务风险进行再分解，判断是否存在新风险。

4. 建立风险清单

风险管理收益的大小取决于风险管理能够承担的经济损失，这需要我们权衡风险识别的成本和收益，建立风险清单。在风险识别过程中人力、物力和时间等其他费用支出都需要进行选择和确定，从而保证金融机构以最小的支出获得最大的安全保障或者说是最小的金融风险损失。

（二）金融风险的度量与评估

金融风险的度量是对金融风险大小、程度或水平的分析和估量。风险度量是风险识别的延续，准确地评估金融风险大小十分重要。如果对风险估计不足，经济主体就不会采取相应措施规避或控制风险，减少风险可能造成的损失；相反，若对风险估计过高，也可能因此付出不必要的管理成本，失去获取更大收益的机会。金融风险的度量方法很多、很复杂，技术含量很高，而且仍处在不断发展和演进之中。

金融风险的评估是指经济主体考虑潜在风险事项目标的实现，对金融活动中各种损失的可能性、损失范围和严重程度进行估计。风险评估是金融风险管理过程中的关键环节，是风险识别的延续，也是风险应对的前提。准确地度量和评估风险具有十分重要的意义，金融风险度量与评估的内容，如表 1.2 所示。

表 1.2　金融风险度量与评估的内容

风险分析	风险评估	风险评价
风险分析是对已识别风险因素进行最小化分析和描述，探求其可能发生的变化范围以及影响	把市场中发生的经济活动进行单个风险的评估和量化	综合考虑金融机构的整体风险，无论是微观层面还是宏观层面，关注各风险之间的相互影响和相互作用以及金融机构对风险的承受能力

（三）金融风险的应对与控制

金融风险管理的对策是指金融风险控制与管理人员在识别和评估金融风险的基础上，

寻求切实可行的措施或工具对所面临的金融风险进行防范、控制与化解的策略。

金融风险的应对与控制将风险和收益紧密联系起来。在一个企业或金融机构中，各部门管理人员各司其职，当金融风险发生时能够采取有效的控制方法。在经济活动中，投资者对风险的偏好程度主要包括三种，即风险厌恶、风险中性和风险偏好。人们对风险的控制需要根据投资者在确定收益带来的效用与预期期望收益之间进行对比。其中，风险厌恶者确定的财富效用中的资产越多，那么获取的收益就会越大，属于保守型的投资；风险中性者寻求的是预期收益与投入回报相等，属于平稳型的投资；而风险偏好者，期望的是高收益高回报，也就是说投入的财富越少反而带来的预期收益越大，呈现出反向关系，属于冒进型的投资。由此，对金融风险的应对与控制需要处理好风险和收益之间的关系，在风险带来损失前能够采取措施，最小化风险事件的发生频率和损失程度。

（四）金融风险的报告

金融风险报告是将风险信息传递到内外部门和机构，使其了解金融机构的风险及其管理状况的重要工具。可靠的风险报告可以为管理层提供全面、及时和精确的风险信息，为风险管理决策提供必要的支持。同时，可靠的风险报告是投资人和监管者对金融机构信息的基本途径和要求，他们据此可以了解和掌握金融机构的风险及其管理状况，进而作出对应的风险分析与决策。

四、金融风险管理的意义

金融风险管理是针对金融机构中出现的可能因经营管理不善而酿成大量不良资产或造成无法承受的巨额亏损进而诱发支付危机或其他重大损失的风险的控制，以消除或减少其会产生的不利影响行为。金融风险管理与防范的意义可以概述为以下三点：

(1) 从经济层面上讲，首先，金融风险管理有助于创建稳定环境，保障经营目标，实现经济利益最大化；其次，有助于规范市场秩序，调整金融机构或企业的生产结构，增强竞争能力；最后，有助于国民经济的稳定，提高投资者或企业的风险防范意识，最大限度地减少金融风险的发生，促进经济长期稳定发展。

(2) 从社会层面上讲，金融风险管理有助于增强社会公众信心，避免社会恐慌。

(3) 从学术层面上讲，金融风险管理理论的研究扩宽了对金融风险的预防与控制，让投资者或借款人能够发现风险、识别风险、避让风险，同时有利于金融风险管理理论的不断改进和完善。

▶▶ ⦿【本章小结】

(1) 金融风险指的是经济主体在从事资金融通过程中遭受损失的可能性，包括两个方面的内容：一是金融机构因经营管理不善而酿成大量不良资产或造成无法承受的巨额亏损进而诱发支付危机，并最终倒闭破产；二是金融市场、金融衍生工具市场、债务市场等领域潜伏的风险。

(2) 金融风险的理论主要包括四种，分别为：金融体系不稳定理论、金融资产价格波动性理论、金融风险传染性理论、信用脆弱性理论。

(3) 按金融风险的性质划分，金融风险分为系统性金融风险和非系统性金融风险。按金融风险的形态划分，金融风险分为：利率风险、汇率风险、信用风险、市场风险、操作风险、流动性风险和其他风险。按金融风险的层次划分，金融风险可以分为微观金融风险和宏观金融风险。按金融风险的地域划分，金融风险可以分为国内金融风险和国际金融风险。

(4) 金融风险管理是指人们通过实施一系列的政策和措施来控制风险以消除或减少其不利影响的行为。金融风险管理的内涵是多重的，对金融风险管理的含义应从不同的角度加以理解。

(5) 金融风险管理技术的发展经历了金融资产负债管理阶段、金融工程管理阶段和全面风险管理阶段。

(6) 科学的风险管理流程要求能够有效贯彻、执行金融机构既定的战略目标和管理政策。金融风险管理的流程包括风险的识别、度量与评估、应对与控制，以及报告与监控。

思考题

(1) 什么是金融风险？

(2) 简述金融风险的理论。

(3) 简述金融风险的风险类型。

(4) 简述金融风险管理的基本步骤。

(5) 谈谈发生在你身边的金融风险事件，并谈谈该事件对人们生活的影响以及你的感受。

案例分析

金融风险预警——次贷危机的爆发

2000 年 3 月，联邦政府诉微软垄断，微软败诉。以此为导火索，美国股市互联网泡沫破灭，美国经济开始走弱，美联储为了降低失业率，提振经济，多次降低了联邦基准利率（降息）。在利率降低后，债券等传统固定收益类产品收益率很低，股票正在经历崩盘后的低迷期。大家手里的钱没地方投，于是就转向了低迷了很久的房地产，房价开始上涨。

银行发放的住房按揭贷款，按照申请人的信用水平和偿债能力，分为一系列的等级，收入高且稳定的人，信用等级就高；而没有稳定收入的人信用等级相对较低。对于信用等级高的客户，银行给其的贷款的利率就低，即风险溢价也较低；对于信用等级低的客户，银行不发贷或者收取较高的利率，需要保证人等，即风险溢价也高。对于发给信用等级低、偿债能力弱的客户的贷款，称为次级抵押贷款，其特点是风险大，有高风险溢价，收益相对一般债券较高。

次贷危机也称为次级房贷危机，是金融风险长期积累而瞬间爆发的结果。最初爆发于房地产市场中，次级住房抵押贷款支持的债券，通过部分资信稍差的贷款人申请的住房抵押贷款证券化，然后打包成不同等级的债券卖给投资者。也就是说，投资人到银行不能买别人的贷款合同，买的是银行的理财产品。

开始的故事很美，银行赚中间费用、管理费和利率差，有钱的投资人拿到稳定的投资收益，穷人贷款买到了房。偶尔有一些人不还贷，但因为房价一直在涨，银行把房子收回拍卖了就好，感觉没什么风险，后来银行胆子越来越大，再加上利率一直在降，于是更多的人都能拿到贷款买房，这样导致次级房贷门槛一再降低，比如一些贷款机构推出了"零首付""零文件"的贷款，即借款人可以在没有资金的情况下购房，且仅需申报其收入情况而无须提供任何有关偿还能力的证明，如工资条、完税证明等。

2005年，美联储觉得房地产泡沫太大，加上这时美国经济基本复苏，于是美联储开始不断加息，抑制通胀和经济过热。当利率上涨到一定水平后，部分次级贷款人就还不起贷款了，一方面因为还贷压力增大，另一方面由于紧缩的货币政策降低了就业率和工资上涨。这样导致了越来越多的次级贷款人违约。房价此时已经很高，没人肯接盘，银行将一大批房子去拍卖，结果市场供过于求，房价急转直下。在房地产市场迅猛降温下，违约现象频频出现，造成金融机构流动性不足，就这样点燃了美国金融危机的导火索。

由此，随着金融风险的积累，一旦爆发则会迅速蔓延扩张，从而波及信贷市场、资本市场，继而冲击全球的金融机构与金融市场。次贷危机的爆发不仅殃及了许多全球知名的商业银行、投资银行和对冲基金，还使它们在公众心目中稳健经营的形象大打折扣。

案例思考

(1) 次贷危机爆发的原因体现在哪些方面？

(2) 从该案例中可以识别出哪些风险类型？如何预警采取措施防范这些风险？

第二章 金融风险管理的基本理论与方法

本章导读

所谓金融风险管理主要是指人们在风险评估的基础上，综合平衡成本与收益，通过实施一系列的政策和措施对不同风险特性确定相应的风险控制策略，以消除或减少其会产生不利影响的行为。自 20 世纪 70 年代以来，随着国际金融市场环境的变化，金融活动范围不断扩大，金融风险不断增加且日趋复杂化，人们对更加有效的风险管理的渴求，不断推动着金融风险管理理论与实践向前发展。

学习目标

(1) 理解金融风险管理的基本理论。
(2) 掌握金融风险管理的主要方法。

第一节　金融风险管理的基本理论

保险理论是金融风险管理的基本理论之一，除此之外，还有投资组合理论、无套利理论、风险管理制度化理论等。保险理论是保险学介绍的内容，我们这里主要介绍后三种基本理论。

一、投资组合理论

资产有两种，一种是实物资产，如汽车和房子；另一种是金融资产，如股票和基金。投资者在选择资产时关心的是不同的资产组合方法对未来所获得的财富水平产生的影响，这就涉及了资产的组合。投资组合理论也叫均值—方差分析方法，其核心问题是不确定性条件下收益与风险的权衡，具体是指：风险一定时，期望收益最大；或者期望收益一定时，组合的风险最小。这就要求投资者在进行证券组合时能够准确地进行投资的分配，确定投资的比例，在风险和收益的权衡下找到一个属于自己的最优组合，实现在给定收益水平下的最小风险，或者给定风险水平下的最大收益。

另外，在构造投资组合的同时，还能通过分散化的投资来对冲掉一部分风险，这就是通常所说的"不要把鸡蛋放在同一个篮子里"的道理。

（一）投资组合理论的兴起

现代经济发展的一个重要特点是直接生产投资以外的其他投资机会大量增多，比如各种有价证券和名目繁多的金融工具的涌现。直接生产投资是不容易的，而金融性投资则不管数量多少，做起来却非常简便。这样一来，当人们手中持有货币的时候，便会考虑如何发挥它们的作用：是放在口袋里，还是用于金融性投资，这关系到能否获得利益。把钱放在自己口袋里非常安全 (但并不能避免通货膨胀引起的货币贬值，这也会带来损失)，却不会给人带来利益。如果把所有的货币用来购买某种债券、股票及其他金融性资产，可能会给其带来利益，但也可能使其遭受本金损失，甚至彻底地损失。于是，一些经济学家便开始研究"资产选择"问题，研究怎样的资产组合才能既安全又能带来利益。

詹姆斯·托宾、哈里·马科威茨、威廉·夏普都是美国经济学家，他们共同创造了现代资产选择理论，为现代货币理论、现代金融投资理论奠定了基础。一般认为，托宾是现代资产选择理论的先行者，马科威茨则在托宾的基础上作了更为清楚的说明和表述，而夏普又在马科威茨观点上有了新的理论发展。在发达的证券市场中，马科威茨投资组合理论早已在实践中被证明是行之有效的，并且被广泛应用于组合选择和资产配置。投资组合理论的主要贡献者，如表 2.1 所示。

表 2.1　投资组合理论主要贡献者

贡献者	简　介	主要贡献
詹姆斯·托宾 (James Tobin)	1981 年诺贝尔经济学奖获得者，哈佛博士，耶鲁教授	流动性偏好、托宾比率分析、分离定理
哈里·马科威茨 (Harry Markowitz)	1990 年诺贝尔经济学奖获得者，曾在兰德工作	投资组合优化计算、有效疆界
威廉·夏普 (William Sharp)	1990 年诺贝尔经济学奖获得者，博士，曾在兰德工作，华盛顿大学、斯坦福大学教授	资本资产定价模型

拓展阅读

哈里·马科威茨 1927 年出生于美国芝加哥的一个小副食品店主家庭，1947 年毕业于芝加哥大学，1950 年、1954 年先后获芝加哥大学文学学士和经济学博士学位。20 世纪 60 年代任加利福尼亚大学教授，1983 年起任纽约市立大学教授，90 年代兼任日本大和证券公司顾问。主要著作是由他的博士论文改写的《资产选择》一书。

马科威茨主要研究证券投资的风险防范，证券市场是风险较高的市场，"不确定性是证券投资的一个突出特征……即使经济情况的前因后果可以被精确地理解，各种非经济因素作用也可能改变宏观经济发展的进程、市场活动水平或某种证券的成败。例如，总统的健康状况、国际紧张局势的变化、军费开支的增加或减少、一个极度干旱的夏季、一项发明的成功、一个企业管理的失误……所有这些都能影响一种或多种证券的资本收益或股利水平。"证券市场的不确定性特征，使投身证券市场的人希望寻找一种安全的投资组合，以最大限度地降低风险。

但是，证券市场的各类股票的风险分布并非同比例反方向变动的"跷跷板"，"各种证券之间的收益倾向于一起上升和一起下降……总体上，经济中的好事和坏事都倾向于扩散，从而导致一个时期的整体经济活动一起高涨或低落。"经济形势好的时候所有股票，至少大多数股票都会上涨，坏的时候正相反。当然，不同类型的股票的涨跌有高低之分。

"证券收益之间高度相关，但又并不完全相关的事实，意味着分散化可以降低风险，虽然不能完全消除它。"马科威茨发展了一个家庭和企业在不确定条件下配置金融资产的理论，即所谓证券夹选择理论。这个理论分析财富如何能最优地投资于期望报酬和风险不同的资产，并且如何借以减少风险，他试图对怎样的投资组合才是最佳的组合给予一个确定的计算模型。1952年，马科威茨发表了题为《资产选择》的论文，根据风险分散原理，应用数学方法，试图解决最有效的投资分散组合问题。

——资料来源：《经济学300年》

（二）证券收益率和风险的测定

在构造投资组合的时候，均值—方差分析法是最常用的一种数学方法。首先我们把资产的未来收益看成是一个随机变量，那么这个随机变量的均值，或者说期望值，就是资产的期望收益，这个随机变量的方差就是对资产风险的刻画。对风险和收益的权衡就需要用数学上求解二次规划的方法，求得风险一定时，组合的期望收益最大；或者期望收益一定时，组合的风险最小。

1. 单一证券收益率和风险的测定

1) 单一证券收益率的测定

投资者在一定时期内投资于某一证券的收益率测定公式为

$$R = \frac{P_1 - P_0}{P_0} \qquad (2\text{-}1)$$

式中，R 表示单一证券的收益率；P_0 表示期初某一资产的市场价格；P_1 表示期末该资产的市场价格加上该期间内的现金流入。这个公式表示的是一定时期内投资者的收益状况确定后所计算出来的投资收益率。

例2-1：某投资者购买了总价为100元的股票，投资期内该股票向投资者支付7元现金股利，一年后，该股票价格上涨到106元，则一年后投资收益率是多少？

解：根据单一证券收益率的测定公式，一年后投资收益率为

$$R = \frac{P_1 - P_0}{P_0} = \frac{(106 + 7) - 100}{100} = 13\%$$

当投资涉及现在对未来的决策时，投资的预期收益率是一个随机变量，投资者大多是进行预测和估计，此时公式变为

$$E(R) = \frac{E(P_1) - P_0}{P_0} \qquad (2\text{-}2)$$

式中，$E(R)$ 表示收益率的期望值，即预期收益率；P_0 表示期初某一资产的市场价格；$E(P_1)$ 表示未来该资产的预期市场价格加上该期间的现金流入。

2) 单一证券风险的测定

风险是指投资者投资于某种资产后实际收益率的不确定性，实际收益率与预期收益率的偏差越大，投资于该种资产的风险也就越大。

风险程度度量的首要方面是了解风险发生的概率，概率描述了风险事件发生的可能性大小。在统计学的方法中，证券的风险通常是由该证券的预期收益率的方差或标准差决定的。资产收益的方差是各个状态下收益离均值距离的概率加权平均值，公式为

$$\sigma^2 = \sum_{i=1}^{n}[R_i - E(R)]^2 P_i \tag{2-3}$$

$$\text{标准差}\ \sigma = \sqrt{\sum_{i=1}^{n}[R_i - E(R)]^2 P_i} \tag{2-4}$$

式中，σ 表示风险；R_i 表示所观察到的收益率；$E(R)$ 表示收益率的期望值，即预期收益率；P_i 代表各个收益率 R_i 出现的概率。

2. 两种证券组合收益率和风险的测定

1) 两种证券组合收益率的测定

设有证券 A、B，其收益率分别为随机变量 R_A、R_B，各证券的比重分别为 x_A、x_B，由于投资者将全部资金只投资于这两种证券，因此其权重之和为

$$x_A + x_B = 1 \tag{2-5}$$

各证券的期望收益率分别为 $E(R_A)$ 和 $E(R_B)$，在任何情况下，资产的平均或期望收益就是各个状态的收益按照概率加权的平均值，则证券组合 P 的期望收益率为

$$E(R_p) = x_A E(R_A) + x_B E(R_B) \tag{2-6}$$

例 2-2：某投资者有 100 万的资金，其中 20 万元投资于 A 股票，80 万元投资于 B 股票，两只股票的收益率分别为 10% 和 30%，由 A 股票和 B 股票构成的组合的期望收益率是多少？

解：计算 A 股票和 B 股票的投资比例：

A 股票的投资比例为：$\dfrac{20}{100} \times 100\% = 20\%$

B 股票的投资比例为：$\dfrac{80}{100} \times 100\% = 80\%$

则组合的期望收益率为：$E(R_P) = 20\% \times 10\% + 80\% \times 30\% = 26\%$

2) 两种证券组合风险的测定

两种证券组合的风险不能简单地等于单个证券风险以投资比重为权数的加权平均数，因为两个证券的风险具有相互抵消的可能性。计算两种证券组合的风险需要引进协方差和相关系数的概念。

(1) 协方差：协方差是两个随机变量相互关系的一种统计测度，测度两种资产收益率之间的互动性，是确定证券组合收益率方差的一个关键性指标。若以 A、B 两种证券组合

为例，则其协方差为

$$COV(R_A, R_B) = \frac{1}{n} \sum_{i=1}^{n} [R_{Ai} - E(R_A)][R_{Bi} - E(R_B)] \tag{2-7}$$

式中，$COV(R_A, R_B)$ 表示 A、B 两种证券的协方差；R_{Ai} 表示证券 A 的收益率；R_{Bi} 表示证券 B 的收益率；$E(R_A)$ 表示证券 A 收益率的期望值；$E(R_B)$ 表示证券 B 收益率的期望值；n 表示证券种类数。

如果协方差为正值，表明两个资产的收益率同向变动，即一个资产的收益增加，另一个资产的收益也增加；如果协方差为负值，表明两个资产的收益率反向变化，即一个资产的收益增加，另一个资产的收益就会减少，而一个相对小的或者 0 值的协方差表明两种证券之间只有很小的互动关系或没有任何互动关系。

(2) 相关系数：相关系数也是表示两种证券收益变动相互关系的指标，它是协方差的标准化。两个随机变量间的协方差等于这两个随机变量之间的相关系数乘以它们各自的标准差的积，其公式为

$$COV(R_A, R_B) = \rho_{AB} \sigma_A \sigma_B \tag{2-8}$$

$$\rho_{AB} = \frac{COV(R_A, R_B)}{\sigma_A \sigma_B} \tag{2-9}$$

式中，$COV(R_A, R_B)$ 表示 A、B 两种证券的协方差；ρ_{AB} 表示 A、B 两种证券的相关系数；σ_A 表示 A 证券的标准差；σ_B 表示 B 证券的标准差。

证券 A 与 B 相关系数的取值范围介于 −1 与 +1 之间，−1 的值表明完全负相关；+1 的值表明完全正相关；多数情况下是介于这两个极端值之间，当 $0 < \rho_{AB} < 1$ 时，表示正相关，当 $-1 < \rho_{AB} < 0$ 时，表示负相关；当取值为 0 时，表明变动完全不相关。

同单一证券风险的测定一样，两种证券投资组合的风险也是由该证券投资组合预期收益率的方差和标准差来衡量。其公式为

$$\sigma_P^2 = x_A^2 \sigma_A^2 + x_B^2 \sigma_B^2 + 2 x_A x_B \rho_{AB} \sigma_A \sigma_B \tag{2-10}$$

式中，σ_P 表示两种证券组合的风险；x_A、x_B 分别表示证券 A 和证券 B 的比重；σ_A、σ_B 分别表示证券 A 和证券 B 的风险大小；ρ_{AB} 表示证券 A 和证券 B 的相关系数。

① 当 $\rho_{AB} = +1$ 时，两种证券的收益率变动完全正相关，此时

$$\sigma_P^2 = x_A^2 \sigma_A^2 + x_B^2 \sigma_B^2 + 2 x_A x_B \rho_{AB} \sigma_A \sigma_B = (x_A \sigma_A + x_B \sigma_B)^2 \tag{2-11}$$

② 当 $\rho_{AB} = 0$ 时，两种证券的收益率变动完全不相关，此时

$$\sigma_P^2 = x_A^2 \sigma_A^2 + x_B^2 \sigma_B^2 + 2 x_A x_B \rho_{AB} \sigma_A \sigma_B = x_A^2 \sigma_A^2 + x_B^2 \sigma_B^2 \tag{2-12}$$

③ 当 $\rho_{AB} = -1$ 时，两种证券的收益率变动完全负相关，此时

$$\sigma_P^2 = x_A^2 \sigma_A^2 + x_B^2 \sigma_B^2 + 2 x_A x_B \rho_{AB} \sigma_A \sigma_B = (x_A \sigma_A - x_B \sigma_B)^2 \tag{2-13}$$

$$\sigma_P = |x_A \sigma_A - x_B \sigma_B| \tag{2-14}$$

可以看出，当两种证券完全负相关时，风险可以大大降低，在合理的比例时甚至能完全消除风险。

由于 $x_A + x_B = 1$，则 $x_B = 1 - x_A$，将其代入证券组合的期望收益率公式 (2-6) 和证券组合风险测定的公式 (2-10) 得：

$$E(R_p) = x_A E(R_A) + (1-x_A)E(R_B) \tag{2-15}$$

$$\sigma_p^2 = x_A^2 \sigma_A^2 + (1-x_A)^2 \sigma_B^2 + 2x_A(1-x_A)\rho_{AB}\sigma_A\sigma_B \tag{2-16}$$

3. 三个证券组合收益率和风险的测定

1) 三个证券组合的预期收益率测定

三个证券组合的预期收益率公式为

$$E(R_P) = x_1 E(R_1) + x_2 E(R_2) + x_3 E(R_3) \tag{2-17}$$

式中，$E(R_P)$ 表示三个证券组合的预期收益率；x_1、x_2、x_3 分别表示第 1 个证券、第 2 个证券、第 3 个证券在证券组合中所占的比例；$E(R_1)$、$E(R_2)$、$E(R_3)$ 分别表示第 1 个证券、第 2 个证券、第 3 个证券的预期收益率。

2) 三个证券组合风险的测定

三个证券组合风险可以表示为

$$\sigma_P^2 = x_1^2 \sigma_1^2 + x_2^2 \sigma_2^2 + x_3^2 \sigma_3^2 + 2x_1x_2\sigma_{12} + 2x_1x_3\sigma_{13} + 2x_2x_3\sigma_{23} \tag{2-18}$$

式中，σ_P 表示三个证券组合的风险；x_1、x_2、x_3 分别表示第 1 个证券、第 2 个证券、第 3 个证券在证券组合中所占的比例；σ_1、σ_2、σ_3 分别表示第 1 个证券、第 2 个证券、第 3 个证券的标准差；σ_{12} 表示第 1 个证券和第 2 个证券的协方差；σ_{13} 表示第 1 个证券和第 3 个证券的协方差；σ_{23} 表示第 2 个证券和第 3 个证券的协方差。

4. 多个证券收益率和风险的测定

1) 多个证券组合收益率的测定

证券组合的预期收益率是构成资产组合的每个资产的收益率的加权平均值，资产组合的构成比例为权重，多个证券组合收益率的公式为

$$E(R_P) = \sum_{i=1}^{n} x_i E(R_i) \tag{2-19}$$

式中，$E(R_P)$ 表示证券组合的预期收益率；$E(R_i)$ 表示投资组合中第 i 种证券的预期收益率；x_i 表示投资于第 i 种证券的资产数占总投资额的比重。

2) 多个证券组合风险的测定

多种证券构成的证券投资组合的预期收益率的方差可以用双和公式表示，即：

$$\sigma_P^2 = \sum_{i=1}^{n}\sum_{j=1}^{n} x_i x_j \sigma_{ij} = \sum_{i=1}^{n}\sum_{j=1}^{n} x_i x_j \rho_{ij}\sigma_i\sigma_j \tag{2-20}$$

式中，σ_P^2 表示证券投资组合的方差，衡量 n 种证券组成的投资组合风险；σ_{ij} 表示证券投资组合中某两种证券的协方差；ρ_{ij} 表示证券投资组合中某两种证券的相关系数；σ_i 表示证券投资组合中某种证券的标准差。

5. 影响证券组合风险的因素

依据证券收益率和风险的测定内容，证券组合风险的大小取决于三个方面：

(1) 持有的每一种证券的投资额占总投资额的比重。由于每种证券的收益率和风险各不相同，因此需要确定每一种证券在投资中所占的比例，从而实现低风险高收益的组合。

(2) 持有证券收益率之间的相关程度。各种证券之间很多都有一定的相关性，因此在选择证券组合时要尽量利用证券收益之间的相关性来使收益最大化。

(3) 持有证券收益率的方差。在给定证券收益率的方差及其相关程度后，选择不同的投资比例，就可以得到不同的投资组合，从而得到不同的预期收益率和标准差。

二、无套利原理

（一）套利的基本含义

套利是指不需要任何现金投入即可获得无风险利润的交易行为。如果市场上同一种商品的价格出现了不同，套利机会就出现了。一般将套利行为分为三种：跨时套利、跨地域套利和跨商品套利。

跨时套利是指利用不同时期同种商品或资产的不同价格而进行的套利行为。例如，当交易所预期远期的商品价格高于现在的商品价格时，则交易所买入近期交割月份的合约同时卖出远期交割的合约，从而赚取差价。

跨地域套利是利用同种商品在不同地方定价不同而进行的套利，一般从价格低的市场买入然后卖到价格高的市场，即低买高卖。

跨商品套利是利用两种不同的但是相关联的商品之间的差价进行的交易，主要是同时买入和卖出相同交割月份但是不同种类的商品期货合约。

套利概念具有深刻的内涵，从下面两个方面说明。

(1) 套利不需要任何初始投资，即套利策略是自融资策略。套利交易者要想购买任何金融产品，必须先卖出某种金融产品，然后用所得收益实现购买。比如，投资者通过对资产 A 的分析，发现资产 A 被市场低估，即资产 A 的市场价格低于其价值，投资者希望买入资产 A，以期获得无风险利润，在这种情况下，要发生套利行为，投资者必须寻找购买资产的资金，因此必须卖出某一种资产 B，而且要保证到期卖出资产 A 的资金能买回资产 B。

(2) 套利获得无风险利润。套利过程是一种客观的过程，不夹杂任何主观判断。例如，如果投资者经过深入分析，发觉某一种资产 A 的价值被低估，于是投资者买入资产 A，过一段时间后，资产 A 的价格果然回到其价值，投资者获得利润；相反的情况是，如果投资者经过深入分析，发觉某一种资产 B 的价值被高估，于是投资者卖空资产 B，过一段时间后，资产 B 的价格果然回到其价值，投资者获得利润。这两种情况下的利润都不能称为无风险利润。因为资产 A 的价值可能被长期低估，而资产 B 的价值可能被长期高估。

无风险利润的要求，使得套利交易一定是某一个组合，而不是单个产品。套利交易组合紧紧抓住市场的价格体系，以金融资产背后的要求权为依托，挖掘市场对相同要求权定价的不同，通过买卖获得套利利润。

（二）无套利原理

无套利原理是指在金融市场上，不存在套利机会。此原理意味着：两个具有相同盈亏的证券组合，应具有相同的价格，如果违反此原则，则必定出现套利机会。

例如，期初有两个投资项目 A 和 B 可供选择，它们的投资期限相同。假设这两项投资所需的维持成本相同，期末这两项投资可以获得的利润也相同，那么根据无套利原理，这两项投资在期初的投资成本（也就是它们期初的定价）应该相同。假如两者的期初定价不一致，比如项目 A 的定价低于项目 B，则套利者将卖空定价高的项目 B，然后用其所得买入定价相对较低的项目 A，两项收入与支出的差即为期初实现的利润。到了期末，由于两项投资的回报以及维持成本相同，套利者正好可以用做多投资 A 的利润去轧平做空的投资 B。值得注意的是，套利者这么做的时候，没有任何风险。如果市场有效率，上述无风险利润的存在就会被市场其他参与者发现，从而引发一些套利者的套利行为，结果产生的市场效应是：大量买入 A 导致市场对 A 的需求增加，A 的价格上涨；大量抛售 B 使 B 的价格下跌。结果 A 和 B 的价差迅速消失，套利机会被消灭。所以，投资项目 A 和投资项目 B 的期初价格一定是相同的。

（三）无套利定价方法

无套利定价方法就是应用无套利原理对资产进行定价的方法。这种方法的基本做法是：构建两个投资组合，若其终值相等，则现值一定相等。否则，则出现套利机会，即买入现值较低的投资组合，卖出较高的投资组合，并持有到期，可获得无风险收益。无套利定价方法确定的资产价格是不存在套利机会时的均衡价格，该方法还包括以下假设：

(1) 市场是完全竞争的，交易成本为 0。

(2) 投资者是不满足的，当套利机会出现时，他们会利用不增加风险只增加预期收益的机会。

(3) 所有投资者具有相同的预期，即收益率是由某些共同的因素决定的。

(4) 每一个证券的随机误差项与因素不相关，任何两个证券的随机误差项不相关。

(5) 市场上存在的证券个数很多并且多于共同因素的个数。

(6) 允许卖空。

根据无套利定价方法，在有效金融市场上，任何一项金融资产的定价，应当使得利用该项金融资产进行套利的机会不复存在。换而言之，如果某项金融资产定价使得套利机会存在，套利活动会促使该资产的价格发生变化，直到套利机会消失。

下面通过两个例子来说明无套利定价方法的运用。

例 2-3：假定货币市场上美元利率是 6%，马克利率是 10%，外汇市场上美元与马克利率的即期汇率是 1 美元兑换 1.8 马克（1 美元 = 1.800 0 马克）。问：1 年期的远期汇率是多少？是否仍然为 1 美元 = 1.800 0 马克？

答案显然是否定的，因为在此情况下会发生无风险的套利活动。套利者可以借入 1 美元，一年后要归还 1.061 8（$e^{6\% \times 1}$ = 1.061 8）美元；在即期市场上，套利者用借来的 1 美元兑换成 1.8 马克存放一年，到期可以得到 1.989 3($1.8 \times e^{10\% \times 1} = 1.989\ 3$) 马克；在即期市场上，套利者在购买 1.8 马克的同时按照目前的远期汇率 (1∶1.8) 卖出 1.989 3 马克，换回 1.105 美元。在扣除为原先借入的 1 美元支付的本息 1.061 8 美元之外，还剩余 0.043 2 美元 (1.105 美元 − 1.061 8 美元)。如果不计费用，这个剩余就是套利者获取的无风险利润。显然，1∶1.8 不是均衡的远期外汇价格。

那么，无套利的价格是什么？需要把握的要点是无套利均衡的价格必须使得套利者处于这样一种境地：套利者通过套利形成财富的现金价值，与其没有进行套利活动时形成的财富现金价值完全相等，即套利不能影响套利者的期初和期末的现金流量状况。只有这样，才能消灭套利机会引起的无风险利润，套利活动才能终止。在本例中，套利者借入 1 美元后，如果不进行套利活动，其 1 年后将得到 1.061 8 美元；如果其实施了套利活动，他 1 年后将得到 1.989 3 马克。这两种情况都是从期初的 1 美元现金流出开始，到期末时两个现金流入的价值也必须相等。于是 1.061 8 美元 = 1.989 3 马克，即 1 美元 = 1.873 5 马克，这个价格才是无套利的均衡价格。本例中潜在的套利者将会发现，当外汇市场美元兑换马克的远期汇率为 1∶1.873 5 时，套利活动并不能改善套利者的财富状况。

例 2-4：假设现在 6 个月即期年利率为 10%，1 年期的即期年利率是 12%(两者均为连续复利)。如果自 6 个月到 1 年期的远期利率为 11%，试问这样的市场行情能否存在套利机会？

答案是肯定的。套利过程是：

第一步，交易者按 10% 的利率借入一笔 6 个月资金 (假设 1000 万元)。

第二步，签订一份协议 (远期利率协议)，该协议规定该交易者可以按 11% 的价格 6 个月后从市场借入资金 1051 万元 (等于 $1000e^{0.10 \times 0.5}$)。

第三步，按 12% 的利率贷出一笔 1 年期的款项，金额为 1000 万元。

第四步，1 年后收回 1 年期贷款，得本息 1127 万元 (等于 $1000e^{0.12 \times 1}$)，并用 1110 万元 (等于 $1051e^{0.11 \times 0.5}$) 偿还 1 年期的债务后，交易者净赚 17 万元 (1127 万元 − 1110 万元)。

套利者无风险地获取 17 万元的利润 (操作资金的规模是 1000 万元)，说明该例中远期 6 个月利率 11% 的定价是不合理的。显然，合理的利率应该是 14%(大于 11%)。因为利率套利的例子表明，当即期利率和远期利率的适当关系被打破时，套利机会就会产生。如果远期利率偏低，套利者可以"借短贷长"实施套利 (本例的情况)；反之，套利者可以"借长贷短"实施套利；两者都能获取无风险利润。

三、风险管理制度化理论

风险管理制度化理论的基本思想是任何业务运作都应当按照一定的程序与规范进行，这些程序与规范是这些业务规范运作经验的总结，如果严格按照程序与规范运作，业务出错的概率就会下降，否则业务出错的概率就会上升，运作风险增加。

风险管理制度化理论要求对业务要统一平台，制定规范，对工作流程进行梳理优化，提升标准化程度，进而提高业务运作效率，减少风险。显然，基于该理论的风险管理方法，是一种定性化方法，它是通过实行政策、定期检查、考核评估、奖罚等方法来控制金融风险，是传统风险管理的主要理论。该理论主要应用于操作风险的控制，也用于信用风险、市场风险与流动性风险的控制方面。

我们以商业银行贷款的管理为例分析如何建立相关的管理制度来规范化贷款，降低贷款风险。

（一）制度约束

贷款管理制度包括国家金融管理当局制定的有关法律、规定和商业银行结合业务特征制定的管理办法等。如 1995 年出台的《商业银行法》，对商业银行贷款的政策、发放、担保方式、定价、规模和关系贷款等，都作出了原则性的规定。它要求商业银行在贷款投放中，要根据国家政策，实行审贷分离、分级审批的制度，对借款人的资信状况、借款用途、偿还能力等方面进行严格审查，签订严密的书面合同。同时，商业银行在贷款中还应遵守中央银行制定的利率规定和资产负债比例管理的各项指标，不可优先向关系人发放贷款。

（二）机制约束

根据《贷款通则》的规定，我国各家商业银行及其分支机构都设立了贷款审查委员会，其主要职能是制定贷款政策和管理办法、审批大额贷款或特殊贷款、控制贷款的整体风险。

贷款审查委员会下的常设部门或贷款管理的职能部门一般都为信贷部门，信贷部门内部按审贷分离的原则，设有调查岗、审查岗和检查岗等岗位。

第二节　金融风险管理的主要方法

不同的金融风险主体所处的环境不同，其选择的金融风险管理方法及其组合也不一样。本节主要站在金融机构（如商业银行）的角度，从风险避免（风险规避策略、风险转移策略）、风险自留（风险分散策略、风险对冲策略、风险补偿策略）和风险承担（风险承担策略）三个方面来讨论金融风险管理的方法，而针对具体风险如利率风险、信用风险、市场风险、流动性风险等的管理将在后面的章节作深入阐述。

一、风险规避策略

风险规避策略是指经济主体根据一定原则，采取一定措施来消除风险或风险发生的条件，以减少或避免由于风险引起的损失。例如，商业银行拒绝或退出某一业务或市场，以避免承担该业务或市场风险时的策略性选择就是一种风险规避策略。通过放弃或拒绝合作、停止业务活动来回避风险源，简单地说就是不做业务，不承担风险，是一种消极的风险管理策略。当风险的潜在收益显著低于预期损失，且通过某项业务或遵照规章制度可以避免时，适合采用风险规避策略。采用风险规避策略必须权衡相关行为的成本和收益。

在现代商业银行风险管理实践中，风险规避可以通过限制某些业务的资本配置来实现。例如，商业银行首先将所有业务面临的风险进行量化，然后依据董事会所确定的风险战略和风险偏好确定经济资本分配，最终表现为授信额度和交易限额等各种限制条件。对于不擅长且不愿承担风险的业务，商业银行仅对其配置非常有限的经济资本，设立非常有限的风险容忍度，迫使该业务部门减少业务的风险暴露，甚至完全退出该业务领域。没有风险就没有收益，在避开风险的同时，也放弃了获取较多收益的可能性。这种消极的风险管理策略，不宜成为商业银行风险管理的主导策略。风险规避策略可以应用于信用风险、汇率风险和利率风险管理。

二、风险转移策略

风险转移策略是指通过购买某种金融产品或采取其他合法的经济措施将风险转移给其他经济主体的一种风险管理方法。风险转移策略转移的风险通常是通过其他风险管理方法无法减少或消除的系统性风险，人们只得借助适当的途径将它转移出去。这种转移应该是合法正当的，而不应当通过非法的渠道不择手段地将本该自己承担的风险强加于他人。正所谓"己所不欲，勿施于人"。这种策略的重要特征就是风险的转移必须以被转移者同意承担为条件，被转移者之所以接受，是因为他可能更擅长运用大数定律来预测损失。这样从宏观角度看，风险转移中风险程度保持不变，只是从转移者转到被转移者，改变了风险的承担者。

风险转移分为保险转移和非保险转移。

（一）保险转移

保险是一种广泛应用的风险转移方法，保险转移是指金融风险承担者购买保险，以缴纳保费为代价，将风险转移给保险公司，其中出口信贷保险是金融风险保险中较有代表性的品种。当发生风险损失时，保险公司按照保险合同的约定责任给予被保险人一定的经济补偿，通常情况下，保险是通过一份具备法律效力的合同（或称保险单）来实施的。在保险合同中，保险公司承诺对被保险人在合同期限内所遭受的金融损失进行一定数额的赔偿，这也暗示着，保险公司将偿付任何可能发生的损失。但是，有时候保险公司也会无力偿付，不能履行它们赔偿承保损失的承诺。在这种情况下，被保险人不得不承担原以为转移出去的损失。因此，在通过投保来转移风险时，要充分考虑保险公司的财务实力，及其在损失发生的情况下及时进行赔付的能力。作为风险的被转移者，保险公司能通过大数定律有效地处理风险，所以一般来讲，购买保险是管理金融风险的最佳途径，但这并不意味着保险是解决风险的唯一途径，相反它是人们在采取其他金融风险管理方法无法有效达到目的时才应用的方法。

（二）非保险转移

担保、备用信用证等能够将信用风险转移给第三方。例如，银行和其他金融机构对外贷款时常常会采用由第三方担保的方式贷给借款人。担保是指金融机构在发放贷款时，要求借款人以第三方信用或其拥有的各种资产作为还款保证的一种形式，这样，银行及其他金融机构通过设定担保，将所承受的信用风险转移给第三方。签订贷款合同后，担保人要监督借款人到期如数还本付息，如果借款人不能按期付清全部款项，则担保人必须依照合同的有关规定承担连带责任，替借款人清偿债务。此外，在金融市场中，某些衍生产品（如期权合约）可看作特殊形式的保单，为投资者提供了转移利率、汇率、股票和商品价格风险的工具。在对外贸易和对外金融活动中，风险承担者也通过推迟外汇的收付，将面临的汇率风险转移给对方。当存在一笔远期外汇收入时，出口商和债权人预期外汇会升值、本币会贬值，则会尽可能地推迟收汇。相反，进口商和债务人预计外汇会贬值、本币会升值，也会尽量推迟付汇期限。当然，采用这种方式的前提应是风险承担人预测汇率波动的准确性，否则不但不会转移风险，还有可能弄巧成拙，增加风险。

风险转移策略是在金融风险发生导致损失之前，通过一定的防范性措施，来防止风险发生和损失产生的策略。风险规避策略是在一定的原则下采取一定的技巧，有意识地避开各种金融风险，从而减少或避免风险带来的损失的策略。转移与规避两者有一定的相似性，但转移相对较为主动，在避开风险的同时还力争获取可能的收益，而规避则放弃了获取其他利益的机会。

风险的转移、规避是有条件、有成本的，而且每一家金融机构都会面临一些与业务密切相关的无法转移、规避的核心风险。在不能进行风险转移、规避的情况下，则需要考虑风险自留。

三、风险分散策略

风险分散策略是指通过多样化的投资来分散和降低风险的策略，"不要将所有的鸡蛋放在同一个篮子里"的古老投资格言形象地说明了这一策略。上节介绍的哈里·马科维茨的投资组合理论提到，只要两种资产收益率的相关系数不为1（即不完全正相关），分散投资于两种资产就具有降低风险的作用。而对于由相互独立的多种资产组成的投资组合，只要组合中的资产种类足够多，该投资组合的非系统性风险就可以通过这种分散策略完全消除。

风险分散对商业银行信用风险管理具有重要意义。根据多样化投资分散风险的原理，商业银行的信贷业务应是全面的，而不应集中于同一业务、同一性质甚至同一个借款人。商业银行可以通过资产组合管理或与其他商业银行组成银团贷款的方式，使自己的授信对象多样化，从而分散和降低风险。一般而言，实现多样化授信后，借款人的违约风险可以被视为相互独立的（除了共同的宏观经济因素影响，如经济危机引发的系统性风险），这就大大降低了商业银行面临的整体风险。经过长期的实践证明，多样化投资分散风险的风险管理策略是行之有效的，但其前提条件是要有足够多的相互独立的投资形式。同时需要认识到，风险分散策略是有成本的，主要是分散投资过程中增加的各项交易费用。

四、风险对冲策略

对冲又叫套期保值，风险对冲是指通过投资或购买与标的资产收益波动负相关的某种资产或衍生产品，来冲销标的资产潜在损失的一种策略性选择，对冲的工具主要是金融衍生品，包括期货合约、远期合约、期权合约。风险对冲对管理市场风险（利率风险、汇率风险、

股票风险和商品风险) 非常有效,可以分为自我对冲和市场对冲两种情况:

(1) 自我对冲是指商业银行利用资产负债表或某些具有收益负相关性质的业务组合本身所具有的对冲特性进行风险对冲。

(2) 市场对冲是指对于无法通过资产负债表和相关业务调整进行自我对冲的风险,通过衍生产品市场进行对冲。

近年来由于信用衍生产品不断创新和发展,风险对冲策略也被广泛应用于信用风险管理领域。

风险分散策略和风险对冲策略都是控制和减少自留风险损失的措施。与风险规避不同,风险承担者仍然从事引起金融风险的有关活动。损失控制不是放弃这些活动,而是在开展活动的过程中,通过采取一系列措施来减少和避免最后的风险损失,或是降低损失发生时产生的成本。

五、风险补偿策略

风险补偿是指商业银行在所从事的业务活动遭受实质性损失之前,对所承担的风险进行价格补偿的策略性选择。对于那些无法通过风险规避、风险转移、风险分散或风险对冲进行有效管理的风险,商业银行可以采取在交易价格上附加更高的风险溢价,即通过提高风险回报的方式,获得承担风险的价格补偿。商业银行可以预先在金融资产定价中充分考虑各种风险因素,通过价格调整来获得合理的风险回报。例如,商业银行在贷款定价时,对于那些信用等级较高,而且与商业银行保持长期合作关系的优质客户,可以给予适当的优惠利率;而对于信用等级较低的客户,商业银行可以在基准利率的基础上调高利率。

六、风险承担策略

风险承担策略是指金融机构理性地主动承担风险,以其内部资源如风险准备金、自有资本来弥补可能发生的损失。通常商业银行对以下类型的风险常采取该策略:

(1) 风险发生概率极小且表现为不可保,如巨灾风险。

(2) 发生频率高、单体损失程度低且风险事件间近乎相互独立。

(3) 与监管合规要求有冲突,做法只分为合规、不合规两种,若业务中部分合规依旧会遭到监管处罚,而该违规业务带来的收益显著大于违规受罚的成本。应对该类风险的风险承担策略主要是通过建立风险准备金、足额的资本计提、预期损失在财务上预先摊薄、建立专业自保公司、金融同业授信支持等来防备可能的损失,其中风险准备金计提是风险承担策略的一种重要方法。该方法表明,如果损失发生,经济主体将以当时可利用的任何资金进行支付,其应对的损失属于预期损失。

《商业银行风险监管核心指标(试行)》第十三条说明:风险抵补类指标衡量商业银行抵补风险损失的能力,包括盈利能力、准备金充足程度和资本充足程度三个方面。

(1) 盈利能力指标包括成本收入比、资产利润率和资本利润率。成本收入比为营业费用加折旧与营业收入之比,不应高于45%;资产利润率为税后净利润与平均资产总额之比,不应低于 0.6%；资本利润率为税后净利润与平均净资产之比，不应低于 11%。

(2) 准备金充足程度指标包括资产损失准备充足率和贷款损失准备充足率。资产损失准备充足率为一级指标，为信用风险资产实际计提准备与应提准备之比，不应低于 100%；贷款损失准备充足率为贷款实际计提准备与应提准备之比，不应低于 100%，属二级指标。

(3) 资本充足程度指标包括核心资本充足率和资本充足率，核心资本充足率为核心资本与风险加权资产之比，不应低于 6%；资本充足率为核心资本加附属资本与风险加权资产之比，不应低于 8%。

▶▶ 【本章小结】

(1) 投资组合理论的核心问题是不确定性条件下收益与风险的权衡，具体是指：风险一定时，期望收益最大；或者期望收益一定时，组合的风险最小。这就要求投资者在进行证券组合时能够准确地进行投资的分配，确定投资的比例，在风险和收益的权衡下找到一个属于自己的最优组合，实现在给定收益水平下的最小风险，或者给定风险水平下的最大收益。

(2) 无套利原理是指在金融市场上，不存在套利机会。此原理意味着：两个具有相同盈亏的证券组合，应具有相同的价格，如果违反此原则，则必定出现套利机会。

(3) 风险管理制度化理论的基本思想是任何业务运作都应当按照一定的程序与规范进行，这些程序与规范是这些业务规范运作经验的总结，如果严格按照程序与规范运作，业务出错的概率就会下降，否则业务出错的概率就会上升，运作风险增加。

(4) 金融风险管理方法主要有：风险规避策略、风险转移策略、风险分散策略、风险对冲策略、风险补偿策略以及风险承担策略。

思考题

(1) 简要概述投资组合理论的基本思想。

(2) 简要概述无套利原理的基本思想。

(3) 假定货币市场上美元利率是 9%，马克利率是 6%；外汇市场上美元与马克的即期汇率是 1 美元兑换 1.6 马克 (1 美元 = 1.600 0 马克)。请问：1 年期的远期汇率是否仍然为 1 美元 = 1.600 0 马克？

(4) 阐述金融风险管理的主要方法。

(5) 举例谈谈不同金融风险管理方法的实际运用。

案例分析

美国长期资本管理公司的投资策略

总部设在离纽约市不远的格林尼治的美国长期资本管理公司 (Long-Term Capital Management，LTCM)，是一家主要从事定息债务工具套利活动的对冲基金。该基金创立于 1994 年，主要活跃于国际债券和外汇市场，利用私人客户的巨额投资和金融机构的大量贷款，专门从事金融市场炒作，与量子基金、老虎基金、欧米伽基金一起称为国际四大"对冲基金"。LTCM 的掌门人是梅里韦瑟，这位被誉为能"点石成金"的华尔街债券套利之父,聚集了一批华尔街上证券交易的精英入伙,如:诺贝尔经济学奖获得者默顿和舒尔茨、前财政部副部长及美联储副主席莫里斯、前所罗门兄弟债券交易部主管罗森菲尔德。他们甚至被人称为"梦幻组合"。从 1994 年到 1997 年,它的业绩辉煌而诱人,从成立初的 12.5 亿美元资产净值迅速上升到 48 亿美元,每年的投资回报为 28.5%、42.8%、40.8% 和 17%。

LTCM 的投资手法较为特别,在深信"不同市场证券间不合理价差生灭自然性"的基础上,积极倡导投资数字化,运用计算机建立数量模型分析金融工具价格,利用不同证券的市场价格差异进行短线操作,不太注重交易品种的后市方向。

默顿和舒尔茨将金融市场历史交易资料、已有的市场理论、学术研究报告和市场信息有机结合在一起,形成了一套较完整的计算机数学自动投资模型。他们利用计算机处理大量历史数据,通过连续而精密地计算得到两个不同金融工具间的正常历史价格差,然后结合市场信息分析它们之间的最新价格差。如果两者出现偏差,并且该偏差正在放大,计算机立即建立起庞大的债券和衍生工具组合,大举套利入市投资;经过市场一段时间调节,放大的偏差会自动恢复到正常轨迹上,此时计算机指令平仓离场,获取偏差的差值。一言以蔽之,就是"通过计算机精密计算,发现不正常市场价格差,资金杠杆放大,入市图利"的投资策略。

在具体操作中,LTCM 始终遵循所谓的"市场中性"原则,即不从事任何单方面交易,仅以寻找市场或商品间效率落差而形成的套利空间为主,通过对冲机制规避风险,使市场风险最小。

对冲能够发挥作用是建立在投资组合中两种证券的价格较高的正相关(或负相关)的基础上的。在较高的正相关的情况下,当一种证券价格上升时,另一种证券价格也相应上升,这时多头证券获利,空头证券亏损。反之,当两种证券价格都下降时,多头亏损而空头获利。所以可以通过两者按一定数量比例关系进行组合,对冲掉风险。在价格正相关的变化过程中,若两者价格变化相同,即价差不变,则不亏不赚,若变化不同,价差收窄,则能得到收益。但如果正相关的前提一旦发生改变,逆转为负相关,则对冲就变成了一种高风险的交易策略,或两头亏损,或盈利甚丰。

从公布的一些有关 LTCM 的投资策略来看,LTCM 核心资产中持有大量意大利、丹麦和希腊等国政府债券,同时沽空德国政府债券,这主要是由于随着欧元启动的临近,上述三国与德国的债券息差预期会收紧,可通过对冲交易从中获利。只要德国债券与意大利债券价格变化方向相同,当二者息差收窄时,价差就会收窄,从而能得到巨额收益。LTCM据此在 1996 年获得巨大成功。与此同时,LTCM 在美国国内债券市场上,也相应做了沽空美国 30 年期国债、持有按揭债券的对冲组合。像这样的核心交易,LTCM 在同一时间内共持有二十多种。当然,为了控制风险,LTCM 的每一笔核心交易都有着数以百计的金融衍生合约作为支持,这都得归功于计算机中复杂的数学估价模型,LTCM 正是凭着这一点战无不胜、攻无不克。

案例思考

(1) 什么是对冲?

(2) 美国长期资本管理公司如何使对冲发挥作用?

(3) 从案例中得到什么启示?

第三章　利率风险的度量与管理

本章导读

利率风险是金融市场中最基本的风险类型。利率是指在一段时间内的利息与借贷资金的比率。自 20 世纪 70 年代以来，随着世界经济形势的变化，在利率市场化的环境下，许多国家相对放松或取消了对利率的调控，金融产品价格的利率和汇率浮动使得利率风险应运而生。一方面利率水平由政府和相关机构进行调控，另一方面消费者对未来经济形势和资金的供求预判也会影响利率。因此，各个机构都比较重视利率变动带来的风险。本章介绍利率风险的含义、发生原因、类型，以及度量利率风险的三种模型，即再定价模型、到期日模型和久期模型，最后对金融机构如何进行管理、预防及减少利率波动带来的金融风险进行归纳。

学习目标

(1) 理解利率风险的含义，了解利率风险的成因。

(2) 掌握利率风险的性质与分类。

(3) 理解并掌握再定价模型、到期日模型和久期模型。

(4) 了解利率风险的管理及防范。

第一节　利率风险概述

一、利率风险的概念

巴塞尔委员会在 1997 年的《利率风险管理原则》中将利率风险定义为利率变化使商业银行的实际收益与预期收益或实际成本与预期成本发生背离，使其实际收益（成本）低于（高于）预期的收益（成本），从而导致商业银行遭受损失的可能性。利率风险是各类金融风险中最基本的风险，是指市场利率变动的不确定性给金融机构造成的损失。具体是指在利率市场化条件下，市场利率波动（固定利率向浮动利率转变）造成金融机构净利息收入损失或资本损失的风险，或者是金融机构中资产、负债和表外头寸市场价值的变化导致的市场价值和所有者损失的可能性。

二、利率风险的成因

利率风险的产生主要取决于以下四个方面：

(1) 市场利率水平的预测和控制的不确定性会导致利率风险的发生。

(2) 资产负债的期限结构不匹配。在市场经济条件下，由于资金的供给和需求会相互作用，市场利率是在不断变化的，当市场利率过高或者过低都会影响银行资产和负债收入的变化，从而导致期限结构的不匹配，使银行暴露在不利的利率变化中。

(3) 商业银行为保持流动性导致的利率风险。

(4) 非利息收入业务对利率变化的敏感性会导致利率风险的产生。

三、利率风险的分类

金融市场活动不断变化，有效识别利率风险也成为金融机构的重要组成部分。利率风险的表现形式可以分为再定价风险、收益曲线风险、基本点风险和期权风险。

（一）再定价风险

再定价风险是指银行或金融机构资产与负债到期日不匹配产生的风险，它是利率风险最基本和最常见的表现形式。再定价风险中利率敏感性资产与利率敏感性负债不等价变动中产生的利率风险变化体现在资产的平均收回时间与利润波动的不一致，以及固定利率与浮动利率浮动变化的不一致。

再定价缺口衡量金融机构净利息收入对市场利率敏感性变化，当银行或金融机构的利率敏感性资产大于利率敏感性负债时，银行的经营则处于正缺口状态，那么当市场利率上升，银行收益会增加；当市场利率下降，银行的收益就会减少。相反，如果银行利率敏感性资产小于利率敏感性负债，那么银行的经营则处于负缺口状态，银行的收益会随着利率的上升而减少。这就意味着利率的波动会使得利率风险具有现实的可能性，在利率波动而又缺乏管理的情况下，银行就会面临严重的利率风险。再定价缺口分析表，如表 3.1 所示。

表 3.1 再定价缺口分析表

再定价缺口	利率敏感性资产	利率敏感性负债	市场利率	银行收益变动情况
正缺口	多	少	上升	增加
	多	少	下降	减少
负缺口	少	多	上升	减少
	少	多	下降	增加

（二）收益曲线风险

收益曲线是将某一证券发行者发行的各种期限证券收益率用一条线在图表上连接起来得到的曲线。随着市场经济周期的变化，收益率曲线在不同时期呈现的形状是不一样的，由此产生了收益率曲线风险。具体来说，金融机构中资产和负债所依赖的利率变动不一致，银行的利差会伴随着时间的演变有所不同。比如，期限不同的两种债券收益率之间差额发生变化而产生的收益率曲线风险，曲线的形状可以用来预测市场利率的趋势，并可分为以下三种情况：

(1) 上升型。持有债券的期限越长，利率越高，短期利率会低于长期利率。

(2) 稳定型。持有债券的期限和利率一样。

(3) 下降型。持有债券期限越长，利率就越低，短期利率会高于长期利率。

如果只依赖于收益曲线对利率未来走势进行预测，制定未来投资或是决策战略，那么银行会承担比较大的风险，因为收益率曲线的斜率并不完全按照正向收益变动，即向期限越长收益越高的方向变动。换句话说，收益曲线风险除了产生于收益曲线斜率和形状的变化之外，还有人们根据现有收益对未来利率走势预测时出现的偏差。

（三）基准风险

基准风险也称为基本风险，其是在计算资产收益和负债成本时银行或金融机构采用的不同基准利率面临的利率风险，它是由于商业银行存贷利率变动方向和幅度差异不一致引起的净利息收入的变动。主要有存贷款利率波动的不一致，以及短期贷款和长期贷款的利差波动不一致。当银行持有期限结构相同的两种资产时，二者可以采用不同类别的基准利率（浮动利率或固定利率）。但是，当金融机构贷款或存款所依赖的基准利率不同时，银行的基本点利率就会发生变化，如伦敦同业市场拆借利率（LIBOR）和美国联邦债券利率。如果存款利率是根据伦敦同业市场拆借利率（LIBOR）按月浮动，而贷款利率根据美国联邦债券利率按月浮动，存款和贷款的基准利率波动幅度就会不一致，从而引发基准风险。

（四）期权风险

期权风险也称客户选择权风险，是指在客户选择提前归还贷款本息或提前支取存款时发生的利率风险。也可以说，商业银行在存贷款业务上面临的不确定性引发的风险。在我国现行利率政策中，银行客户可以根据自己的意愿决定是否提前支取存款，银行只能被动接受。具体来说，当银行利率提高时，存款者可能会提前支取定期存款，然后以较高的利率存入新的定期存款；当银行利率下降时，借款者可能会提前偿付贷款。所以，利率上升或下降都会降低银行净利息收入水平，这样就会打乱商业银行原本计划的商业资金安排，影响银行正常的资产负债管理，给商业银行带来额外的损失。

四、利率风险的影响

（一）对资产与负债期限结构的影响

金融机构或银行的资产负债期限结构是指在未来特定时段内，到期资产数量（现金流入）与到期负债数量（现金流出）的构成状况。在银行的传统业务结构中，存款和贷款是商业银行的基本业务。当银行的利率下调，存款人会减少储蓄，银行会面临损失；当银行的利率提高，存款人会增加储蓄，银行则会受益。但是，这种判断仅仅取决于消费者对未来利率水平的预测。利率有以下两种形式：

1. 固定利率制度

固定利率制度下，利率的上升或下降调整时间完全一致。不管利率怎样变化，对资产和负债的持有期限结构没有影响。

2. 浮动利率制度

浮动利率制度下，利率的上升或下降调整时间会影响资产与负债的期限结构。也就是说，当商业银行资产与负债在期限结构上完全匹配，再次定价形式也相同时，如果银行持有的资产和持有的负债刚好一样，那么在到期还款时银行不会发生损失。但若是调整期限缺口为负数（正数）时，银行资产储备小于（大于）负债，利率的上升（下降）会导致利息收入受损（获利），那么银行就会面临损失或获利。假设银行对利率进行调整，一年期贷款利率下调 0.32%，一年期存款利率下调 0.26%，这时贷款利率下调幅度就会超过存款利率的下调幅度，那么银行就会面临损失。

银行资产负债的期限不匹配还体现在存贷款业务上。金融市场中的短借长贷方式对金融机构或者商业银行来说是一种常态，金融机构通常以较低的资金成本去支持较高收益的中长期资产，通过期限长短赚取利益。如果利率不断变化，金融机构的贷款发放以后，利率水平会大幅度上升，金融机构就需要为短期存款支出更高的成本。但是，长期贷款利率还保持在原来的较低水平，这就使得银行入不敷出，在期限及利率变动的影响下引发利率风险。

（二）对商业银行流动性的影响

商业银行的流动性是指商业银行能够随时满足客户提现和必要的贷款需求的支付能力，包括资产的流动性和负债的流动性。商业银行既要保证银行资产在不发生损失的情况下迅速变现，同时也要保证银行能够以较低的成本适时获得所需资金。商业银行或金融机构为了保证资产的流动性，通常需要持有占资产总额 20% ～ 30% 的有价证券，保证证券市场价格的稳定。由此，商业银行或金融机构一般会倾向于期限短、流动性强的证券。而持有的债券价格和利率的变化呈反方向变动，即当市场利率上升时，持有的证券价格就会降低，折现系数变小，债券价格通过折现之后持有的短期证券现值也会减少。如果持有资产期限太久，资产变现就会发生困难，银行的流动性风险就会增大。

（三）对非利息收入业务的影响

非利息收入指商业银行的中间业务产生的收入扣除利差收入后的额外利润。20 世纪 80 年代以前，金融机构收入的主要来源是传统的基础业务，即净利息收入。随着市场经济的发展与创新，金融机构的业务种类增多，银行收入也慢慢多样化。在一些大型商业银行，非利息收入业务慢慢超过了传统业务、中间业务等其他与利率联系密切的业务类型。利率的变化对非利息收入业务是十分敏感的，商业银行或金融机构的利率风险会随着资产规模的增加而加大风险暴露，非利息收入在扩宽银行利润渠道的同时也意味着商业银行面临更大的利率风险。

第二节 利率风险的度量

商业银行利率风险的度量是对风险来源和利率波动的变化进行衡量。利率风险的度量有三种模型方法，分别是再定价模型、到期日模型和久期模型，本节将通过这三种模型来分析利率变化对收益和净现金流量带来的影响。

一、再定价模型

（一）再定价模型的应用

再定价模型又称资金缺口模型，主要是基于银行账面利率敏感性资产和利率敏感性负债的不匹配。从本质上来说，它是金融机构一定时期内使用账面价值现金流量的分析方法衡量再定价缺口。缺口是金融机构资产负债表中的表内存款、贷款和投资交易累积发生的结果。银行资产负债表中每一笔存款和贷款都有它自己的现金流量特征，缺口分析报告就是将银行的有息资产和有息负债按照它们重新定价的日期分成不同的时间，以此确定银行在每一个时间段里究竟是有较多的资产需求还是有较多的负债需求来重新设定利率。在一定时期内，金融机构在资产上赚取的利息收入和负债的利息支出会产生差额缺口，而再定价模型的运用就是通过管理表内的利率敏感性资产和负债差额，将风险暴露头寸降低到最低程度，使金融机构获得最大收益。用公式表示为

$$GAP = RSA - RSL \qquad (3-1)$$

式中，GAP 表示资产缺口；RSA(interest Rate-Sensitive Assets) 表示利率敏感性资产；RSL(Rate-Sensitive Liabilities) 表示利率敏感性负债。

这个公式表示的是银行资产负债表内每一种期限类型的利率敏感性资产和利率敏感性负债的差额，即资产价值缺口。商业银行的资产负债业务可以分为利率敏感性资产和负债以及非敏感性资产和负债。利率敏感性资产和负债是指在一定时期内 (比如 1 天、1 天到 3 个月、3 个月到 6 个月、6 个月到 12 个月、1 年到 5 年、5 年以上) 到期或需要重新定价的资产和负债，主要包括浮动利率的资产和负债，优惠利率放款和短期借入资金。敏感性分析就是将金融机构的资产和负债分为利率敏感性资产和利率敏感性负债。当利率敏感性资产大于利率敏感性负债时，利率的上升会增加机构的盈利，反之利率敏感性资产小于利率敏感性负债时，利率的上升会降低机构的利润。也就是说，当 GAP＞0 时，再定价缺口为正；当 GAP＜0 时，再定价缺口为负；当 GAP = 0 时，再定价为零缺口。

商业银行运用 GAP 模型公式，在对未来利率走势预测的基础上，通过重新配置资产与负债的规模及期限来调整利率敏感性缺口，使缺口规模与银行利率预期值相一致，从而努力提高净利息收入。利率敏感性资产与利率敏感性负债关系，如表 3.2 所示。

表 3.2　利率敏感性资产与利率敏感性负债关系

利率敏感性资产 (RSA) 与利率敏感性负债 (RSL) 的关系	利率敏感性资产 (RSA) 与利率敏感性负债 (RSL) 的变化
正缺口 RSA＞RSL	金融机构面临再投资风险
零缺口 RSA = RSL	利率变化对净利息收入没有影响
负缺口 RSA＜RSL	金融机构面临再融资风险

再定价缺口用于衡量金融机构资产和负债对市场利率的敏感程度。利率敏感性资产有

正缺口、零缺口和负缺口三种状态。当利率敏感性资产为正缺口、资产总量大于负债总量时，金融机构面临再投资风险，规模越大风险也越大；当利率敏感性资产为零缺口、资产总量等于负债总量时，金融机构利率变化对净利息收入没有影响；当利率敏感性资产为负缺口、资产总量小于负债总量时，金融机构面临再融资风险，规模越大风险也越大。

下面举例说明再定价模型的应用。

例 3-1：某商业银行按照资产和负债的期限类别重新划定再定价缺口，其中资产类包括短期消费贷款、长期消费贷款、国库券、财政部债券、固定利率抵押贷款和浮动利率抵押贷款。负债类包括权益资本、活期存款、存折储蓄存款、大额可转让存款单、银行承兑汇票、商业票据和定期存款。该商业银行资产负债表，如表 3.3 所示。请问一年后该商业银行资产缺口是多少？

表 3.3　某商业银行资产负债表 （单位：万元）

资产		负债	
1. 短期消费贷款（一年期）	50	1. 权益资本（固定）	20
2. 长期消费贷款（两年期）	25	2. 活期存款	40
3. 三个月期国库券	30	3. 存折储蓄存款	30
4. 六个月期财政部票据	35	4. 三个月期大额可转让存款单	40
5. 三年期财政部债券	70	5. 三个月期银行承兑汇票	20
6. 十年期固定利率抵押贷款	20	6. 六个月期商业票据	60
7. 三十年期浮动利率抵押贷款		7. 一年期定期存款	20
（每 9 个月调整一次利率）	40	8. 两年期定期存款	40
270		270	

解：由表 3.3 可知，该银行一年期利率敏感性资产 = 50 + 30 + 35 + 40 = 155（万元）；一年期利率敏感性负债 = 40 + 20 + 60 + 20 = 140（万元）。

资产缺口为

$$GAP = RSA - RSL = 155 - 140 = 15(万元)$$

该缺口表明，在银行一年期期限类别中，利率敏感性资产大于利率敏感性负债，银行资产处于正缺口，面临再投资风险。此时该机构主体的经济利益会受到利率波动的影响，面临利率风险的威胁。由此，金融机构的管理者可以通过调整资产负债表的利率敏感性资产和利率敏感性负债的差额来减小利率风险。

但是，再定价缺口模型只能够简单地衡量金融机构资产期限中资产价值和收益的影响，以及负债价值和成本的影响。由此，我们可以引入净利息收益的变化来衡量金融机构在每一期限内，资产负债表中利率发生变动对净利息收入的影响。用公式表示为

$$\Delta NII = RSA \times \Delta R - RSL \times \Delta R \tag{3-2}$$

式中，ΔNII 表示金融机构净利息收入的变动量；RSA 表示利率敏感性资产；RSL 表示利率敏感性负债；ΔR 表示利率的变动量。这个公式表示的是一定时期内利率变动对投资收益的影响。

例 3-2：某商业银行一年期的资金累积缺口为 15 万元，如果商业银行的资产和利率同时上升 1%(缺口不变)，则该商业银行净利息收入的变动量为

$$\Delta NII = RSA \times \Delta R - RSL \times \Delta R = 15 \times 1\% = 0.15(万元)$$

这表明当银行资金缺口为正时，利率的上升将会增加银行的净利息收入。

现假设商业银行利率敏感性资产和负债变动不一致 (RSA 与 RSL 的利率变化不同)，这时净利息收入也会发生变化。

例 3-3：在某个期限内，银行利率敏感性资产和负债相等，均为 155 万，如果利率敏感性资产上升 1.2%，利率敏感性负债上升 1%，净利息收入变化值为

$$\Delta NII = RSA \times \Delta R - RSL \times \Delta R = 155 \times 1.2\% - 155 \times 1\% = 0.31(万元)$$

这表明当商业银行的利率敏感性资产和负债的利率变化不一致时，就会产生利差，利率差增加即当利率上升 (下降) 时，利息收入比利息支出增加 (减少) 得更多 (少)。利率差减少即当利率上升 (下降) 时，利息收入比利息支出增加 (减少) 得更少 (多)。因此，利率变动时，净利息收入也会发生变动。根据不同类型资金缺口的变化，可以总结出利率变动与净利息变动的关系，如表 3.4 所示。

表 3.4　利率变动与净利息变动的关系

GAP 资金缺口	利率敏感系数	利率变动	利息收入变动	利息支出变动	净利息收入变动
正值	大于 1	上升	增加	增加	增加
		下降	减少	减少	减少
负值	小于 1	上升	增加	增加	减少
		下降	减少	减少	增加
零值	等于 1	上升	增加	增加	不变
		下降	减少	减少	不变

再定价缺口分析衡量的是在一个特定的期间内，利率敏感性资产和利率敏感性负债的差异。当银行处于正缺口时，净利息收入随利率的上升而增加；当银行处于负缺口时，净利息收入随利率的下降而减少；当缺口为零时，净利息收入不受利率变动的影响。由此，利率风险管理过程中，主要可以采取以下两种策略：

(1) 对利率变动进行准确预测，进而调整资产缺口实现利息收入增加或者股权价值增加的目的。

(2) 利率缺口保持为零，不论利率如何变化也能保证收入稳定或股权价值的稳定。

（二）再定价模型的缺陷

再定价模型作为衡量金融机构利率风险的管理方法，其优点是简单、易于理解。金融机构管理人员通过累积缺口可以快速确定风险暴露头寸，并采取相应的措施进行防范，但是再定价模型对利率风险的管理也存在不足之处。

1. 忽略了未来现金流

再定价模型缺口分析的前提需要对未来资产和负债现金流进行准确预测，如果无法准

确衡量利率变化对未来资产现金流的影响，就会忽略现金流量的变化。在实际的金融活动中，影响利率变动的因素有很多，对利率变动进行准确预测会存在很大误差，而且容易忽略市场价值效应，影响资产和负债的市场价值。

2. 忽略了期限长短

再定价模型缺口分析存在支付流量即资金回流的问题。在再定价模型假设中，我们假定的是利率敏感性资产和利率敏感性负债有一个规定期限。假设：当银行利率上升时，人们可能会推迟偿还抵押贷款的本金和利息；当利率下跌时，人们会提前偿还固定利率抵押贷款。也就是说，这种资本的回流或是支付是利率敏感性的，银行经营者需要判别出每一项资产和负债收回期限的到期时间和资金比例。

3. 忽略了市场价值

再定价模型忽视了市场价值效应，再定价模型假设分析的出发点是以账面价值为基础。但是利率的变动除了会影响以账面价值计价的净利息收入外，还会影响资产和负债的市场价值。所以再定价模型忽视了利率变动对市场价值的影响，只是一种片面地衡量金融机构实际利率风险敞口的方法。

4. 忽略了表外业务

关于表外业务发生的现金流在再定价模型的计算中容易被忽略掉，比如期货、互换、利率上限等在资产负债表的资金缺口为正时，利率上涨可以带来净利息收入的增加，但这些衍生交易产生的较低预期收益会被抵消。

由此，对利率风险的管理我们通过介绍到期日模型对再定价缺口模型管理的不足进行完善。

二、到期日模型

到期日模型从市场价格角度入手，以资产负债表中的市场价值的到期期限为基础来度量利率风险。在再定价模型中对利率风险的管理忽略了市场价值效应，比较利率的浮动对资产与负债的利差时只考虑的是资产负债表中的账面价值，而到期日模型是对再定价模型管理方法的发展。到期日模型是指用市场价值记账法表示资产和负债的价值，集中于利率变化对金融机构资产和负债对净利息收入的影响。也就是说，我们把利率变动对持有资产价格的到期时间进行管理，衡量利率水平变化对债券和资产负债价格的风险。

（一）单项资产持有期的利率风险

投资者在一定时期内持有的某一债券未来现金流的现值测定公式为

$$P = \frac{C}{(1+R)^1} + \frac{C}{(1+R)^2} + \cdots\cdots + \frac{F+C}{(1+R)^n} \tag{3-3}$$

式中，P 表示债券的市场价格；F 表示债券持有的面值；C 表示债券的年息；R 表示债券的到期收益率；n 表示债券期限。

这个公式表示的是一定时期内投资者持有债券未来所有现金流量的现值。

例 3-4：一家金融机构所持有的债券还剩一年到期，面值 100 元，年息票率为 10%，

现行到期收益率为 10%，则一年后金融机构持有的债券价格为

$$P = \frac{C}{(1+R)^1} + \frac{C}{(1+R)^2} + \cdots\cdots + \frac{F+C}{(1+R)^n} = \frac{100+10}{(1+10\%)} = 100(元)$$

但是，当中央银行实行紧缩的货币政策时，市场利率会发生变化，假设市场利率上升 1%，此时债券的价格为

$$P = \frac{C}{(1+R)^1} + \frac{C}{(1+R)^2} + \cdots\cdots + \frac{F+C}{(1+R)^n} = \frac{100+10}{1+11\%} = 99.10(元)$$

由此可知，随着利率的上升债券的市场价值会降低，从 100 减少到 99.10 元，从而为投资者减少了 0.9 元的收益。所以在市场价值记账法下，利率上升通常会减少金融机构的市场净值。

续例 3-4，如果中央银行的政策不变，利率还是上升 1%，但是债券的期限发生变化，那么两年期和三年期的债券价格分别如下：

两年期债券价格为

$$P = \frac{C}{(1+R)^1} + \frac{C}{(1+R)^2} + \cdots\cdots + \frac{F+C}{(1+R)^n} = \frac{10}{1.11} + \frac{100+10}{1.11^2} = 98.29(元)$$

三年期债券价格为

$$P = \frac{C}{(1+R)^1} + \frac{C}{(1+R)^2} + \cdots\cdots + \frac{F+C}{(1+R)^n} = \frac{10}{1.11} + \frac{10}{1.11^2} + \frac{100+10}{1.11^3} = 97.56(元)$$

当市场利率变动相同时，随着债券期限的延长，市场价值的下降幅度就越加明显。

（二）资产组合的利率风险

投资者在一定时期内持有资产或负债组合的到期期限的衡量公式为

$$M_i = M_A - M_L \tag{3-4}$$

式中，M_i 表示金融机构资产（负债）的加权平均期限；$M_A = W_{A1}M_{A1} + W_{A2}M_{A2} + \cdots W_{An}M_{An}$，其中，$M_A$ 表示金融机构资产的加权平均期限，W_{An} 表示第 n 项资产持有的权重，M_{An} 表示第 n 项资产持有的期限；$M_L = W_{L1}M_{L1} + W_{L2}M_{L2} + \cdots\cdots W_{Ln}M_{Ln}$，其中 M_L 表示金融机构负债的加权平均期限，W_{Ln} 则表示第 n 项负债持有的权重，M_{Ln} 表示第 n 项负债持有的期限。这个公式表示的是一定时期内金融机构资产和负债组合的持有期期限缺口。

例 3-5：某银行的资产负债表中，资产中有一亿美元投资于息票利率 10% 的 3 年期债券，负债中发行 9000 万美元，利率 10% 的 1 年期存款。则该银行的期限缺口为

$$M_i = M_A - M_L = 3 - 1 = 2(年)$$

从例题中，可以发现银行资产负债组合中，资产的持有期限大于负债持有期限，说明该金融机构资产组合与负债组合存在 2 年的到期缺口。在到期日模型方法中，对于银行资产与负债持有期限长短不一致的情况，可以通过调整资产组合期限的方式缓解利率变化带来的风险差异，即我们需要把资产持有的期限减少 2 年，银行的资产和负债到期日期限才能匹配，持有的资产组合收益就不会受损。

当把利率的变动因素考虑进去时，如果市场利率发生变化，对资产期限结构进行调整，银行管理的资产组合到期时间在哪个期限缺口才能免遭利率波动的影响。由此，考虑衡量银行持有者的净利息收入变化，判断到期缺口，用公式表示为

$$\Delta E = A - L \tag{3-5}$$

式中，ΔE 表示银行所有者在金融机构拥有的净利息变动，即所有者权益的变化；A 表示银行资产的市场价值；L 表示银行负债的市场价值。这个公式表示的是在一定时期内利率的变化对金融机构资产与负债到期日期限缺口中所有者权益的影响。

在到期日模型的度量方法中，金融机构净值（所有者权益）变化与期限的匹配相互作用。当计算出来的期限缺口等于零时，资产和负债期限相互对称，那么可以对冲掉利率变化带来的风险。但是，在到期日模型的度量方法中也存在一定局限性，我们通过调整资产与负债期限结构的方式来对冲利率波动也容易引发以下两个问题：

(1) 在识别利率风险中没有考虑到金融机构资产负债表的财务杠杆比例，即资产中负债存在的比例。当 $M_A - M_L = 0$ 时，银行不能完全规避利率风险。

(2) 忽视了资产和负债现金流所发生的时间，当 $M_A = M_L$ 且 $A = L$ 时，贷款现金流发生时间可能分布于整个贷款期间，而银行支付给存款者的存款及利息的现金流一般在期末发生。因此在衡量利率风险时需要注重期限与现金流的问题。

三、久期模型

久期是美国学者弗雷德里克·麦考利于 1936 年提出的，因此也被称为麦考利久期。久期模型是一种更准确衡量金融机构利率风险的模型，因为它不仅考虑了资产（或负债）的到期期限问题，还考虑到了每笔现金流的情况，通过债券的平均到期期限即加权平均来计算债券的平均到期时间。在货币时间价值的基础上，久期不仅考虑到金融机构要收回贷款初始投资所需要的时间范畴，而且可以体现所收到的现金流中价格波动对利率波动的敏感性。在到期日期限中就等于投资收回时间（久期）加上投资收回的利润时间，久期越长，价格对利率敏感性越强，利率风险的影响也就越大。

（一）金融机构持有固定收益债券的久期

金融机构在一定时期内持有资产每年支付一次利息的固定收益债券久期公式为

$$D = \frac{\sum_{t=1}^{n}(\mathrm{CF}_t) \times (\mathrm{DF}_t) \times t}{\sum_{t=1}^{n}(\mathrm{CF}_t) \times (\mathrm{DF}_t)} \tag{3-6}$$

式中，D 表示一定时期内持有资产支付利息的固定收益的久期时间（以年为单位）；CF_t 表示持有资产在 t 期末收到的现金流；N 表示持有资产的年限；DF_t 表示持有资产的贴现因子，即等于 $\dfrac{1}{(1+R)^2}$，其中 R 为债券的到期收益率或者当前的市场利率水平；$\sum_{t=1}^{n}$ 表示为从

t 时期到 $t = n$ 年的求和符号。式 (3-6) 表示的是在一定时期内利率变化对持有资产比如债券的票面利率、到期收益率和到期期限的影响。

例 3-6：某投资者持有面值为 1000 元的息票债券，期限为 6 年，票面利率和到期收益率都为 8%，请计算该债券的久期。票面利率为 8% 的 6 年期息票债券，如表 3.5 所示。

表 3.5　票面利率为 8% 的 6 年期息票债券

t	CF_t	DF_t	$CF_t \cdot DF_t$	$CF_t \cdot DF_t \cdot t$
1	80	0.9259	74.07	74.07
2	80	0.8573	68.59	137.18
3	80	0.7938	63.51	190.53
4	80	0.7350	58.80	235.20
5	80	0.6806	54.45	272.25
6	1080	0.6302	680.58	4083.48
合计			1000	4992.71

根据久期公式得：

$$D = \frac{\sum_{t=1}^{n}(CF_t) \times (DF_t) \times t}{\sum_{t=1}^{n}(CF_t) \times (DF_t)} = \frac{4992.71}{1000} = 4.933(年)$$

投资者持有的息票债券在 4.933 年的时候就可以收回投资的初始面值，获得投资收益。

由此可知，久期的计算可以作为度量债券利率风险的一种工具。在收益率变动水平一定时，债券的久期是影响债券价格变动的唯一因素，但是当收益率变动水平不一致时，投资者持有的息票债券利率如果发生变化，那么投资者收回收益的时间点也会发生变化，从而面临的利率风险也需要重新衡量。

例 3-7：某投资者持有面值为 1000 元的息票债券，期限为 6 年，票面利率和到期收益率上升 1%，变为 9%，请计算该债券的久期。票面利率为 9% 的 6 年期息票债券，如表 3.6 所示。

表 3.6　票面利率为 9% 的 6 年期息票债券

t	CF_t	DF_t	$CF_t \cdot DF_t$	$CF_t \cdot DF_t \cdot t$
1	80	0.9174	73.39	73.39
2	80	0.8416	67.33	134.66
3	80	0.7722	61.78	185.34
4	80	0.7085	56.68	226.72
5	80	0.6500	52	260
6	1080	0.5959	643.572	3861.43
合计			1000	4741.54

根据久期公式得：

$$D = \frac{\sum_{t=1}^{n}(CF_t) \times (DF_t) \times t}{\sum_{t=1}^{n}(CF_t) \times (DF_t)} = \frac{4741.54}{1000} = 4.741(年)$$

随着投资者持有债券的票面利率上升 1%，投资者持有的息票债券需要在 4.74 1 年才可以收回投资的初始面值，获得投资收益。对比表 3.6 和表 3.7，在其他条件不变时，投资者持有债券的票面利率和到期收益率上升，久期就会下降。即投资者在久期计算中利息支付越多，投资者收回初始投资的速度越快，利率变化带来的投资收益影响越小。所以，对比久期公式计算分析，利用久期模型衡量利率风险是一种直接衡量资产或负债利率敏感性的方法，持有资产或负债的久期数值越大，资产或负债价格随利率变化敏感性越大。在久期模型中，久期的变化对持有债券的票面利率、到期收益率和到期期限存在着一定联系：

(1) 债券票面利率获承诺的利率越高，久期越短。

(2) 随着债券到期收益率增加，久期会减小。

(3) 固定收益的债券到期期限增加时，久期会以递减的速度增加。

由此，久期模型作为金融机构管理人员度量利率风险的管理工具，可以通过调整期限缺口或是改变资产负债的现金流权重进行风险的防范，但在实际经济或者是对大型金融机构来说，简单地调整资产负债表结构是非常复杂的程序，在实际应用中存在很大局限性。

(1) 找到具有相同久期的资产和负债并结合运用到金融机构的负债组合中可能会发生大额的交易成本或费用，在现实中应用对大型的金融机构重新调整资产负债表结构是一件费时费力的事情。如果假设某种贷款或是证券的到期期限与久期期限一样，那么可以计算对比。但是，对于存在到期日现金流的金融工具来说，久期期限小于到期期限，除非是零息债券或到期一次性支付本息的贷款。所以，可以得出利用久期防范风险必须是动态的，金融工具到期日期限越短，到期期限与久期匹配的程度越大，金融机构更易于计算。

(2) 久期模型假定未来现金流是稳定状态，没有考虑到不稳定的现金流，银行或储蓄机构账户发生的时间是确定状态，而实际上对于贷款或是存款，客户的提前支付或违约都会影响到贷款的预期现金流，那么久期的计算就比较困难。

(3) 久期模型中假设市场价格和利率之间是线性关系，资产（负债）价格的上升或下降变化与利率变动一致。然而利率波动是弹性变化的，金融资产收益对微小利率的变化都是具有敏感性的，比如当利率发生较大幅度变动时，利率上升 3%，久期对债券的价格变化预测都会发生变化，即利率的上升幅度越大，久期模型对债券价格下跌的幅度高估得越大；利率下降的幅度越大，久期模型对于追求价格上升的幅度低估得越大。也就是说债券价格和到期收益率变化之间并不具有严格的线性关系。对利率风险的识别和衡量模型都是在特定环境下发生，久期缺口的分析有助于管理者更好地管理公司净资产。

所以，我们在采用模型度量利率变动带来的风险时应按市场经济实际状况对风险进行度量。

第三节　利率风险的管理与防范

利率风险的防范和管理是识别、计量、控制利率风险的全过程。在风险管理中需要制定科学的风险管理政策与程序，以及建立全面的风险计量系统。利率风险的管理目标是通过采取各种措施来识别、控制、化解利率风险的，尽可能将利率风险带来的损失控制在商业银行可以承受的合理范围内。

一、利率风险的管理

利率风险的度量方法中介绍了再定价模型、久期模型和到期日模型，因而在利率风险的管理办法中也要考虑这三个方面。

（一）利率期限缺口管理

利率期限缺口管理衡量的是在一定期限内利率敏感性资产和负债的到期差异，即在再定价模型中调整资产期限管理结构。从资产的到期期限看，期限越长的债券价格受利率变动的影响越大。因此，一般情况下，金融机构对利率期限缺口管理主要采取两种方法，即保守型管理方法和主动型管理方法。保守型管理方法就是使其资产的缺口为零，那么不管利率是上升还是下降，金融机构都不会有亏损的风险。主动型的管理方法就是对利率变化方向进行准确的预测，当预测利率将下降的时候，利率敏感性资产如果是大于利率敏感性负债，金融机构和投资者都会发生亏损，这时债权人或债务人可以选择提前收回债权或是提前偿还债务。反之亦然。

（二）久期缺口管理

久期缺口管理是指在金融机构或商业银行的资产和负债中，对利率敏感性资产和负债进行调整后的资金缺口与久期进行计算。久期缺口理论考虑了持有资产到期的现金流与市场价值的变化。在预期利率上升（下降）将调整缺口为正值（负值）来提高或稳定银行的净利息收益。其主要思想是通过保持资产和负债的久期缺口为零，让利率的波动不会对金融机构或企业持有资产和负债的市场价值产生影响，从而有效地管理利率风险。

（三）优化资产组合管理

优化资产组合管理是指金融机构的债权人或债务人可以选择多样化资产的投资组合，使用一些金融衍生工具缓解利率风险。比如，金融期货市场中通过利率的期货交易或利率的期权交易进行套期保值管理；通过利率互换交易把下降的固定利率（浮动利率）资产转换为上升的浮动利率（固定利率）资产；通过远期利率协议方式确定借款利率水平等。优化资产组合管理方法具体包括四种工具的组合管理方式：

1. 利率期货管理

利率期货是指经济活动买卖双方在集中性的市场上，以公开竞价的方式约定在未来某一时刻买进或卖出某种有息资产的金融期货业务。利率期货中作为利率期货标的物的利率及相关资产的种类很多，利率波动对期货合约的价格确定往往存在一定的差价，这种差价即为基差，也就是市场现货价格减去合约中期货价格后会出现的差价。利用利率期货进行管理方式主要是控制买卖双方交割业务中期货的合约价格与预期标的资产现价产生的基差，由此进行准确的预测并作出相应的调整，从而缓解期货市场与现货市场的差异。比如金融机构出售利率期货时可以锁定借款的有效利率，在买入利率期货时可以锁定贷款的有效利率，从而控制持有资产间的价格差异管理利率风险。

2. 利率期权

利率期权是指在经济活动中买卖双方以事先约定的协议价格在未来某一时间买入或卖出各种利率相关品或利率期货合约，作为标的物的期权交易形式。管理常用的利率期权主要表现为对互换期权、利率上限与利率下限和利率上下限组合的控制。比如，在证券市场中投资者面临市场利率上升时，投资者持有的证券价格下跌，收益受损，这时投资者可以管理利率的上下限，使得借款的利率只能在限定的利率中上下波动以规避减少利率风险。

3. 利率互换

利率互换是指经济活动买卖双方将自己持有的资产或负债的计息方式调换成同种货币的计息方式。简而言之，利率互换就是同种货币、异种计息方式金融工具的调换。利率互换管理利率风险主要是通过换取对自己有利的利率计算方式。在利率看跌时投资者可以选择将持有的固定利率资产转换为浮动利率资产以减少损失；在利率看涨时投资者可以选择将持有的浮动利率资产转换为固定利率资产以增加收益。

4. 利率协议

利率协议也称为期货利率协议，是指经济活动买卖双方约定在某一特定时间内协议的某个特定利率，以此进行结算的利率合约。利率协议的管理是一种灵活的简单工具，借款者可以在协议的条款中转换利率形式。比如，对投资者和借款者发生在未来某一特定时日内的单一现金流的单个利率进行锁定，对协议的利率、期限和本金额度进行管理，以缓解利率风险。

在利率市场化的条件下，不同金融工具的使用不管是在投资机会或是风险管理方面都给不同需求的投资者提供了更加灵活的选择。利率风险的管理就是能够有效地实现货币资产组合在供给和需求之间合理配置及使用来管理利率风险。

二、利率风险的防范

利率风险是银行持有资产财务状况会因为利率出现不利变动而面临的风险。风险的防范主要在市场利率的波动和银行的资产负债期限或资产总额的不匹配方面进行防范。具体可以从这四个方面考虑：

(1) 在缺口分析和久期的计算中，注意账面价值与利率变动的市场价值对净利息收入的影响。

(2) 考虑加强对未来利率趋势的预测，投资者或筹资者可以预测未来利率的走势，选择对自己有利的利率均衡点。投资者如果预期未来利率是上升的，那么在资金投入时可以选择固定利率，反之，如果预期未来利率的走势是下降的，那么就选择浮动利率。

(3) 考虑加强对基准利率水平的管控，完善存贷款定价机制。随着市场经济的多元化发展，利率逐渐市场化，央行制定的存贷款基准利率具有一定的利差，银行利率水平的变化则要适应自身业务实际情况作出调整，根据贷款类型和用途等调整合适的贷款定价机制和定价标准，确定存贷款利率上下限，保证合理的息差水平。

(4) 考虑加强期权风险的管理，包括三个部分：

① 期权价格波动的加强对风险敞口的控制，期权买卖时出现的价格波动可能令期权买方损失全部权利，或令期权卖方面临亏损。

② 市场流动的风险尽量选择交易活跃的合约，期权合约的时间、数量、价格都是不一样的，投资者如果选择流动性较差的合约，可能会出现成交时收益减少的情况。

③ 减少道德风险与逆向选择的发生，在金融市场上信息不对称现象是普遍存在的，往往会导致存款者或借款者在信贷市场的反向激励以及反向选择。

总的来说，利率风险的防范和管理讨论了商业银行或是其他金融管理机构如何识别，准确计量，适当控制所有交易和非交易业务中的利率变化的方法以及利用期限结构或者考虑现金流的变化进行风险的防范。在金融市场中也常用金融工具包括一些其他衍生产品，比如远期利率协议或互换等工具进行风险的防范和管理，确保机构在合理的利率水平下选择有利的利率形式，稳健经营获取最大经济利润，最大程度减少利率波动带来的金融损失。

【本章小结】

(1) 利率风险是金融机构面临的最基本风险，在利率市场化条件下，市场利率的波动会造成金融机构净利息收入损失或资本损失导致的市场价值和所有者收益减少的可能性。

(2) 利率风险出现的原因主要表现为市场利率水平的预测和控制的不确定性、资产负债的期限结构不匹配、商业银行为保持流动性导致的利率风险和非利息收入业务对利率变化的敏感性。

(3) 在一个自由竞争的市场中，利率的起伏会引起债券价格的变动，而这种价格波动具有敏感性，即利率敏感性。

(4) 利率风险可以分为再定价风险、收益曲线风险、基本点风险和期权风险四种类型。

(5) 商业银行利率风险的识别与计量通过三种模型方法，即再定价模型、到期日模型和久期模型进行衡量。再定价模型主要基于银行账面价值中利率敏感性资产和负债的不匹配；到期日模型中主要基于市场价格衡量银行资产和负债的期限差额；久期模型是基于到期日模型方法，不仅考虑了资产和负债期限差额，而且衡量了到期日之前利率变化对收益和净现金流量带来的影响。

(6) 利率风险的管理方法包括利率期限缺口管理、久期缺口管理和资产组合的管理方法。

思考题

(1) 简述运用久期缺口管理的缺陷？

(2) 什么是利率风险？利率风险的表现形式主要有哪些？

(3) 什么是利率敏感性资产？什么是利率敏感性负债？什么是再定价缺口？

(4) 简述久期与票面利率，到期收益率与到期期限之间的关系？

(5) 什么叫再定价风险？收益曲线风险、基准风险和期权风险的区别是什么？

(6) 什么是到期日模型？金融机构应该如何运用到期日模型来管理其资产负债组合的利率风险？到期日模型的主要缺陷是什么？

案例分析

雷曼公司破产的利率风波

利率影响金融各个层面，1995 年中国人民银行成立时就开始对利率实行集中统一管理，将基准利率作为金融市场的基础利率水平。随着全球化进程的加快，银行基准利率市场化，由固定利率向浮动利率转变。

在 2008 年的全球经济危机中，美国联邦储备银行通过在货币市场上买入三个月期限的短期国债来降低短期持有的联邦基金利率。随着银行间利率的波动，对银行存贷款利率的传导也发生了危机。作为美国第四大投资银行的雷曼公司在 2008 年 9 月 15 日按照美国公司破产法案的相关规定提交了破产申请，成为了美国有史以来最大的倒闭金融公司。

2007 年，雷曼公司在世界 500 强排名第 132 位，2007 年年报显示其净利润高达 42 亿美元，总资产近 7000 亿美元。然而从 2008 年 9 月 9 日起，雷曼公司股票一周内股价暴跌 77%，公司市值从 112 亿美元大幅缩水至 25 亿美元。第一个季度中，雷曼公司卖掉了 1/5 的杠杆贷款，同时又用公司的资产作抵押，大量借贷现金为客户交易其他固定收益产品。第二个季度变卖了 1470 亿美元的资产，并连续多次进行大规模裁员来压缩开支，然而雷曼公司的自救并没有把自己带出困境。华尔街出现"信心危机"，金融投机者操纵市场，一些有收购意向的公司因为政府拒绝担保没能出手，致使雷曼公司最终没能逃过破产的厄运。

仅从利率风险的角度分析，美国商业银行及其他金融机构为了应对利率波动带来的风险，它们会通过多种资产的组合投资来防范。在这次破产风波发生前，雷曼公司的管理者就运用了由投保人的保费基金进行期限匹配的投资组合来应对部分利率波动带来的冲击。在雷曼公司投资的保险公司中有一份 5 年期的价值 1000 万美元的保单，保险公司向雷曼公司承诺 5 年后会一次性支付这笔款项，假设保险公司在 5 年期满后支付 1469 万美元作为退额保单的返还，那么返回金额恰好等于用 1000 万美元投资的票面利率为 8% 的按复利计算的 5 年期债券市值。货币具有时间价值，随着期限的增加，保险公司可能支付的实际金额会更多，假设保险公司支付雷曼公司的保单总额没有改变，保险公司为了使自身免受利率风险的影响，那么保险公司就需要确定不管未来金融市场如何变化都能够在 5 年以后产生 1469 万美元的资产。

案例思考

试分析在雷曼公司投资的保险公司中，5 年期的零息债券和 5 年期的息票债券，如何确保 5 年后雷曼公司收回的现金流不会受到利率变化的影响，使公司免于遭受利率波动带来的冲击？

第四章　汇率风险的度量与管理

本章导读

随着经济全球化的发展，国家与国家之间的贸易往来越来越频繁，货币作为商品交换的媒介，在国际经济往来中充当着举足轻重的角色。但是不同国家都有自己制造的本国货币，进行国际贸易时不同的货币之间的交换需要"汇率"来衡量各自的价值，不同货币的币值波动便会带来汇率的波动，由此引发了国际经贸活动中的汇率风险。

学习目标

(1) 认识汇率风险的含义与类型。
(2) 熟悉各种汇率风险的度量方法。
(3) 了解汇率风险的管理。

第一节　汇率风险概述

国际经贸活动日趋频繁，货币必然涉及汇率的换算，而决定和影响汇率的因素众多，这些因素的变动都会引发汇率的波动，那么在国家之间的贸易往来结算中，就会存在着汇率风险。因此，首先要了解汇率的含义及其决定因素和影响因素，才能更好地认识汇率风险，把控汇率风险。

一、汇率

（一）汇率的含义

由于每个国家发行的货币各不相同，货币价值不一，因此在进行国际贸易往来的时候需要一个统一的计价标准，也就是各国之间的货币需要一个兑换比率，由此便形成了汇率。汇率 (exchange rate) 即一国货币兑换另一国货币的比率，是以一种货币表示另一种货币的价格，也称作"汇价"或"外汇行市"。

汇率不是一成不变的，它受到国际收支、外汇储备、利率水平、通货膨胀、政治局势、投资者偏好等诸多因素的影响，汇率波动会使本国货币币值发生变化，直接影响本国商品在国际市场上的成本、售价及市场竞争力。例如，2022 年 2 月，俄乌冲突导致俄罗斯卢布阶段性快速贬值，美元破百，人民币持续升值，这给冲突期间俄罗斯的进口企业商品贸易带来了巨大的压力，而其他国家对俄出口企业商品的国际市场价格上涨，那么该商品的出口必然会受到一定打击。汇率变动对各国的影响不容小觑，汇率风险是各国不得不面对的问题。

汇率可以表示成外币的本币价格或一单位外币可以兑换的本币数量，这种表示方法叫作直接标价法 (direct quotation)，例如，美元对人民币的汇率为"1 美元 = 6.5 元人民币"；也可以表示为本币的外币价格或一单位本币可以兑换的外币数量，这种方法叫作间接标价法 (indirect quotation)，例如，人民币对美元的汇率为"1 元人民币 = 0.15 美元"。因为美元是世界储备货币，所以一般用美元对某一国家货币的汇率来表示外汇汇率，如美元对人民币的汇率、美元对日元的汇率等。

（二）汇率的决定因素

汇率最直接的决定因素，简单来说就是"买卖的量"，也就是汇率的供求关系。把它换成买卖股票就很容易理解了，如果买入的股票数量超过卖出的数量，股价就会上涨。同样，如果买入的美元金额大于卖出的金额，那么美元的价值就会增加，反之，如果卖出的金额小于买入的金额，那么美元的价值就会下降。也就是说，当外汇交易不受限制时，汇率由外汇的供给和需求来决定。如果某种货币供大于求，则该种货币汇率就下降，反之，则该种货币汇率上升。在有管制的外汇市场中，政府和中央银行试图使汇率固定，或限制其波动的范围。但是，外汇的供给和需求会对汇率产生升值或贬值的压力，从而迫使中央银行为维持固定汇率而不断买入或卖出本币。

此外，技术、投机、基本面等因素也是决定汇率的因素。

(1) 技术因素是指当投资者根据过去以价格和时间为中心的汇率走势图（或图表）预测何时卖出或何时买入时，汇率会波动。

(2) 投机因素是指对冲基金、机构投资者等投机者反复投入大量资金赚取短期利润，在外汇市场上的交易比例较高，由于其规模较大，也会影响短期汇率波动。

(3) 基本面因素主要是指经济指标和利率等。每个国家的"经济指标"各不相同，其中国内生产总值 GDP、就业率等重要指标对汇率的影响较大，综合这些经济指标来看，经济上行汇率有上涨的趋势，经济下行汇率就有下降的趋势。关于利率，一般来说高利率货币被认为其价值（汇率）趋于上涨，而低利率货币则会下跌。

关于汇率的决定因素，经济学中还有购买力平价和利率平价两个经典的理论。

1. 购买力平价理论

购买力平价是瑞典经济学家卡塞尔在 1921 年金本位时期倡导的经典汇率决定理论，提出汇率由各国双边货币购买力的比例决定。在信息充分、不存在关税和交易成本的开放经济条件下，汇率取决于两国的物价水平或相对物价水平之比。也就是说，一国通胀率高于（低于）另一国的幅度与其汇率的贬值（升值）幅度是一样的。购买力平价被认为是一种平衡贸易差额的汇率，若购买力平价成立，则一国的对内购买力等于对外购买力，但由于成立的条件苛刻，购买力平价汇率与短期均衡汇率可能存在很大的偏差，因此在实际应用中，购买力平价理论常被用来分析和测算长期均衡汇率。在购买力平价理论中，形成了"确定汇率以使两国相同产品的价格相匹配"的绝对购买力平价，以及"确定反映两国价格水平变化的汇率"的相对购买力平价两种理论，目前"相对购买力平价"是主流。

2. 利率平价理论

利率平价是指在没有交易成本的有效金融市场上，投资者持有本币的收益（由本国利率决定）与持有外币的收益（由外币利率和汇率决定）是相同的。如果本国利率高于外国利率，则本币在远期将会贬值；如果本国利率低于外国利率，则本币在远期将会升值，也就是说汇率的波动会抵消两国之间的利率差异，从而使得金融市场处于平衡状态。相对于购买力平价理论对物价因素的关注，利率平价理论更关注资本流动对汇率的影响。当利率平价条件成立时，外汇市场就不存在套利的机会，就算这种机会存在，也会因为市场的力量很快消失。利率平价的条件是外汇市场均衡的前提条件。经研究表明，利率平价理论对均衡汇率的短期分析和长期分析都是有效的。

（三）汇率的影响因素

从总体上说，一国的宏观经济状况和实力是影响该国货币汇率变动的最基本因素。比如一国的生产发展速度快、财政收支状况良好、物价稳定、出口贸易增加，则该国货币会升值，即以间接法表示的汇率会上升。反之，若一国生产停滞、财政收支赤字扩大、通货膨胀不断发生、出口贸易减少，则该国货币将贬值，即间接法表示的汇率将下降。宏观经济中的许多变量都对汇率产生影响，主要包含以下几个变量：

1. 国际收支

国际收支状况是影响汇率变动的直接因素，因为一个国家的外汇供求状况主要是由该国国际收支状况决定的。如果一国的国际收支是顺差，则不仅外汇的流入增多，流出减少，别国对顺差国的货币需求也会增大，顺差国对别国货币的需求会减少，这样顺差国货币的供不应求就会引起顺差国的货币汇率上升。如果一国国际收支顺差现象长时间持续，这个国家的货币在国际外汇市场上就将成为强势货币或硬货币，其汇率会不断走高。

2. 通货膨胀

通货膨胀意味着国家发行的货币量超过了流通中正常需要的货币量，这样货币的实际价值就会减少，从而引起货币的购买力下降，物价上涨，相应货币的对外价值也会下降。当一国发生通货膨胀之后，则该国物价上涨，本国货币贬值。

3. 利率

通常情况下，一国利率提高、银根（金融市场上的资金供应）紧缩，会吸引大量外国短期资金流入，使该国货币升值；反之，一国利率降低、银根放松，会使短期资金外流，导致该国货币的汇率下跌。各国利率的变化，尤其是各国利率水平之间的差异，是当今影响汇率变动的十分重要的因素。在金融全球化趋势日益加剧的今天，国际市场上大量的游资使得利率状况对汇率变动的影响巨大。

4. 宏观经济政策

各国的宏观经济政策将会影响其自身的经济增长、国际收支、就业率、物价水平和利率等经济变量，最终会影响到汇率的变动。货币政策对汇率的影响更为直接和明显。例如，当一国实施紧缩的货币政策时，将促使该国货币汇率的上升。反之，若一国实施扩张的货币政策，将促使该国货币汇率的下降。

5. 市场预期

市场预期对汇率的影响主要是通过人们对货币未来价值的评价来影响外汇的供求的。预期对汇率的影响很大，其程度有时远远超过其他因素对汇率的影响。当人们预期未来汇率会下降时，就会不断地抛出该种货币，使得该货币供大于求，导致汇率下跌。反之，当人们预期未来汇率水平会上升时，则不断买入该货币，使得该货币供不应求，导致汇率上升。

6. 其他因素

除上述因素外，还有其他一些因素，如外汇储备、股票、债券和外汇期货期权价格的变动、国际政治局势、自然灾害等，也会影响汇率的波动。

二、汇率风险

汇率的波动会对国际间的各经济主体产生影响，这便是汇率风险，如汇率风险、结算风险和会计风险。这些汇率风险具有或然性、不确定性和相对性的特点。

（一）汇率风险的含义

汇率风险又称为外汇风险或外汇暴露，是指在一定时期的国际经济交易中，以外币计价的资产（或债权）与负债（或债务），由于汇率的波动而引起的价值涨跌。

汇率风险有广义风险和狭义风险。广义的汇率风险是指汇率变化对经济活动的影响。如汇率的变动会从宏观经济层面影响一国进出口贸易的变化，进而波及国民经济的其他部门，使该国的贸易、对外贸易和债权出现不良反应。狭义的汇率风险则是指外汇汇率变动对某一项具体的经济活动的影响。如某一项以外币结算的出口贸易，在取得收入时因外汇汇率下跌而导致兑换本币的数量减少，导致给出口企业带来损失。

当一家公司从事以该公司所在国家的货币以外的货币计价的金融交易时，就会产生汇率风险。本国货币的升值或贬值，以及计价外币的贬值或升值，都会影响该交易产生的现金流量，对于外币资产和负债所有者来说，便会产生"遭受损失"和"获得收益"两个不确定的结果。汇率风险会影响在国际市场上进行交易的投资者，以及向多个国家进出口产品或服务的企业，风险承担者主要包括政府、企业、银行、个人及其他部门。例如，已经成交的交易，无论是盈利还是亏损，都将以外币计价，并需要转换回投资者的本国货币，若汇率发生变动，可能对此转换产生不利影响，导致所得金额低于预期，这就是汇率风险带来的损失。

（二）汇率风险的特点

汇率风险具有或然性、不确定性和相对性三大特性。

(1) 汇率风险的或然性是指汇率风险可能发生也可能不发生，不具有必然性。

(2) 汇率风险的不确定性是指汇率风险给持有外汇或有外汇需求的经济实体带来的可能是损失也可能是盈利，它取决于在汇率变动时经济实体是债权地位还是债务地位。

(3) 汇率风险的相对性是指汇率风险给一方带来的是损失，给另一方带来的必然是盈利。

三、汇率风险的类型

根据经济主体、经济活动形式以及汇率风险的表现和影响，汇率风险可以分为三种类型。

（一）交易风险

交易风险 (transaction exposure) 主要是指在约定以外币计价成交的交易过程中，由于结算时的汇率与交易发生时（即签订合同时）的汇率不同而引起收益或亏损的风险。交易风险又可分为交易结算风险和外汇买卖风险，在商业银行与客户进行外汇买卖，或者以外币计价进行的进出口贸易、投资借贷等交易活动中，都可能存在意料之外的汇率波动而带来的汇兑损失。

交易结算风险又称为商业性汇率风险，是指以外币计价进行贸易及非贸易业务的一般企业所承担的汇率风险，它是伴随商业及劳务买卖的外汇交易而发生的，主要由进出口企业承担。交易结算风险是基于将来进行外汇交易而将本国货币与外国货币进行兑换，由于将来进行交易时所使用的汇率没有确定，因而存在风险。进出口企业从签订合同到债权债务的清偿，通常要经历一段时间，而这段时间内汇率可能会发生变动，于是未结算的金额就成为承担风险的受险部分。例如，一家中国公司希望从美国的一家公司购买产品，因此这笔交易将使用美元来支付给美国公司。假定在最初开始交易谈判时，美元与人民币的兑换价值是 1∶6.5 的比率，也就是说此时的汇率是 1 美元相当于 6.5 元人民币。谈判协议一旦完成，商品的价格便确定下来，但销售付款动作并不一定立刻进行，而在最终销售行为完成之前，汇率可能会发生变化，这种变化带来的风险就是汇率风险中的交易风险。虽然人民币和美元的价值可能不会改变，但根据影响货币市场的因素，利率也可能或多或少地对中国公司有利。当完成销售并付款时，汇率可能已经转向更有利的 1∶6.25 汇率（实际需要支付的人民币数量减少）或不太有利的 1∶7 汇率（实际需要支付的人民币数量增多）。无论人民币相对于美元的价值如何变化，这家美国公司都没有经历任何交易风险，因为交易是以当地货币进行的，销售协议确定的价格是以美元设定的，因此美国公司不会受到影响，但对中国公司来说则要面临汇率变动带来的交易风险。

外汇买卖风险是指商业银行在进行外汇买卖、或以外汇资金进行借贷交易时，因汇率变动而承担的交易风险。例如，在外汇资金的借贷交易中，汇率波动可能造成银行的债务人负债增加，若债务人无力偿还这部分额外增加的负债，便会导致银行出现不良贷款，增加呆坏账。外汇买卖交易中，银行有代客购汇业务，若客户下订单和实际交割期间汇率发生波动，也可能给银行带来损失。银行承担的汇率风险主要是外汇买卖风险。

（二）折算风险

折算风险也叫作会计风险 (Accounting Exposure)，是指经济主体对资产负债表进行会计处理的过程中，将功能货币转化为记账货币时，因汇率变动而引起海外资产和负债价值的变化而产生的风险。功能货币是指经济主体在经营活动中实际使用的货币，记账货币是指经济主体在编制财务报表时使用的报告货币，通常是母国货币，当功能货币和记帐货币不一致时，必然需要进行会计换算，也就不可避免地出现折算风险。

折算风险是一种存量风险。在实际交易之前对现金流没有影响，汇率波动时的外币资产负债数额没有变化，但如果财务报表中记录了外币资产或负债，汇率波动会使本币数额发生变化，由此而导致会计损益。一般来讲，按照相关法规的规定和要求，金融机构应使用以母国货币为单位编制汇总的财务报表，而不能在财务报表中使用几种不同的货币单位。但在其国际业务中，一般是以外币入账进行反映和核算的，所以，拥有以外币入账的会计科目的金融机构在编制正式财务报表时，都要将外币科目的余额折算成本币表示的余额。但在客观上，入账时使用的汇率与合并折算时的汇率可能会不一致，并最终对金融机构的财务状况造成影响。折算风险就是因为在折算时所使用的汇率与当初入账时使用的汇率不同而产生账面损益的可能性。入账时的汇率与折算时汇率不同，改变了金融机构的资产和负债价值以及净资产、净收益与现金流量，使金融机构产生了外汇风险暴露。

例如，中国某企业在日本开设了分公司，日本分公司日常经营使用的 (功能货币) 是日元，分公司盈利 1 亿日元，按照日元兑换人民币的汇率 100 日元 = 5.5 人民币，公司盈利 550 万人民币。当公司进行年度会计决算时，在总公司合并报表中需要把日元报表换算成人民币报表，假定这时人民币升值、日元贬值，汇率变成 100 日元 = 5.2 人民币，则此时分公司的盈利折算成人民币就只有 520 万了。由于汇率的波动，导致公司的盈利价值减少了 30 万人民币，这笔差额损失就是该公司遭受的折算风险，应该计入公司的会计损益中。

（三）经济风险

经济风险 (Economic Exposure) 又称作经营风险，是指意料之外的汇率波动引起公司或企业未来一定期间的收益或现金流量变化的一种潜在风险。企业未来收益既可能增加，也可能减少，变动幅度的大小主要取决于汇率变动对企业产品数量、价格成本以及资产负债数量可能产生影响的程度。例如，当一国货币贬值时，出口企业一方面因出口货物的外币价格下降有可能刺激出口，使其出口额增加而获益；另一方面，如果出口企业在生产中所使用的主要原材料为进口产品，因本国货币贬值会提高本币表示的进口品的价格，出口产品的生产成本就会增加。因此该出口企业在将来的纯收入有可能增加，也有可能减少，该出口企业的市场竞争能力以及市场份额也将发生相应的变化，进而影响到该出口企业的生存与发展潜力，这种风险就属于经济风险。

对金融机构而言，经济风险比由交易风险和折算风险所引起的变化更为重要。原因在于，经济风险将会直接影响金融机构在国际业务中的经营成果，并且这种风险的受险部分是未来的长期收益和长期现金流量。由于经济风险所经历的时间过程比较长，因而防范和控制的难度也比较大，对金融机构的影响比前两种风险的影响要大得多。

第二节　汇率风险的度量

在世界经济一体化的今天，银行、非银行金融机构、进出口外贸企业，以及海外投资交易的个人成为了外汇交易的主要参与者，这些经济主体便是汇率风险的主要承担者，在他们日常的经营活动过程、结果、预期经营收益中，都存在着外汇风险，也就是在外币交易中持有一定程度的风险敞口 (Risk Exposure)。所谓外汇风险敞口，就是指外汇资产或负债会因为受到汇率波动的影响可能出现增值或者减值，这部分增值或减值可能会自然抵消掉，也可能因为一些人为的措施而冲销。如果没有被人为冲销，也无法自然抵消，那这一部分外汇资产或负债就会暴露在汇率变动的风险中，形成外汇风险敞口。在涉外金融机构或企业的经营活动中可能会出现交易风险，在经营活动结果中可能出现折算风险，在预期经营收益时可能存在经济风险，对这些汇率风险的度量，换句话说就是计量涉外经济活动的外汇风险敞口，不同的汇率风险类型计量方法也有所不同。

一、交易风险的度量方法

外汇交易风险是企业或个人未完成的债权、债务在汇率变动后进行外汇交割清算时所出现的风险，这些债权债务虽然在汇率变动之前就已经发生，但在汇率变动后才清算，因此这些债权债务既可以来源于应收应付账款，又可以来自直接的资金借贷。汇率的变化捉摸不透，且极不稳定，因而交易风险是最常见的汇率风险，这也是汇率风险管理的重点。

交易风险敞口是某一时点各外币预计的流入量与流出量的净额，即净现金流量，也称为外汇风险敞口，其公式表示如下：

$$外汇风险敞口(净现金流量) = 外币流入量 - 外币流出量 \tag{4-1}$$

当外汇风险敞口为正值时，如果外汇汇率上升，企业将产生外汇盈利，如果外汇汇率下跌，企业则出现外汇亏损；当外汇风险敞口为负值时，如果外汇汇率上升，企业将出现外汇亏损；如果外汇汇率下降，企业则出现盈利。

下面以一家涉外企业为例说明交易风险敞口的计量。

例 4-1：假设某中国企业 Z 公司在日本和美国开设了海外分公司 J 公司和 A 公司，跨国企业一般关注短期 (如一年) 的外汇交易风险，所以我们以一年为单位计算 Z 公司在年末的净现金流量。

Z 企业的日本分公司 J 的外币现金流与美国分公司 A 的外币现金流分别如表 4.1、表 4.2 所示。由此可知，日本分公司 J 和美国分公司 A 在经营活动中分别使用了不同的外币，不同币种的外汇流出量和流入量如表所示，通过这两个变量便可计算出分公司的净现金流量(即外汇风险敞口)。比如,J 公司的日元流入 52 000 000,流出 37 000 000,则外币净流入 15 000 000;而 A 公司的数据显示日元流入量比流出量少了 5 000 000,也就是日元外币净流出 5 000 000。如果日元升值,那么 A 公司便会亏损,J 公司会盈利。由此可见,对于 A 和 J 两个分公司来说,美元、日元、加拿大元的汇率有所变动都会给两个公司带来不同的汇率风险,风险敞口也会根据分公司实际经营状况而不同。

表 4.1　Z 企业的日本分公司 J 的外币现金流

货币名称	流入量	流出量	净现金流量
日元	52 000 000	37 000 000	15 000 000
美元	2 200 000	2 800 000	−600 000

表 4.2　Z 企业的美国分公司 A 的外币现金流

货币名称	流入量	流出量	净现金流量
日元	25 000 000	30 000 000	−5 000 000
美元	4 500 000	3 200 000	1 300 000
加拿大元	3 600 000	3 900 000	−300 000

对于母公司 Z 企业来说,把两个分公司的外币现金流进行汇总以后,便可知道企业的各种外币流量以及外汇风险敞口。中国母公司 Z 的外币总流量,如表 4.3 所示。

表 4.3　中国母公司 Z 的外币总流量

货币名称	总流入量	总流出量	净现金流量	预期汇率 (外币兑人民币)	敞口净值(人民币)
日元	77 000 000	67 000 000	10 000 000	0.052	52 000
美元	6 700 000	6 000 000	700 000	6.37	4 459 000
加拿大元	3 600 000	3 900 000	−300 000	5.12	−1 536 000

从表 4.3 得知,Z 企业日元和美元的风险敞口为正值,均为外币净流入,加拿大元的风险敞口为负值,是外币净流出,因此若加拿大元升值,Z 企业就会面临加拿大货币汇率波动带来的亏损,承担外汇交易风险,反之若加拿大元的汇率下跌,那该企业的外汇风险敞口会相对减少,损失降低;若美元和日元升值,Z 企业就会因此而获得更多的盈利,出现外汇盈余,反之亦然。所以跨国企业在承担一部分外汇交易风险的同时也得到了市场的补偿。

表 4.3 给出了在预期汇率的情况下,跨国企业各币种外汇风险敞口以人民币表示的敞口净值,即根据外币的净现金流量以及预期汇率,两者相乘便能算出以人民币表示的外汇敞口净值。为了还原真实外汇市场每日波动情况,我们通过预测未来汇率波动区间,能更准确地评估外汇净流量(即外汇风险敞口)值的取值范围。Z 企业的风险敞口净值范围及交易风险,如表 4.4 所示。预测汇率波动区间范围越大,表明该币种净流量值波动幅度越大,跨国企业承担的风险越大;预测汇率波动区间范围越小,表明该币种净流量值波动的幅度越小,跨国企业承担的风险越小。

表 4.4　Z 企业的风险敞口净值范围及交易风险

货币名称	净现金流量	期末汇率波动范围（外币兑人民币）	净流量可能范围（人民币）	不确定性金额（人民币）
日元	10 000 000	0.050～0.062	500 000～620 000	120 000
美元	700 000	6.2～6.5	4 340 000～4 550 000	210 000
加拿大元	−300 000	5.0～5.2	−1 560 000～−1 500 000	−60 000

在表 4.4 中，我们给出了不同币种的期末汇率波动的可能范围，并根据净现金流量值计算出跨国公司不同币种的外汇交易风险以人民币表示的最大值和最小值，从而得出以人民币表示的不确定金额。比如美国的净外汇风险敞口为 700 000 美元，年末汇率可能会在 1 美元等于 6.2 元人民币到 6.5 人民币之间波动，据此可以算出 Z 企业可能承担的美元外汇敞口将在 4 340 000 元人民币到 4 550 000 元人民币之间，中间的差额 210 000 是由于汇率可能变动导致的不确定金额，这部分便是 Z 企业美元外汇交易风险的部分。

敞口净值的范围，即不确定性金额的大小取决于两个因素。一是净外汇风险敞口的大小，净外汇风险敞口值越大，则该跨国公司承担的交易风险越大。二是期末汇率的波动范围，期末汇率波动的幅度越大，则该跨国公司期末不确定性金额的大小波动越大，承担的汇率风险越大。

需要注意的是，在 Z 企业这个案例中，我们前面选择的时间跨度为一年，但交易风险的预测期间可以是一个月、一个季度或一年，并且预测的时间跨度越短，准确性通常来讲会更高一些，反之准确性会越低。这是由于每一种外币的净外汇风险敞口、未来预期汇率的波动范围都会随着时间的延长更加具有不确定性。但不管是选择哪一个时间跨度进行预测，都可以用同样的方法去估算该期间的交易风险。

二、折算风险的度量方法

会计折算风险是涉外金融机构或企业在合并财务报表时所面临的汇率波动风险，如果跨国企业的子公司的资产或负债在编制合并报表时不按照历史汇率折算，将会因为货币价值波动而受到影响。在实际经济活动中，折算风险敞口的大小一般受到跨国企业国外经营程度、国外子公司所在地以及不同国家会计方法的影响，其中会计方法对跨国企业的折算风险影响最大，在不同的会计方法下，跨国企业外汇资产和负债的折算损益也不相同。

我国的会计制度规定，在编制折合人民币会计报告时，应当按照合并会计报表之日银行公布的官方中间价，将所有以美元计价的资产、负债类项目折算成人民币；而所有权益类项目（未分配利润项目除外）要按照发生时的历史汇率折算成人民币，由于汇率原因产生的折算差额计入外币报表折算差额。对于海外分公司不是以美元作为记账货币的，要先按当地官方汇率折算成美元，再折算为人民币。

根据美国 1981 年 12 月发布的《财务会计准则公告第 52 号》(FASB-52) 的部分内容，规定美国的企业在编制合并报表时需要遵循以下准则：

(1) 国外子公司适用的功能货币是其经营所在地的本国货币。

(2) 按照报告日的市场汇率把国外公司的资产和负债从功能货币折算为报告货币。功能货币指经济主体与经营活动中流转使用的各种货币。报告货币指在编制综合财务报表时使用的记账货币,通常是本国货币。

(3) 运用加权平均汇率把国外子公司的收入、费用、利得和损失先从功能货币转化为报告货币。

(4) 因外币折算价值变动形成的折算利得或损失不在本期净收入中计入,而报告为股东权益的第二要素,位于高通货膨胀地区的国外子公司不适用此条。

(5) 因外汇交易而实现的利得或损失,计入本期净收益,但也有例外情况。

这些规定成为美国跨国企业折算风险的主要来源。

此外,跨国企业的海外经营程度也会影响企业的会计折算风险。如果跨国企业的国外子公司在当地经营得当发展良好,盈利很多且发展壮大的可能性强,他们就可能会将大部分甚至是全部的利润继续投资在当地国家,不需要将盈利所得兑换成为母公司所在国货币,也无需担心或在乎会计折算风险。反之,如果海外子公司经营不善,在当地国家的发展前景不佳,那子公司的盈利就要被兑换为母国货币,便可能遭遇较为严重的会计风险,有时甚至还伴随着经济风险。由此可见,跨国企业在开拓海外业务设立分公司时,应尽量选择发展前景好、币值相对稳定的国家,且投资应尽量分散化,不要全部集中在某一个国家。

例如,日本某跨国汽车公司在美国有一家子公司,该公司销货净收入的货币折算如表4.5所示。2019 年 1 月到 2019 年 12 月,该汽车公司的美国子公司在扣除销售折扣等因素后的销货净收入如表4.5所示。设定 2019 年 12 月 31 日为会计决算日。假定 1 月至 12 月的汇率波动如表4.5所示,则在该会计决算日,以美元计价的销货收入折算成以日元计价的销货收入,按照会计决算日现行汇率 USD/JPY = 165.00 所折算出的金额将少于按照销货发生月的历史汇率折算出的金额,从而使该跨国公司的美国子公司出现一定数额的账面损失。

表 4.5　日本跨国公司美国子公司销货净收入的货币折算

月份	销货净收入 （以东道国的货币计价） （万美元）	历史汇率	销货净收入（以母国货币计价）		折算损失 （万日元）
			按照历史汇率 （万日元）	按照现行汇款 USD/ JPY = 165.00（万日元）	
1	60.7	197.43	11984.00	10015.5	1968.5
2	61.5	196.58	12089.67	10147.5	1942.17
3	63.2	190.32	12028.22	10428	1600.22
4	64.6	187.59	12118.31	10659	1459.31
5	70.9	185.68	13164.71	11698.5	1466.21
6	66.4	180.44	11981.22	10956	1025.22
7	68.3	178.66	12202.48	11269.5	932.98
8	65.4	176.54	11545.72	10791	754.72
9	69.8	172.43	12035.61	11517	518.61
10	71.5	171.65	12272.98	11797.5	475.48
11	73.2	170.78	12501.10	12078	423.1
12	72.6	169.88	12269.4	11979	290.4

资料来源:刘亚.金融风险管理学.北京:中国金融出版社,2017.

三、经济风险的度量方法

经济风险与交易风险和折算风险不同，交易风险和折算风险对涉外经济主体的影响是短期的，可以通过人为措施来控制风险，从而减少影响程度和范围，而经济风险对涉外经济主体的影响是长期的且影响范围大，经济风险还难以发现难以掌控，规避风险的难度增加。经济风险通过影响企业具体的业务活动，进而最终影响企业的经营成果，这一影响过程是非常复杂的，因此，经济风险一般被认为是三种汇率风险中对企业影响最深刻的。

以国际贸易结算业务为例，如果人民币升值，国际贸易结算业务受到的结构性影响表现在两方面：一是人民币升值会降低进口产品的价格，进口贸易量增加进而使对外付汇增加，促进进口贸易结算业务的发展；二是人民币升值会使我国产品和劳务对外出口量在一定程度上受到抑制，出口贸易量下降进而收汇减少，从而影响出口贸易结算业务的发展。反之，出口贸易结算业务受益而进口贸易结算受抑。

由于经济风险影响是长期的，要准确计量存在很大的难度。通常可以从汇率对利润的影响程度和汇率对现金流量的影响程度两个方面去度量经济主体的经济风险。

汇率波动的经济影响如表 4.6 所示，该表列出了跨国进出口企业一些典型的、现金流量有经济风险的国际业务，以及货币汇率对这些业务交易量的影响。

表 4.6　汇率波动的经济影响

一	本币升值	本币贬值
影响公司本币流入量的交易		
本国销售收入 （与本国市场的外国竞争者相比）	减少	增加
以本币标价的出口	减少	增加
以外币标价的出口	减少	增加
影响公司本币流出量的交易		
以本币标价的进口	无变化	无变化
以外币标价的进口	增加	减少

资料来源：刘园.金融风险管理.北京：首都经济贸易大学出版社，2012.

第三节　汇率风险的管理

汇率风险是参与国际间经济贸易活动的金融机构、企业或个人不可避免的一种市场风险，汇率的波动是不确定的，带来的风险也是不确定的，因此需要各经济主体对汇率风险进行积极管理，才能够更好地规避风险，避免在国际经贸活动中承担损失。

一、汇率风险管理原则

汇率波动的不确定性在一定程度上会影响企业利润和收入的变化，企业对汇率风险管理的首要目标是全面认识汇率波动的风险及其对企业各种经济活动造成的不利影响，同时，企业在对汇率风险进行管理时力求降低风险管理成本，促使企业的效益有所提高。这是企业要对汇率风险进行积极管理的原因，也是汇率风险管理想要实现的目标，基于这样的原因和目标，企业的汇率风险管理需要在遵循一定的指导思想和原则的前提下进行。

（一）全面重视原则

由于汇率风险的发生不是必然的，可能发生也可能不发生，有可能汇率风险的三种类型同时发生，也有可能只发生其中的一种或两种。风险不是"危险"，它带来的既可能是损失也可能是收益，不同金融机构、不同的企业或个人遭遇的风险类型各不相同，且不同的风险类型对金融机构或企业的影响也各有差别。这就要求每一个涉及到对外经济往来的金融机构或企业，甚至个人对于汇率风险全面地重视起来，在进行对外贸易、国际结算、国际投资、外汇借贷与买卖等涉及到汇率的经济活动时，高度关注汇率的走势变动，时刻保持清醒的头脑、理智的思维，高瞻远瞩把控全局，尽可能避免损失的发生，规避风险。

（二）管理多样性原则

"风险"具有很强的不确定性，有时候就像"风"一样捉摸不透，因此风险管理并不一定能够完全控制风险或者消除风险，但这并不意味着我们就要放弃，管理多样性原则就要求我们充分发挥主观能动性，采用灵活多样的方法尽可能地管理风险。在对外经济贸易活动中，每个国家、每个金融机构、企业或个人都有各具特色的方针政策、经营模式、管理风格和运营特点，同时会涉及到多个国家汇率的波动，因此每个经济主体都需要结合不同阶段的具体情况，认真分析，找到最适合自身的风险状况和管理需要的外汇风险战略及具体的风险管理方法。

（三）利益最大化原则

企业作为以盈利为目的的生产组织，利益自然是企业最看重的东西之一，实现利益最大化也是众多企业长久以来的目标。利益最大化原则要求涉外金融机构或企业精确核算外汇风险管理的成本和收益，在确保实现风险管理预期目标的前提下，尽可能地支出最小的成本，追求最大化的收益。这是企业外汇风险管理的基础和出发点，也是企业确定具体的风险管理策略、选择外汇管理办法的准则。汇率风险管理本质是利用风险管理工具对风险进行转移或分摊，比如采用远期外汇交易、期权、期货等金融工具进行套期保值，而这些管理工具是需要企业付出相应的管理成本的，因此要求企业要精确核算成本与风险收益或风险损失之间的关系，选择最佳的汇率风险管理方法。

二、汇率风险的管理方法

汇率风险的管理可通过三种基本的管理工具来进行，当然不同的经济主体（如银行或企业）有不同的管理实施办法。

（一）三种基本管理工具

在国际间的经济贸易活动中，对于汇率风险的管理通常会用到"远期外汇合约、外汇期权、外汇期货"三个主要的管理工具。

1. 远期外汇合约

远期外汇合约是指买卖外汇双方先签订合同，规定买卖外汇的数量、汇率和未来交割外汇的时间，到了规定的交割日期，双方再按合同规定办理货币收付的外汇交易。远期合约没有固定交易场所，通常在金融机构的柜台或通过电话等通信工具交易。

例如，一家中国公司向美国公司出口商品，美国公司会在接下来的三个月内以美元付款给该公司。为了规避三个月后美元汇率波动给公司带来汇率风险，中国公司可以与中国的外汇银行签订一个为期三个月的出售美元的远期外汇合同。假设在签署此远期合约时美元对人民币的远期汇率为 1 美元 = 6.5 元人民币，那么三个月后，这家中国公司履行了远期合同，就能够以合约约定的汇价和货币数量与银行进行交割，将收到的美元出售给该外汇银行，从而换取本国货币人民币。此操作不但消除了时间风险和货币风险，还获得了本国货币的流入。

2. 外汇期货

外汇期货是指交易双方约定在未来某一时间，依据现在约定的比例，以一种货币交换另一种货币的标准化合约的交易，是指以汇率为标的物的期货合约，用来规避汇率风险。期货交易是在专门的期货交易所内进行的。期货合约通常有标准化的合约条款，期货合约的合约规模、交割日期、交割地点等都是标准化的，在合约上有明确的规定，无须双方再商定，价格是期货合约的唯一变量。因此，交易双方最主要的工作就是选择适合自己的期货合约，并通过交易所竞价确定成交价格。此外，在期货交易中，交易双方并不直接接触，期货交易所充当期货交易的中介，既是买方的卖方，又是卖方的买方，并保证最后的交割，交易所自身则进一步通过保证金等制度设计防止信用风险。

远期外汇合约和外汇期货两个工具，都有具体的行权日，到期都要行权。

3. 外汇期权

外汇期权也称为货币期权，指合约购买方在向出售方支付一定期权费后，所获得的在未来约定日期或一定时间内，按照规定汇率买进或者卖出一定数量外汇资产的选择权。也就是说，期权买方在向期权卖方支付相应期权费后获得一项权利，有权在约定的到期日按照双方事先约定的协定汇率和金额与期权卖方进行约定货币的买卖。同时权力的买方也有权不执行上述买卖合约，所以到期不是一定要行权。

（二）银行等金融机构的汇率风险管理

通常，金融机构会根据汇率风险类别采取不同的、更精准的管理办法，以求更好的管理和规避汇率风险。

1. 交易风险的管理方法

针对交易中存在的外汇风险，银行会采用各种限额控制，主要分为以下几类：

(1) 即期外汇头寸限额。这种限额一般根据交易货币的稳定性、交易的难易程度、相关业务的交易量而定。

(2) 掉期外汇买卖限额。由于掉期汇价受到两种货币同业拆放利率的影响，故在制定限额时，必须考虑到该种货币利率的稳定性，远期期限越长，风险越大。同时，还应制定不匹配远期外汇的买卖限额。

(3) 敞口头寸限额。敞口头寸也称为缺口头寸，指没有及时抵补而形成的某种货币的多头或者空头头寸，敞口头寸限额一般需要规定相应的时间和金额。

(4) 止损点限额。止损点限额是银行对交易人员建立外汇头寸后，面对外汇风险引起的外汇损失的限制，是银行对最高损失的容忍程度。而这种容忍程度主要取决于银行对外汇业务的参与程度和对外汇业务收益的期望值。在市场中的参与程度越高，期望收益率越高，愿意承担的风险就越大。

除了制定每天各类交易的限额之外，还需制定每日各类交易的最高亏损限额和总计最高亏损限额。当突破了这些限额时，银行将进入市场，进行相应的外汇即期、远期、掉期以及期货和期权等交易，将多余的头寸对冲掉。这些金融市场工具也经常用于非金融机构的风险管理中。

2. 折算风险的管理方法

折算风险的管理技术主要有两种：分别是资产负债表中性化和风险对冲。

资产负债表中性化方法要求金融机构调整资产和负债，使得以各种功能货币表示的资产和负债的数额相等，折算风险头寸为零，因此无论汇率怎样变动，也不会带来会计折算上的损失。风险对冲法通过金融市场操作，利用外汇合约的盈亏来冲销折算盈亏。

3. 经济风险的管理方法

经济风险是衡量银行未来现金流对潜在汇率变动的敏感性，其管理的主要目标是隔离这种影响。经济风险的管理原则应当是尽可能降低汇率变动对现金流的负影响。银行可以通过资产债务匹配、业务分散化、融资分散化、营运资本管理等措施来管理经济风险。

4. 货币互换法

货币互换是指一定时期内，互换双方按某一不变汇率，直接或间接地交换不同币别货币的债务或债权。实际上，这是一种在期初双方按固定汇率交换不同货币资产的本金，然后分别为对方分期偿付利息的交易。

货币互换包括四种组合：货币的固定利息互换另一种货币的固定利息；货币的固定利息互换另一种货币的浮动利息；货币的浮动利息互换另一种货币的固定利息；货币的浮动利息互换另一种货币的浮动利息。

利用货币互换冲销汇率风险的基本原理在于：货币互换合约使商业银行的外币资产或负债全部或部分转化为本币资产或负债，从而减少了外汇头寸的规模。商业银行借助货币互换，可将对自己不利的货币互换出去，再按照事先约定的汇率将不利的货币互换回来，使自身的实际收益或实际成本通过约定的汇率固定下来，从而控制汇率风险。

三、企业的汇率风险管理

企业针对汇率风险的管理通常从选择有利的计价货币、运用"保值法"，以及调整经营战略等方面着手。

（一）选择有利的计价货币

汇率风险通常只有涉外金融机构、企业或个人在进行国际间的经贸活动，需要汇率换算时才会遭遇。而对于涉外企业来说，如果计价货币是自己本国的货币，就不需要进行货币间的转换，自然不用担心汇率的波动，一定程度上便可以规避汇率风险。以本国货币作为计价货币是一个理想方案，但这个选择在交易谈判中实现的可能性也不一定能得到保证。那么也可以考虑"一篮子"货币即多种货币组合、软硬货币搭配、进出口计价货币一致等方法来规避汇率风险。比如说，在交易中注意货币汇率变化趋势，选择有利的货币作为计价结算货币，这是一种根本性的防范措施。一般的基本原则是"收硬付软"，硬货币通常币值稳定且有升值趋势，软货币币值不稳定有贬值趋势，因此在出口贸易、贷款或其他债权投资时尽量选择硬货币计价结算，在进口贸易或借款时尽量选择软货币计价结算，这样便能规避一部分由于汇率波动带来的经济损失。软硬合理搭配，又或者选择两种或两种以上的自由兑换货币作为计价结算货币，这样便于外汇资金的调拨和运用，一旦出现汇率风险可以立即兑换成另一种有利的货币，如果有的货币升值，有的货币贬值，那么汇率变动给企业带来的收益和损失也可以抵消一部分汇率风险。

（二）运用"保值法"

企业可以在经济合同中增加一些保值条款。比如可以增加货币保值条款，选择某一种或某几种货币进行货币保值。在企业合同签订时可约定"结汇汇率下跌至某比率时，该合约的价格将按照合约内规定的幅度做相应的调整"。企业在对外贸易中，由于汇率波动难以预计，为了货币保值还可以增加"在计价结算货币的汇率发生变动而出现损失或收益时，由进出口双方共同均摊损失或收益"这样的损益均摊条款。

此外，为了规避汇率风险，企业还可以采取资产负债表保值法，这是企业规避汇率折算风险的首选方法。在企业的资产负债表中，外币资产按现行汇率折算的资产称为风险资产，同样按照现行汇率折算的外币负债称为风险负债。当企业资产负债表中的风险资产和风险负债在总额上达到平衡时，外币汇率变动会使风险资产增加或减少的金额刚好与风险负债减少或增加的金额抵消，这样折算风险为零，达到化解风险的目的。

（三）调整经营战略

1. 调整资金流量

涉外企业通常会用到多种货币，功能货币和记账货币不一样时会给企业带来折算风险，对此，企业可以通过改变母公司及子公司预期现金流量的金额或货币，从而达到降低企业折算风险的目的。如果企业预测到某个国家的货币可能会升值，可以多投资该货币资产，增加该货币资产的持有量，尽量少支出该外币，更加不要有该外币的负债；相反，如果企业预测某外币可能要贬值，应尽量减少持有该国货币，但在有需要的情况下可以增加该货币的负债。

2. 调整价格或利率

在对外经济活动中，无论选取的结算货币是软货币还是硬货币，其结果通常是某一方承担汇率风险，而另一方无须承担。被迫承担风险的一方，为使汇率波动带来的经济损失降到最小，可以在商务谈判中对价格和利率进行调整。例如，进口企业由于受贸易条件、市场行情等因素的影响不得不选择硬货币付汇时，为减少汇率波动带来的影响，进口企业可以要求适当降低以硬货币结算的进口企业商品价格，抵补一部分汇率波动的损失。

3. 提前或延期结汇

企业在对外经济活动中，由于汇率波动会影响实际结汇的金额，因此通过预测汇率变动的趋势，对相关的款项采用提前或延期结汇的方式，可以在一定程度上降低损失。通常情况下，对于出口企业或债权人来说，当预测计价结算货币（通常为本币）的汇率上涨时，应设法延期结汇，这样在本币汇率上涨后能够尽可能多收回一些本币数额；当预测计价结算货币的汇率下跌时，应该尽量提前结汇，避免在本币汇率下跌后收益减少，带来交易风险的损失。相反，如果是进口企业或债务人，计价结算货币大多情况是外国货币，当预测汇率上涨时，应设法提前结汇，避免外币汇率上涨而需要支付更多的本币；当预测汇率下跌时，就可以考虑延期付汇，这样等外币汇率下跌后需要支付的本币数量就可能减少。

汇率变动时企业的风险管理办法，如表 4.7 所示。

表 4.7　汇率变动时企业的风险管理办法

外币升值	外币贬值
提前付清外币负债	延迟支付外币债务
延迟外币应收账款的收款	加快外币应收账款的收款
减少外债或增加外币贷款	借用外币债务，或减少外币贷款
增加出口量，但减少原材料、零部件等的进口	减少出口量，但尽可能增加原材料、零部件等的进口
增加外国证券持有	卖出或减持外币标价证券
增加外币现金持有	卖出或减少外币持有
扩大外币赊销，增加外币应收账款	减少外币赊销，降低外币应收账款
出口以外币计价，进口以本币计价	出口以本国货币计价，进口以外币计价
提前付清国外子公司的负债	延迟支付国外子公司的债务
延迟国外子公司应收账款的收款	加快国外子公司应收账款的收款
提前付清国外子公司的应计利息、红利和开支	延迟支付国外子公司的应计利息、红利和开支

资料来源：陈松男. 金融风险管理. 北京：机械工业出版社，2014.

4. 调整生产营销战略

涉外企业在国际经济贸易活动中，还可以通过调整生产营销战略来规避和管理汇率风险。例如，可以根据各国各地区汇率的变化，调整改变原材料供应国、产品生产国、产品销售国或者分公司设立地点等，这对企业来说可以尽可能降低生产成本，保持品牌竞争地位，增强产品的竞争力等。或者说，可以根据汇率的变动，及时调整销售市场的选择、改变不同国家或地区的产品定价策略等，这都是企业在经营过程中面对汇率波动应该作出的反应。有效的管理汇率风险，尽可能规避汇率风险，企业才能在国际经济活动中长久发展。

（四）使用金融衍生工具

涉外企业也应该将金融衍生工具利用起来，如远期外汇交易、即期外汇交易、外汇期权、外汇期货等。当今社会金融工具越来越多样化，企业可根据自身情况以及市场的表现，有效利用这些工具对汇率风险进行管理，尽可能地规避汇率风险，减少汇率风险带来的影响。

▶▶ 【本章小结】

(1) 汇率风险是指在国际间经贸活动中，汇率波动会引起经济主体的资产与负债的价值发生波动的可能性。汇率风险具有或然性、不确定性和相对性三大特点，主要分为交易风险、经济风险、折算风险三种类型。

(2) 交易风险是指在约定以外币计价成交的交易过程中，由于结算时的汇率与交易发生时的汇率不同而引起收益或亏损的风险。交易风险分为交易结算风险和外汇买卖风险。

(3) 经济风险是指意料之外的汇率波动引起公司或企业未来一定期间的收益或现金流量变化的一种潜在风险。

(4) 折算风险是指经济主体对资产负债表进行会计处理的过程中，将功能货币转化为记账货币时，因汇率变动而引起海外资产和负债价值的变化而产生的风险。

(5) 外汇资产或负债受到汇率波动的影响会增值或减值，增减的部分可能会自然或人为地抵消掉，未能抵消的部分便形成了外汇风险敞口。汇率风险的度量就是计量这部分外汇风险敞口，不同类型的汇率风险，度量方式各不相同。

(6) 对于汇率风险的管理需要遵循全面重视、管理多样性和利益最大化原则，管理目标是全面认识汇率风险，避免对金融机构或企业造成不利影响，降低管理成本，提升效益。

(7) 汇率风险的管理通常会用到"远期外汇合约、外汇期权、外汇期货"三个主要的管理工具。此外，还可采用风险对冲、货币互换、选择有利计价货币、资产负债保值、调整经营战略等方法管理汇率风险。

思考题

(1) 影响汇率变动的因素有哪些？

(2) 试说明汇率风险的类型与成因，以及相应的风险管理对策。

(3) 对于外贸企业来说，应该如何有效规避汇率风险？

(4) 金融机构面临的汇率风险类型有哪些？对此要如何管理？

(5) 汇率风险的管理原则是什么？为什么涉外经济主体要遵循这样的原则管理汇率风险？

案例分析

TCL 集团的外汇风险管理

中国 TCL 集团计划在加拿大开办一间电视机生产工厂，该工厂需要花费 100 000 000 日元从日本引进一条彩色显像管生产线，两个月后支付这笔费用。TCL 财务人员担心两个月后日元升值带来成本的增加，对此，他可以委托中国银行购买两个月的远期合约，来规避这场汇率风险。两个月远期汇率为 1 日元 = 0.009 53 加拿大元，但 TCL 财务部又不甘愿通过远期合约锁定这一个固定汇率，因为他既希望在日元升值时得到保护，又希望在日元贬值时也能从中获益，以减少支出。

中国银行为 TCL 设计了这样的套期保值方案：TCL 买进一份协定价格为 1 日元 = 0.009 53 加拿大元的日元看涨期权，合约金额 100 000 000 日元，期权价格 \$50 000。同时，TCL 卖出一份协定价格为 1 日元 = 0.009 34 加拿大元的日元看跌期权合约，合约金额和期权价格皆与看涨期权相同。由于两份期权合约的期权费相同，TCL 开始时没有任何现金支出。两个月后，不外乎会出现以下三种情况：

1. 如果日元汇率大于 0.009 53 加拿大元，则：

(1) 看涨期权有价，公司行使该期权，按协定价格 0.009 53 买进 10 0000 000 日元，支付加拿大元 \$953 000；

(2) 看跌期权无价，买方放弃期权，TCL 无任何负担。

2. 如果日元汇率小于 0.009 53 加拿大元但大于 0.009 34 加拿大元，则：

(1) 看涨期权无价，TCL 不会行使期权，按当时的即期汇率买进所需的 100 000 000 日元，假设当时的即期汇率为 0.009 42 加拿大元，则花费 \$942 000 加拿大元；

(2) 看跌期权无价，买方不会行使期权，TCL 无任何负担。

3. 如果日元汇率小于 0.009 34 加拿大元，则：

(1) 看涨期权无价，公司放弃期权；

(2) 看跌期权有价，买方决定行使期权，按 0.009 34 加拿大元卖给 TCL 集团 100 000 000 日元，TCL 别无选择，只能按此价格支付 934 000 加拿大元买进这笔日元。

案例思考

(1) 银行制定的这套期权组合策略为公司提供了何种保护和受益机会？

(2) 银行制定的这套期权组合策略同远期和单一的期权策略相比，有何优点？有何缺点？

(3) 什么情况下适合采用该种策略？

第五章　信用风险的度量与管理

本章导读

信用风险是金融市场中的一种重要风险，信用风险管理是金融风险管理的一个重要环节。信用风险源于信用过程的不确定性，随着信用交易规模的扩大，信用风险更加突出和严重。信用风险是各类企业尤其是金融机构出现流动性危机的主要根源，也是导致区域性乃至全球性金融危机的关键原因之一。当今金融市场日益复杂，金融机构之间的关联性越来越强，一个交易对手的主动违约可能造成其他交易方的被动违约，因此信用风险管理对控制整个金融系统的风险具有重要意义。

学习目标

(1) 掌握信用风险的含义、分类、特点及影响因素。
(2) 理解传统的信用风险度量方法。
(3) 理解现代信用风险度量方法。
(4) 掌握信用风险管理方法，了解现代信用风险管理的发展趋势。

第一节　信用风险概述

一、信用的含义

信用在几千年前就出现了。在现代社会中，"信用"这个词也具有极高的使用频率，种种与信用相关的词汇，例如：信用形式、信用体系、信用缺失、信用危机等在日常生活中常见。关于信用的概念，不同学科有不同的解释，大体上而言，可以将信用分为两个相对独立但又具有密切联系的范畴，即道德范畴的信用和经济范畴的信用。道德范畴的信用主要指诚信：通过诚实履行自己的承诺而取得他人的信任。古人云"言必信，行必果"，这个"信"指的就是诚信。经济范畴的信用是以"信"为条件的价值运动，是以偿还本金和支付利息为前提条件的借贷行为。也就是说信用这种行为，是以获得利息为条件的贷出，或者是以偿还本金并支付利息为前提的借入。在此，信用仅指经济范畴的信用。

二、信用风险的含义

信用风险是一个不断发展的概念，它伴随着借贷关系的出现而产生。在技术进步和金融创新的推动下，新的金融工具不断涌现，金融衍生品大量使用，信用形式发生了很大变化，信用风险的定义也不断发展变化。目前关于信用风险的含义，有以下两种观点：

(1) 传统的观点认为，信用风险是指交易对象无力履约的风险，即债务人未能如期偿还其债务而给经济主体经营带来的风险。其基本思想是只有当交易对手在到期时不履约并且这种行为给经济主体造成损失时，经济主体才遭受信用风险的损害。随着现代风险环境的变化和风险管理技术的发展，传统的含义已经不能反映现代信用风险及其管理的本质。

(2) 现代意义上的信用风险是指借款人或市场交易对手拒绝或无力按时、全额支付所欠债务时，给债权人或金融工具持有人带来的潜在损失，包括由于借款人的信用评级的变动和履约能力的变化导致其债务的市场价值变动而引起损失的可能性。这种风险定义认为信用风险不仅存在于合约到期时交易对手是否履约这一时点，还存在于合约的整个有效期。

三、信用风险的分类

（一）按照信用风险的性质分类

按照信用风险的性质，信用风险可分为违约风险、信用评级降级风险和信用价差增大风险。

违约风险是指债务人由于种种原因不能按期还本付息，不能履行债务契约的风险。如受信企业，可能因经营管理不善而亏损，也可能因市场变化而出现产品滞销、资金周转不灵导致到期不能按时偿还债务。在违约发生以前，没有办法准确地区分出哪些企业会违约、哪些企业不会违约，至多只能对违约的可能性做一个大概的估计。一般来说，借款人经营中的风险越大，信用风险就越大，风险的高低与收益或损失的高低呈正相关关系。

信用评级降级风险是指借款人信用评级变动造成的债务市场价值变化的不确定性。

信用价差增大风险是指资产收益率波动、市场利率等因素变化导致信用价差增大所带来的风险。

（二）按照信用风险所涉及业务种类分类

按照信用风险所涉及业务种类，信用风险可分为表内风险与表外风险。源于表内业务的信用风险称为表内风险，如传统的信贷风险。所谓表外业务，是指商业银行所从事的、按照现行的会计准则不记入资产负债表内、不形成现实资产负债但能增加银行收益的业务。源于表外业务的信用风险称为表外风险，如商业票据承兑可能带来的风险。

（三）按照信用风险产生部位分类

按照信用风险所产生的部位，信用风险可分为本金风险和重置风险。当交易对手不按约足额交付资产或价款时，金融机构有可能收不到或不能全部收到应得的资产或价款而面临损失的可能性，称为本金风险；当交易对手违约而造成交易不能实现时，未违约方为购得金融资产或进行变现就需要再次交易，这将有可能遭受因市场价格不利变化而带来损失的可能性，这就是重置风险。

（四）按照信用风险可分散性分类

按照信用风险是否可以分散，又可以分为系统性信用风险和非系统性信用风险。系统性信用风险源于系统性风险因素，如经济危机导致借款人无力偿还贷款；非系统性信用风险是指特定行业或公司的特殊因素导致借款人不愿或无法履行合同给金融机构带来的信用风险。

（五）按照信用风险受险主体分类

按照信用风险受险主体分类，可以分为企业信用风险、金融机构信用风险和个人信用风险。

企业作为受险主体，其面临的信用风险主要来自其他企业和金融机构。当一家企业的客户要求对商品或服务延期付款时，该企业就会面临来自该客户的信用风险。一旦客户到期拒付，潜在的信用风险就会变为实际损失，如果客户要求推迟偿付，信用风险程度就会加深。企业也可能面临来自银行等金融机构的信用风险，如果一家企业的资金充裕并将其全部存入一家银行，当该银行破产清算时，企业存款就会损失。

金融机构作为受险主体，主要包括银行、保险公司、证券公司等，它们所面临的信用风险主要来自企业、个人与国家。

个人作为受险主体，其信用风险主要来自民间借贷、金融投资。来自民间借贷的信用风险是指借款人到期不还本付息，来自金融投资的信用风险包括企业发行的股票和债券风险、中介机构信用风险和购买国债的风险。

四、信用风险的主要特点

（一）信用风险具有离散化、发生概率较低的特点

信用风险不同于其他风险的一个重要特点是，它的发生往往是离散的、低概率的。也就是说，对于一家企业，信用风险并不是经常发生，而是间断发生，或者小概率事件，但一旦发生，往往损失大、影响大，并容易引起连锁效应。

（二）信用风险具有传递性和扩散性的特点

在经济交易活动中，交易一方的信用风险可能导致另一方的信用风险，而另一方的信用风险又可能导致第三方的信用风险，最终形成一个"信用风险链"。例如，债务人的信用风险可能造成债权人的信用风险，而债权人的信用风险又可能进一步造成其他债权人的信用风险。

在信用事件的影响下，信用风险的承受者本身的资信状况会受到其他相关业务往来机构的质疑或下调，接受更严格的信用审查机制，从而处于"雪上加霜"的境地，这会加重信用风险的破坏力。

（三）信用风险具有隐蔽性和突发性的特点

信用风险可以通过安排新的负债得到缓解，如"借新债还旧债"，使信用关系暂时得以维持。这样，即使发生信用风险，起初也难以显现出来。

（四）信用风险计量具有复杂性的特点

信用风险不同于其他风险的另一个方面是计量的复杂性，这主要有以下几个原因：

(1) 信用风险发生的历史数据难以收集。由于信用事件离散、低概率的特点以及企业对于信用风险事件不愿披露的客观事实（担心这些信息会对企业的信用评级或正在进行中的信用业务产生负面影响），使得信用风险发生的历史数据难以进行连续、长周期的收集整理，这样不利于信用风险的量化分析。

(2) 信用风险的损失难以直观估算。在不同的市场、不同的政策法律环境、不同的对手以及不同的标的物等情况下，信用风险损失率均会不同，这使得信用风险的损失难以得到统一的估算值。

(3) 信用风险管理在实践中难以找到诸如久期、基点价值等直观指标来揭示信用风险的频率和危害。

五、信用风险的影响因素

（一）借款人的信用程度

银行的放款是经过严格审核之后的决策，但是由于贷款或投资发生之后的不确定因素，可能影响到借款人到期偿还债务的能力，从而降低贷款质量。

银行在经营中的违约风险因客户类型不同和期限差异而有所不同。政府债务的违约风险较低，企业债务的违约风险相对比较大。即使同一客户，其信用程度也会因时间不同而有所变化：偿还期限越长，借款人的偿付能力就越不确定；短期贷款相对容易判断偿还能力，但如果处于经济衰退时期，借款人最终能否保证偿还也是一个未知数。

（二）贷款的集中程度

商业银行的贷款集中程度与信用风险正相关。贷款越分散，风险越小；贷款越集中，面临的风险越大。贷款的集中程度是与一国的经济体制紧密联系的。市场经济国家贷款分配通常体现多元化原则，按照风险和收益状况，分散在多个客户；而发展中国家，尤其是市场化程度较低、价格机制尚不完善的国家，主要集中在某些行业和产业。如在我国，银行贷款绝大多数集中于国有企业，非国有企业仅占较小的比重。

（三）表外业务发展程度

表外业务大多属于担保、承诺和金融衍生业务，具有透明度差、风险高与收益高的特点。信用风险是衍生工具多种交易性风险中的一大险别。交易所内，保证金制度和结算制度有效地保证了契约的履行，基本上不会有信用风险发生。而场外交易，既没有保证金，也没有交易对手资格等方面的限制，通常只能以信用为保证，契约的履行存在很大的风险。

第二节　传统的信用风险度量方法

在实践中，除了对信用风险进行清晰界定之外，如何度量信用风险是交易双方关注的焦点。对借款人而言，信用风险度量的结果直接影响借款人能否从投资者那里获取资金、获取资金的多少和资金成本的高低等；对投资者而言，准确度量交易对手的信用风险值是对其资产价值的有力保障，从而可以帮助自己在竞争激烈的市场中稳健成长。

尽管信用风险的度量具有复杂性，但在理论界与实务界的共同探索下，取得了一系列研究成果。信用风险度量的探索过程大致可分为三个阶段：第一个阶段是 1970 年以前，大多数金融机构基本上采取专家制度法，即依据银行专家的经验和主观分析来评估信用风险，主要分析工具有 5C 分析法、5W 法或 5P 法、五级分类法等；第二个阶段大约在 20世纪 70 年代初到 80 年代末，金融机构主要采用基于财务指标的信用评分方法，如阿尔特曼 (Altman) 的 Z 值模型与 ZETA 模型等；第三个阶段是 20 世纪 90 年代以来，世界一些著名的金融机构开始探索运用现代金融理论和数学工具来定量评估信用风险，建立了以风险价值为基础、以违约概率和预期损失为核心指标的度量模型，如 CreditMetrics 模型、信用监控模型 (KMV 模型)、信贷组合观点 (麦肯锡模型) 等。本节将对传统的信用风险度量方法进行介绍，下一节会介绍现代信用风险度量方法。

一、专家制度法

1970 年以前，大多数金融机构主要依据专家的经验和主观分析来评估信用风险，这种方法被称为专家制度法。专家制度法是一种最古老的信用分析方法，最早应用于商业银行等金融机构，是由相关部门的主管人员和行业资深人士对企业违约可能性作出判断来进行决策的过程。在这种方法中，专家个人的经验、主观判断和对关键因素的不同衡量对最后的结果影响很大，因此，这是一种主观性较强的方法。

这些专家在信贷决策过程中，根据信贷管理的专业知识分析借款人的财务信息、经营信息、经济环境等因素，对借款人的资信、品质等进行评判，作出最终的判断。这个阶段评估信用风险的主要方法有 5C 法 (品格 Character、资本 Capital、偿债能力 Capacity、抵押品 Collateral、周期状态 Condition)，5W 法 (借款人 Who、借款用途 Why、还款期限 When、担保物 What、如何还款 How)，5P 法 (个人因素 Personal、目的因素 Purpose、偿还因素 Payment、保障因素 Protection、前景因素 Perspective)。其中最为典型的是 5C 评级法，它通过对五个关键因素的分析，评价企业的违约风险，评价的主要内容有以下：

1. 品格 (Character)

衡量公司的信誉、偿还意愿、偿还债务的历史等。从经验上看，一家企业的年龄可作为其偿债信誉的代表。公司成立时间越长，这一指标值就越高。

2. 资本 (Capital)

主要是指借款人的资产与负债之间的比率。包括所有者权益和股权—债务比；所有者权益越高，股权—债务比越低，公司资不抵债的可能性就越小，违约的可能性也就越小，这些指标值也越小。

3. 偿债能力 (Capacity)

借款人的偿债能力，反映了借款人收益的易变性。假设两家企业未来面临同样的本息偿还要求，在期望收益相等的条件下，如果一家企业收益不确定性较大，从而现金流相对波动性高，或者有一个较大的标准差，则该企业的偿债能力就会下降，更容易出现违约。商业银行希望借款人有能力产生足够、稳定的现金流来偿还贷款。现金流量的减少和波动的增加可能是企业走下坡路的前兆，商业银行将其作为信贷关系出现问题的预警机制。对一些新建或处于成长期的企业，由于其能力指标较低，商业银行往往会谨慎贷款，即使贷款，也会提高风险溢价。

4. 抵押品 (Collateral)

没有抵押品的贷款请求很难获得批准。当违约发生时，在有抵押品的情况下，债权人拥有对抵押品的优先要求权。这一要求权的优先性越强，相关抵押品的市场价值越高，贷款的风险敞口就越小。信贷人员必须充分了解作为抵押品的资产的市场价值，以及抵押品的使用时间、状态、专用性、技术更新等信息，以保证抵押品的可出售性。也就是说，抵押品质量越好，违约可能性越小。

5. 周期状态 (Condition)

商业周期的状态是决定信用风险敞口的一个重要因素，在考察与经济周期紧密相关的行业时，这一因素在决定信用风险的大小时非常重要。一般来说，经济处于上升阶段，该指标值较大；经济衰退时，该指标值较小。

专家判断的最终结果是要提供一个可行的解决方案，其主要优势表现为操作简单，可以迅速地形成对事件的现状及其发展趋势的判断。

但是，专家制度法也存在问题。一是要准确地对目标对象的信用进行分析，需要相当数量的专门信用分析人员，但是在选定代表性的"专家样本"的方法或标准也是有缺陷的；二是受主观因素的影响，对于不同因素，不同专家可能会给出不同权重，所分析出来的结果会有差别，这就造成了实施的效果很不稳定；三是由于所分析出来的结果是一些相关人士的主观判断，这也许会造成银行在经营管理中的官僚主义，大大降低银行应对市场变化的能力。因此，近年来，金融机构已经逐步放弃纯粹定性分析的专家制度法，而在此类方法中加入越来越多的客观定量分析的内容。

二、信用评级方法

信用评级方法起源于美国，最早是由美国货币监理署 (Office of the Comptroller of the Currency，OCC) 开发出来的一种信用风险度量方法，因而又叫 OCC 法。与专家制度法类似，信用评级方法也是一种定性的信用风险评估方法。信用评级就是评估受评对象信用风险的大小。从狭义上看，受评对象可以是债券，如长期公司债券、可转换公司债券等；也可以是债务人，如个人、公司，甚至是一个国家。从广义上看，随着金融创新和金融产品的不断增加，评级对象也包括固定收益评级(如资产证券化债券评级)、公司治理水平评级等。

大多数信用评级体系都是既考虑质量方面的因素，也考虑数量方面的因素，最后的评级结果要取决于很多因素，通常都不是利用正规模型计算的结果。本质上，评级体系依靠的是对所有因素的全面考虑以及分析人员的经验，而不是数学建模。因此，评级结果在一定程度上依赖于评级人员的主观判断。这里介绍几种西方市场常见的外部评级方法和《巴塞尔协议》规定的银行的内部评级方法。

（一）外部评级方法

通过评级机构进行信用评级被称为外部评级。评级机构是提供诸多分析服务的组织，这些服务建立在独立的、客观的、可信赖的和透明的评价原则之上。标准普尔、穆迪、惠誉是最知名的三大全球性评级机构。当然，也有许多规模不等的地区性评级机构。评级机构的数量与评级市场的发展同地区金融市场的发达程度存在较强的相关性。

1. 标准普尔公司与穆迪公司信用评级体系

标准普尔公司是世界上著名的评级公司之一，其业务开展范围包括全球众多国家。对于工业类公司，标准普尔公司和穆迪公司在美国和欧洲都有较高的市场覆盖率。在拉丁美洲，标准普尔公司的市场覆盖率更高。标准普尔公司长期债务评级体系如表5.1所示，标准普尔公司短期债务评级体系如表5.2所示。

表 5.1　标准普尔公司长期债务评级体系

级别	含　义
AAA	债券质量最高，债务人偿付债务的能力极强。
AA	和最高级别相差不大，偿付债务的能力很强。
A	在市场环境和经济条件出现问题时，偿付可能存在问题。
BBB	保险系数较高，但在经济情况或市场环境出现不利变化时，会削弱偿付能力。
BB	违约风险比其他投机级要低一些，但商业环境、财务状况或经济情况的变化很可能导致债务人无力承担责任。
B	比 BB 的风险要高。从目前情况看，仍有能力承担债务。商业环境、财务状况或经济情况的变化会削弱债务人偿债的能力和愿望。
CCC	目前偿付能力较低，只能依赖于商业环境、财务状况或经济情况出现有利变化，债务人才有可能偿付债务。
CC	违约可能性很大。
C	适用的情形是：债务人已经提交了破产申请或从事其他类似的活动，不过债务偿付仍未停止。
D	只有在违约实际发生后，才使用这个级别。
+ 或 -	从 AA 到 CCC 的每个级别都要用附加的"+"或"-"来进行调整，表明同一级别的相对质量。评级后有"+"表示它的前景被看好，有可能很快升级。"-"表示前景不被看好，有可能很快降级。
R	这个符号主要用于那些含有很高非信用风险的工具。它强调的是信用评级时未关注的本金风险或收益率波动的风险。

表5.2 标准普尔公司短期债务评级体系

级别	含　义
A-1	最高级别，债务人短期债务偿债能力很强；如果有一个"＋"号，表明能力非常强。
A-2	在经济环境恶化时，偿付可靠性稍低，但还是令人满意。
A-3	能表现出一定的偿付保障，不过经济情况不利变化或环境的改变可能削弱债务人的偿付能力。
B	具有一定的投机性。当前具有偿付能力，但面临一些重要的不确定因素，可能导致债务人无力承担偿付义务。
C	在当前看就有违约的可能，只有在财务状况和经济情况出现有利变化时，债务人才有可能偿付债务。
D	短期债务已处于违约状态。

穆迪公司的主要业务在美国开展，但也有很多国际分支机构。在亚洲，穆迪公司有着最高的市场覆盖率。穆迪公司对长期债务和短期债务的评级体系和标准普尔很相近，但是两者在对某项具体债务的评级上有时会存在一些分歧，比如两大评级机构在对某债权评级时所采用的方法基本相同，但还是会对同一种债务工具作出不同的评级。

2. 当前我国主要的信用评级机构

当前我国有很多信用评级机构。现阶段我国主要的评级机构，如表5.3所示。

表5.3 我国主要的信用评级机构

公司名称	业务区域与公司性质	主要业务
联合资信评估有限公司	全国性、独立性、全国资信评估业务	各类债券与各类企业评级、公司评价与咨询、征信调查
中诚信国际信用评级公司	全国性、独立性、中外合资	各类债券与各类企业评级
大公国际资信评估有限公司	全国性、独立性	北京地区银行机构经营状况评级、企业债券评级
上海新世纪投资者服务有限公司	上海，原归属上海财经大学	上海地区贷款企业评级、投资咨询
上海远东资信评估有限公司	上海，原归属上海社科院	上海地区贷款企业评级、企业债券评级
长城资信评估有限公司	北京，原依托中国人民银行北京分行	北京地区银行机构经营状况评价
鹏元资信评估有限公司	深圳，原依托中国人民银行深圳支行	深圳地区贷款企业评级

（二）银行与内部评级方法

贷款是商业银行的传统服务之一，是商业银行最基本、最重要的资产业务，是商业银行实现利润最大化目标的主要手段，也是最受关注的信用风险点。长期以来，银行在作出贷款决策时主要依靠专家方法，必要时参考外部评级来评估特定债务和债务人的信用风险。尽管外部评级覆盖了众多对象，但是银行账册上仍有许多对象没有可参考的外部评级。另外，随着商业银行服务的多元化，表外业务的扩张速度远远超过表内业务，可利用的金融工具也越来越多。因此，银行必须直面除贷款之外越来越多其他金融工具中所包含的信用风险。

《巴塞尔协议》的内容包括三大支柱：最低资本要求、监管部门的监督、市场约束。其中最低资本要求是资本协议的重点内容，该部分涉及信用风险、市场风险以及操作风险有关的最低总资本要求的计算问题。其中对信用风险度量的方法有标准法和内部评级法，标准法是指基于商业银行资产的外部评级结果，以标准化方式度量信用风险，其使用对象是业务复杂程度不高的商业银行。内部评级法是商业银行根据内部数据和完备的评级标准，对银行客户的信用风险及债项的交易风险进行评价，并估计违约概率及违约损失率，侧重于定量分析，风险管理水平高的国际大型商业银行可以使用内部评级法。

1. 标准法

按照《巴塞尔协议》系列的要求，银行根据风险暴露可观察的特点，将信用风险暴露划分为监管当局规定的几个档次。按标准法的要求，监管当局规定的每一个档次对应一个固定的风险权重，同时采用外部信用评级提高风险敏感度。按照外部信用评级，对主权、银行同业、公司的风险暴露的风险权重各不相同。

首先，将商业银行的信贷资产分为主权国家的债权、对一般商业银行的债权、对公司的债权、监管零售资产中的债权、以居民房产抵押的债权、表外债权等十三类；其次，根据监管标准或外部信贷评估机构的评估确定其风险权重。对主权国家、商业银行、公司的债权等非零售类信贷资产，根据债务人的外部评级结果分别确定权重；零售类资产根据是否有居民房产抵押分别给予75%、35%的权重。标准法的一项重大创新是将逾期贷款的风险权重规定为150%，除非针对该类贷款银行已经计量并达到一定比例的专项准备。标准法操作简单，但缺点也很明显：过分依赖于外部评级，对于缺乏外部评级的公司类债券统一给予100%的风险权重，缺乏敏感性，此外，也没有考虑到不同资产间的相关性。

2. 内部评级法

计算信用风险的内部评级法是指银行以自己内部的评级为基础，以重大风险要素的内部估计值作为计算资本的主要参数，将银行测算的借款人的资信水平估计值转换成潜在的风险损失，并以此计算出监管部门要求的最低资本比率。内部评级法更能体现出银行经营能力的高低，以及风险管理水平的高低。内部评级法包括两种形式，一是内部评级初级法，二是内部评级高级法。初级法要求商业银行运用自身客户评级估计每一等级客户违约概率，其他风险要素采用监管当局的估计值；高级法要求商业银行运用自身二维评级体系自行估计违约概率(PD)、违约损失率(LGD)、违约风险暴露(EAD)、期限(M)。初级法和高级法的区分在于只适用于非零售暴露，对于零售暴露，只要商业银行决定实施内部评级法，就必须自行估计违约概率(PD)和违约损失率(LGD)。内部评级初级法和内部评级高级法的区别，如表5.4所示。

表 5.4　内部评级初级法和内部评级高级法的区别

数据	内部评级初级法	内部评级高级法
违约概率	银行提供的估计值	银行提供的估计值
违约损失率	巴塞尔银行监管委员会规定的监管指标	银行提供的估计值
违约风险暴露	巴塞尔银行监管委员会规定的监管指标	银行提供的估计值
期限	巴塞尔银行监管委员会规定的监管指标或者由各国监管当局自行决定允许采用银行提供的估计值	银行提供的估计值

资料来源：巴塞尔银行监管委员会.巴塞尔新资本协议(征求意见稿)(第三稿),2003.

内部评级法对主权、银行和公司风险暴露采用相同的风险加权资产计算方法。该法依靠四个方面的数据：

(1) 违约概率 (PD)，即特定时间段内借款人违约的可能性。巴塞尔委员会定义违约概率为债项所在信用等级 1 年内的平均违约率，违约率的确定必须是通过对这个级别的历史数据进行统计分析和实证研究得到的，而且是保守的和前瞻性的估计。

(2) 违约损失率 (LGD)，即违约发生时风险暴露的损失程度，是预期损失占风险暴露总额的百分比。此处的损失是经济损失而非会计损失，包括折扣因素、融资成本以及在确定损失过程汇总中发生的直接或间接成本。违约损失率与关键的交易特征有关，如是否有抵押品及其债权从属关系。

(3) 违约风险暴露 (EAD)，即债务人违约时的预期表内项目和表外项目的风险暴露总额，包括已使用的授信余额、应收未收利息、未使用授信额度的预期提取数量以及可能发生的相关费用等。

(4) 期限 (M)，即借款人完成贷款协议规定的所有义务(本金、利息和费用)需要的最长剩余时间(以年记，通常为该金融工具的名义期限)，对于分期付款的金融工具，为剩余的最低本金合同还款额的加权期限。

三、信用评分法

(一)信用评分法概述

信用评分法或称信用评分系统，是一项得到广泛应用的信用风险管理传统技术。根据借款人的特征变量和信贷历史记录等信息，信用评分法利用相关理论与统计技术计算出借款人的信用分数，以揭示借款人在未来某一时间段内违约的可能性，从而决定是否核准贷款或信用额度以及对贷款定价等。信用分数的高低反映了借款人的风险水平。

信用评分法拥有形式各异的评分模型，但是评分的结果指向唯一的目标，即对借款人进行信用分类或分级，为信贷决策提供依据。信用评分模型的发展，与消费信贷产业的繁荣、计算机技术与数据库技术的发展、数理统计方法的进步、社会征信体系的完善等历史因素有关。信用评分模型根据不同的特征可以进行不同的归类，按照模型的实证性程度划分，可以分为专家评分模型、半客户化评分模型及完全客户化评分模型。专家评分模型正如前文所述，其操作相对简便，但是稳定性差。半客户化评分模型是一种过渡性的方法。

相比专家方法而言，银行拥有一定量可供使用的数据，但数据尚不全面、不充分。而完全客户化评分模型建立在银行完整的实际数据的基础上，一般具有很强的稳定性和预测能力。一个高质量的评分系统必须具有高度的判别能力，这意味着所建立的评分模型必须具有高度的稳定性，因此通常需要采用统计学上的回归方法。

　　从数学和统计方法的发展上看，研究人员将数理模型技术引入信用风险分析的脚步从未停止过。信用评级模型大致可以分成三类：第一类是以财务信息作为数据基础的多元统计分析模型，如线性概率模型、定性响应模型、阿尔特曼 (Altman) 的 Z 值模型与 ZETA 模型；第二类是以市场信息作为数据基础、基于复杂数学公式建立的模型，如 KMV 模型；第三类是基于人工智能技术的模型，如神经网络、决策系统、模糊分析等。这里我们主要介绍阿尔特曼的 Z 评分模型和 ZETA 评分模型。

（二）Z 评分模型

　　美国纽约大学斯特商学院阿尔特曼在 1968 年提出了著名的 Z 评分模型 (Z-score model)。阿尔特曼对当时美国破产和非破产生产企业进行观察，采用了 22 个最能反映借款人财务状况和还本付息能力的变量，经过数理统计筛选并建立了著名的 5 个财务比率变量的 Z 评分模型。该模型根据各行业的实际情况，确定每一变量的权重，将每一变量乘以相应的权重，然后相加，得到一个 Z 值。该值就是判断某一公司的财务状况和风险水平的临界值。Z 值越大，资信就越好；Z 值越小，风险就越大。Z 评分模型的主要内容如下。

　　阿尔特曼 (Altman) 确立的数学模型表达式为

$$Z = 0.012X_1 + 0.014X_2 + 0.033X_3 + 0.006X_4 + 0.999X_5 \tag{5-1}$$

或

$$Z = 1.2X_1 + 1.4X_2 + 3.3X_3 + 0.6X_4 + 99.9X_5 \tag{5-2}$$

式中，X_1 为流动资本 / 总资产 (WC/TA)，这是衡量公司在一定的总资本额下流动性资金数量及规模的指标。一般来说，对于长期经营损失的公司，其流动性资产一定会处于萎缩状态。X_2 为留存收益 / 总资产 (RE/TA)，这是一个反映公司累积盈利能力的指标。留存收益是再投资的收益总量和公司在整个寿命期内的损失总量。这就意味着在考虑这一指标时还必须考虑公司的年龄因素。公司累积盈利能力越强，实力就越强，一家年轻的公司由于其累积利润少，该比值可能较低，因而其倒闭的概率会大于老公司。X_3 为息税前利润 / 总资产 (EBIT/TA)，该指标可以衡量除去税或其他杠杆因素外公司资产的盈利能力。因为公司的最终生存依赖于资产的盈利能力，所以该指标常用来衡量公司是否能长期、稳健地生存。如果一家公司即将倒闭，该指标将会持续走低。X_4 为股权市值 / 总负债账面值 (MVE/TL)，该指标反映公司负债超过资产额之前即破产前用股权市值加债务额所表示的公司资产价值下降的程度。在该指标中，股权市值包括所有优先股和普通股，总负债账面值则由短期负债面值和长期负债面值所构成。X_5 为销售收入 / 总资产 (S/TA)，也就是资产周转率，是反映公司资产营运能力的财务比率。该指标用于衡量公司产生销售收入的能力以及该公司管理层应对市场、参与竞争的能力。

事实上，这两个公式是相等的，只不过权重的表达形式不同，前者用的是小数，后者用的是百分比，第五个比率是用倍数来表示的，其相关系数不变。

根据阿尔特曼的分析，当 Z<1.81 时，借款人会违约；如果 Z≥2.99，则借款人会履约；当 1.81≤Z<2.99 时，称为未知区域，在此区域内判断失误较大，是因为原始样本存在错误分类或两类的重叠而产生的。

（三）ZETA 评分模型

1977 年，阿尔特曼等人提出了第二代 Z 评分模型——ZETA 信用风险评分模型，简称 ZETA 评分模型。该模型主要用于公共或私有的非金融类公司，其适用范围更广，对违约概率的计算更精确。新模型的变量由原始模型的 5 个增加到了 7 个，对不良借款人的辨认精度也大大提高。ZETA 信用风险模型为

$$ZETA = aX_1 + bX_2 + cX_3 + dX_4 + eX_5 + fX_6 + gX_7 \tag{5-3}$$

式中，X_1 为资产收益率，等于息税前利润／总资产，指公司息税前收益占总资产的比率，该比率在评估公司经营状况好坏方面是非常有用的一个指标。X_2 为收益稳定性指标，它是指公司（企业）资产收益率在 5～10 年的变动趋势的标准差，用它可以衡量工商企业所面临的风险大小。X_3 为偿债能力指标，等于息税前利润／总利息支出。固定收益证券分析师和债券评级机构非常喜欢用这一个指标来评估债务人的利息偿付能力。X_4 为盈利积累能力指标，等于留存收益／总资产，该指标反映公司的诸多信息，如公司经营寿命长短、股利政策，以及它的盈利历史，能够反映公司实力的强弱，在评估公司信用状况时是一个非常重要的指标。X_5 为流动性指标，该指标由流动比率来表示，等于流动资产／流动负债，说明了公司的变现能力以及当短期债务到期时借款人偿债能力的大小。X_6 为资本化程度指标，等于普通股／总资本，是用借款人普通股 5 年的平均市场价值与长期资本总额之比来表示的，它反映了借款人归还债务的实力，如果普通股在总资本中所占比重较大，说明其资本实力较为巩固。X_7 为规模指标，该指标由企业总资产的对数来表示，并且可以针对企业财务报告的变化而作出相应的调整。

模型中的相关参数可以使用统计方法，从相关历史数据中估计得到。当估计出的 ZETA 值高于某事先确定的临界值时，可以认为债务人是安全的；当 ZETA 值低于较低临界值时，可以将其归入违约组。处在两个临界值之间的区域被视为灰色或未知区域。

与 Z 评分模型相比，ZETA 模型无论在变量选择、变量的稳定性方面，还是在样本开发、统计方法的应用方面，都比 Z 评分模型有了长足进步，所以从模型的改进来看，ZETA 评分模型的分类准确度更高，尤其是在预测破产前较长时间的准确度方面更为明显。

（四）信用评分方法存在的缺陷

Z 评分模型和 ZETA 评分模型均为以会计资料为基础的多变量信用评分模型。由这两个模型计算出的 Z 值可以较明确地反映借款人（企业或公司）在一定时期内的信用状况（违约或不违约、破产或不破产），因此它可以作为借款人经营前景好坏的早期预警系统。由于 Z 评分模型和 ZETA 评分模型具有较强的操作性、适应性以及较强的预测能力，所以

它们一经推出便在许多国家和地区得到推广和使用，并取得了显著效果，成为当代预测企业违约或破产的核心分析方法之一。

然而，在实践中，人们发现无论是 Z 评分模型还是 ZETA 评分模型都存在很多先天不足，使模型的预测能力大打折扣，限制了模型功效的发挥。Z 评分模型和 ZETA 评分模型存在的主要问题有以下几个方面：

(1) 两个模型都依赖于财务报表的账面数据，而忽视日益重要的各项资本市场指标，这就必然削弱模型预测结果的可靠性和及时性。

(2) 由于模型缺乏对违约和违约风险的系统认识，理论基础比较薄弱，从而难以令人信服。

(3) 两个模型都假设在解释变量中存在线性关系，而现实的经济现象是非线性的，因而也削弱了预测结果的准确程度，使得违约模型不能精确地描述经济现实。

(4) 两个模型都无法计量企业的表外信用风险，另外对某些特定行业的企业，如公用企业、财务公司、新公司以及资源企业也不适用，因而模型的使用范围受到较大限制。

针对这两个模型存在的上述问题，人们一直在努力寻求许多新的方法和模型来替代传统的专家制度和借款人 (企业) 违约预测模型。

第三节　现代信用风险度量模型

进入 21 世纪以来，随着经济全球化、金融一体化趋势的进一步加强，特别是金融市场发生了巨变，现代信用风险度量模型在国际金融界得到了很高的重视和相当大的发展。J.P 摩根继 1994 年推出著名的以受险价值 (VAR) 为基础的风险矩阵 (Risk Metrics) 后，1998 年又推出了信用风险度量和管理模型，即信用矩阵 (Credit Metrics)。随后瑞士信贷银行推出另一类型的信用风险量化模型 (Credit Metrics+)，两者都在银行业引起很大的反响。同样为银行业所重视的其他一些信用风险模型，还有以期望违约频率为核心手段的信用监控 (KMV) 模型、麦肯锡公司的信用风险组合模型等。

一、信用风险矩阵模型

信用风险矩阵模型主要包括：受险价值 (VAR) 方法 (Risk Metrics 模型)、信用度量制方法 (Credit Metrics 模型) 和火灾保险方法 (Credit Metrics+ 模型)。

（一）受险价值（VAR）方法：Risk Metrics 模型

受险价值 (VAR) 模型就是为了度量一项给定的资产或负债在一定时间里和在一定的置信度下其价值最大的损失额。

受险价值 (VAR) 方法度量非交易性金融资产如贷款的受险价值时会遇到如下问题：因为绝大多数贷款不能直接交易，所以市值不能够直接观察到；由于贷款的市值不能够观察，也就无法计算贷款市值的变动率，贷款的价值分布离正态分布偏差较大。

（二）信用度量制方法：Credit Metrics 模型

信用度量制方法是通过掌握借款企业的资料，如借款人的信用等级资料、下一年度该信用级别水平转换为其他信用级别的概率、违约贷款的回收率等，可以计算出非交易性的贷款和债券的市值和市值变动率，从而利用受险价值方法对单笔贷款或贷款组合的受险价值量进行度量的方法。

信用度量模型 (Credit Metrics 模型) 是由 J.P. 摩根、美洲银行、KMV 公司和瑞士联合银行等金融机构于 1997 年合作推出的用于量化信用风险的风险管理产品。与 1994 年推出的量化市场风险的 Risk Metrics 模型一样，该模型引起了金融机构和监管当局的高度重视，是当今风险管理领域在信用风险量化管理方面迈出的重要一步，旨在提供一个可对银行贷款等非交易资产的信用风险进行计量的风险价值框架。通过信用矩阵模型，可以估测在一定置信区间内，某一时间贷款和贷款组合的损失。其试图回答的问题是："如果下一年是个坏年份，那么在我的贷款或贷款组合上会损失掉多少？"

1. Credit Metrics 模型的基本原理

Credit Metrics 模型的基本思路是，通过考虑债务人在一定时期内 (通常为 1 年) 违约、信用等级转移及其所导致的信用价差变化等因素，来确定信用资产组合的市场价值及其波动。再根据债务人期末可能转移到的信用等级所对应的信用资产组合价值，建立信用资产组合的价值分布。最后，根据期末的价值分布可得到一定置信水平下信用资产组合的风险价值。与市场价值的风险价值相比，信用风险价值明显存在以下两个问题：

(1) 信用资产组合的价值分布远非正态分布，分布不对称 (即有左偏现象)，且有明显的厚尾特征。这主要是由于信用质量的变化会引起信用资产组合的价值波动，而且信用质量的改善和恶化所引起的信用资产组合的价值波动幅度严重不对称，这与市场风险价值区别很大。

(2) 计量信用资产组合的信用风险价值，要比计量市场资产组合的市场风险价值复杂得多。原因主要有两点：① 由于信用资产组合的价值不符合正态分布，所以关于计算信用风险价值的第一步，即信用资产组合的价值分布的确定，不能像市场资产组合一样，只要简单地利用抽样分布数估计出均值和方差就可以得到，而是必须先根据债务人违约、信用等级转移等因素进行模拟才能完成。② 在计算信用资产组合的价值时，需估计信用资产组合中两两信用资产之间的相关性。由于大多数信用资产 (如贷款) 不能像股票一样在市场上频繁交易，有关信息也不能充分披露，所以信用资产之间的相关性并不能直接观测到，而是需要经过比较复杂的程序和方法进行估计。

2. Credit Metrics 模型的假设

(1) 市场风险与信用风险无关。债务未来市场价值和风险完全由其远期利率分布曲线决定，即承认了没有市场风险的存在，在模型中唯一的变量是信用等级。

(2) 信用等级是离散的，在同一信用等级中的债务人具有完全相同的转移矩阵和违约概率，迁移概率遵循马尔可夫过程，实际违约率等于历史平均违约率。

(3) 风险期限是固定的，一般为 1 年。这实际上受制于所用评级机构的转移矩阵，这些转移矩阵是 1 年。

(4) 不同债务人的信用等级的联合分布是用两者资产回报率联合分布来估计的，资产回报率的联合分布又用所有者权益收益率的联合分布来代替。

(5) 每个信用等级对应一条零利率曲线，而且在违约事件中设有回收率，即违约发生时，资产不是全部损失，损失的部分等于风险暴露 × (1- 回收率)。

(6) 违约的含义不仅指债务人到期没有完全偿还债务，还可指信用等级的下降所导致的债务市场价值下跌，即是一种盯市范式，并且违约事件发生在债务到期日。

3. Credit Metrics 模型的主要内容

(1) 债务人的信用状况可以决定其信用风险，而企业的信用状况由被评定的信用等级表示。因此，信用计量模型认为信用风险可以说是直接源自企业信用等级的变化，并假定信用评级体系是有效的，即企业的投资失败、利润下降、融资渠道枯竭等信用事件对其还款履约能力的影响都能及时、恰当地通过其信用等级的变化而表现出来。信用度量模型的基本方法就是信用等级的变化分析。转换矩阵 (Transition Matrix) 一般由信用评级公司提供，即所有信用等级的信用工具在一定期限内变化 (转换) 到其他信用等级或维持原级别的概率矩阵，成为该模型重要的输入数据。一年期的信用等级转换矩阵，如表 5.5 所示。

表 5.5　一年期信用等级转换矩阵

年初信用等级	年底时的信用评级转换概率 (%)							
	AAA	AA	A	BBB	BB	B	CCC	违约
AAA	90.81	8.33	0.68	0.06	0.12	0	0	0
AA	0.7	90.65	7.79	0.64	0.06	0.14	0.02	0
A	0.09	2.27	91.05	5.52	0.74	0.26	0.01	0.06
BBB	0.02	0.33	5.95	86.93	5.36	1.17	0.12	0.18
BB	0.03	0.14	0.67	7.73	80.53	8.84	1	1.06
B	0	0.11	0.24	0.43	6.48	83.46	4.07	5.2
CCC	0.22	0	0.22	1.3	6.48	11.24	64.86	19.79

(2) 信用工具的市场价值取决于债务发行企业的信用等级，即不同信用等级的信用工具有不同的市场价值，因此企业信用等级的变化会带来信用工具价值的相应变化。根据转换矩阵所提供的信用工具信用等级变化的概率分布，同时根据不同信用等级下给定的贴现率可以计算出该信用工具在各信用等级上的市场价值，从而得到该信用工具的市场价值在不同信用风险状态下的概率分布。这样就可以用传统的期望和标准差来衡量资产信用风险，也可以在确定的置信水平上找到该信用资产的信用值，而且可以用受险价值的方法进行信用风险的管理。各信用等级下贷款市值的状况，如表 5.6 所示。

表 5.6　信用等级下贷款市值状况（包括第一年息票额）

一年结束时信用等级	市值金额 / 百万美元
AAA	109.37
AA	109.19
A	108.66
BBB	107.55
BB	102.02
B	98.1
CCC	83.64
违约	51.13

(3) 信用度量模型的一个基本特点就是并不是从单一资产的角度看待信用风险，而是从资产组合的角度来看待信用风险。根据马柯维茨资产组合管理理论，多样化的组合投资具有降低非系统性风险的作用，信用风险在很大程度上可以说是一种非系统性风险，因此，在一般情况下，多样性的组合投资可以降低信用风险。另外，由于经济体系中共同的因素（系统性因素）的作用，不同的信用工具的信用状况之间存在相互联系，由此产生的系统性风险是不能被分散的。这种相互联系用其市场价值变化的相关系数表示，其相关系数矩阵一般也由信用评级公司提供。采用马柯维茨资产组合管理分析法，可以由单一的信用工具市场价值的概率分布推导出整个投资组合的市场价值的概率分布。

(4) 由于信用度量模型具有将单一的信用工具放入资产组合中衡量其对整个组合风险状况的作用，而不是只衡量某一信用工具自身的风险，因此，该模型使用了信用工具边际风险贡献来反映单一信用工具对整个组合风险状况的作用。边际风险贡献是指在组合中因增加某一信用工具的一定持有量而增加的整个组合的风险（以组合的标准差表示）。通过对比组合中各信用工具的边际风险贡献来分析每种信用工具的信用等级与其他资产的相关系数以及其风险暴露程度等各方面因素，可以很清楚地看出各种信用工具在整个组合的信用风险中的作用，最终为投资者的信贷决策提供科学的量化依据。

4. Credit Metrics 模型的评判

经过长期的实践总结，我们可以得出 Credit Metrics 模型有以下几个优点：

(1) 对违约概念进行了拓展，认为违约也包括债务人信用等级的恶化。

(2) 该模型的应用非常广泛，包括传统的贷款、固定收益证券、贸易融资和应收账款等商业合同，而且其高级版能够处理掉期合同、期货合同以及其他衍生工具。

(3) 对债务价值的分布有正态分布假设下的解析方法和蒙特卡罗模拟法，在一定程度上避免了资产收益率正态性的硬性假设，可以用资产价值分布和百分位求出资产损失。

与此同时，Credit Metrics 模型也存在一些缺点：

(1) 大量证据表明信用等级迁移概率并不遵循马尔可夫过程，而是跨时期相关的。

(2) 模型中违约率直接取自历史数据平均值，但实证研究表明，违约率与宏观经济状况有直接关系，不是固定不变的。在经济高速增长阶段，违约率较低；在经济衰退阶段，违约率较高。

(3) 没有考虑市场风险。

(4) 该模型通过股权回报关系来估计资产回报关系，而这可能导致不精确的估计。

（三）火灾保险方法：Credit Metrics+ 模型

瑞士信贷银行金融产品部开发的信用风险附加 (Credit Metrics+) 模型，其基本思想来源于保险业，运用家庭火险财产承保的思想，即保险的损失源自被保事件的发生频率或事件发生后损失的价值。将这种理念用于贷款，每一笔贷款都有极小的违约概率，而且独立于其他贷款。组合的违约概率的分布类似于泊松分布，因此根据泊松分布公式可以计算违约的概率。这样可以计算各个频度的违约概率分布，然后利用这些违约概率分布加总后得出贷款组合的损失分布。

1. Credit Metrics+ 模型的假设

Credit Metrics+ 模型主要基于以下几点假设：

(1) 每个考察期的期末，债务人只有两种状态，即违约与不违约。

(2) 债务组合中任何一笔债务违约与否是随机的。

(3) 对于一个债务组合而言，每一笔债务的违约概率均小，并且相互独立。

2. Credit Metrics+ 模型的主要内容

Credit Metrics+ 模型假定任何时期的违约企业数量的概率分布服从泊松分布。在这个假设下，该模型认为：每笔贷款违约的概率是随机事件；两两贷款之间的相关性为零，即各贷款违约的概率是相互独立的。该模型适合于由小笔贷款组成的贷款组合。Credit Metrics+ 模型计算框架，如图 5.1 所示。

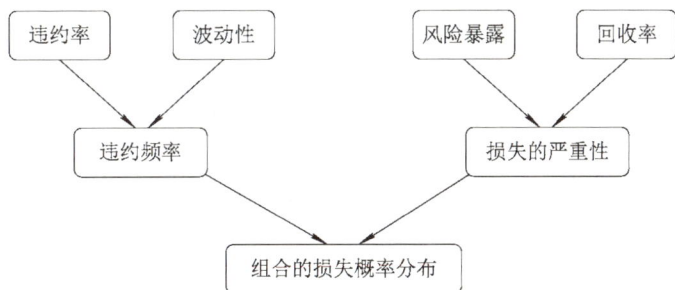

图 5.1　Credit Metrics+ 模型计算框架

3. Credit Metrics+ 模型的评判

Credit Metrics+ 模型的优点主要如下：

(1) 该模型处理能力很强，可以处理数万个不同地区、不同部门、不同时限等不同类型的风险暴露。

(2) 该类型模型集中于违约分析，所需要估计变量很少，只需要违约率、违约波动率和损失的严重性。

(3) 根据组合价值的损失分布函数可以直接计算组合的预期损失和非预期损失，比较简便。

但 Credit Metrics+ 模型也存在一些缺点：

(1) 模型对于单个债务人的违约率没有详细阐述，但它们却是模型的输入因子。

(2) 该模型只将违约风险纳入模型，没有考虑市场风险，而且认为违约风险与资本结构无关。

(3) 忽略了信用等级的变化，因而认为任意债权人的债务价值是固定不变的，它不依赖于债务人发放信用等级和远期利率的变化而波动。尽管违约概率受到一些随机因素的影响，但损失严重程度并不受这些因素的影响。

(4) 分组时，由于对每笔贷款暴露取近似值，从而将影响投资组合损失方差的准确性。

二、信用监控模型（KMV 模型）

KMV 模型全称为 KMV Credit Monitor Model，其起源可追溯至 1972 年布莱克、斯科尔斯和默顿有关期权定价的研究（BSM 模型），以及 1974 年默顿将期权理论运用于风险贷款和证券估价的开创性思想，为分析公司违约风险提供了理论框架。20 世纪后半期，世界金融市场迅速发展，金融脱媒、证券化日益突出，金融创新日新月异，传统的信用风险管理手段不能反映债务人的实际状态，迫切需要新的管理方式。自默顿（1974）提出运用期权定价理论对风险债券和贷款等非交易性信用资产进行观测和估值的模型以后，默顿的思想和模型不断地进行了推广和扩展，其中最著名的就是美国旧金山市 KMV 公司利用期权定价理论创立的违约预测模型——信用监控模型，用来对上市公司和上市银行的信用风险（特别是违约状况）进行预测，因此该模型也称为 KMV 模型。KMV 模型作为运用现代期权定价理论建立起来的违约预测模型，是对传统信用风险度量方法的一次重要革命。

（一）KMV 模型的基本假设

该模型需要满足以下几点假设：

(1) 为简化起见，假设一个企业只通过股权价值 S_t 和一种零息债券进行融资，其中债券当前市场现值为 B_t，在 T 时刻到期，到期时本息合计为 D。于是该公司的资产价值 V_t 满足

$$V_t = S_t + B_t \tag{5-4}$$

(2) 借款人资产价值大于其债务价值时，借款人不会违约；反之借款人资产价值小于其债务价值时，借款人就会违约。

(3) 借款人资本结构只有所有者权益、短期债务、长期债务和可转化的优先股。

(4) 违约距离是对企业进行评级的一个合适指标。

（二）KMV 模型的主要内容

KMV 模型包含三个主要内容，也是计算逾期违约率的三个步骤：

(1) 估计资产价值 V_t 和资产收益率的波动系数 σ_t。通过股票市值、股票收益率的波动系数以及债务账面价值来估计企业的资产价值和资产收益率的波动系数。

(2) 计算违约距离 DD。通过上一步计算出的资产价值、资产收益率的波动系数以及债务账面价值来计算违约距离。

(3) 计算预期违约率 (EDF)，直接通过违约距离以及给定的违约距离上的违约率来确定预期违约率。

KMV 模型首先假设公司负债主要是借入的银行贷款，记为 K，公司资产的市场价值为 A。在贷款期限内，当 A 发生贬值，并且使 $A < K$ 时，即公司的资产市值低于贷款金额时，则企业不能如期归还贷款，就会发生违约。KMV 模型认为，公司的所有者权益或股权可以看作持有该公司资产的买入期权或看涨期权。

在该模型内，所有者权益 E 由下列函数式表示

$$E = f(A, \sigma_A, K, r, t) \tag{5-5}$$

式中，A 指的是资产的市场价值；σ_A 指的是资产市场价值的标准差；K 指的是银行贷款金额，即违约点；r 是无风险利率；t 是贷款到期的期限。

(1) 要计算资产市场价值的标准差 σ_A，它一般是未知的。1986 年经济学家罗恩和沃玛设计出计算 σ_A 的模型为

$$\sigma_A = \eta \sigma_E \tag{5-6}$$

式中，η 是所有者权益对企业资产的弹性系数；σ_E 是所有者权益的标准差。

(2) 计算违约距离 DD(Distance to Default)。违约距离是资产价值 A 与违约点 K 的距离。这个距离越小，违约风险越大。其计算公式为

$$DD = \frac{A - K}{\sigma_A} \tag{5-7}$$

(3) 计算期望违约频率 (EDF)。它是位于违约点以下的面积大小，即概率的大小。其公式为

$$EDF = \phi(-DD) \tag{5-8}$$

(4) 计算期望损失额 EL(Expected Loss)。不过，在此之前应该已知或计算出恢复率 RV(Recovery Rate) 和违约后损失率 LED(Loss Given Default)。恢复率是指违约发生之后，所能够偿还部分贷款占贷款总额的百分比。违约后损失率是指违约发生后，损失金额占贷款总额的百分比。因此，$LED = 1 - RV$。这样，期望损失可以采用下述公式计算：

$$EL = EDF \times LGD \times RE \tag{5-9}$$

式中，RE(Risk Exposure) 为信贷的风险暴露额，一般指可能经受损失风险的贷款金额。

（三）KMV 模型的评判

信用风险管理的任何模型都是在一定的假设基础上获得的，由于假设的局限性，任何模型都只是对真实信用风险在一定程度上的体现，在实际应用中都各有优缺点。

1. KMV 模型的优点

(1) KMV 模型是建立在现代公司财务理论和期权理论基础上的一种信用监测模型。由于有很强的理论基础，所以它所得出的预期违约概率具有较强的说服力。

(2) KMV 模型是一种具有前瞻性的方法。由于该模型所获取的数据来自股票市场的资料，而非企业的历史数据，因而更能反映企业当前的信用状况，其预测能力更强、更及时，也更准确。

(3) KMV 模型所提供的 EDF 指标在本质上是一种对风险的定量分析，它不仅可以反映不同企业风险水平的高低，而且可以反映风险水平差异的程度，因而更加精确。同时，这也更加有利于对贷款的定价。

2. KMV 模型的缺点

(1) KMV 模型的使用范围有一定的局限性。该模型主要适用于评估上市公司的信用风险，而运用于非上市公司时，需要借助一些会计信息或其他能够反映借款企业特征值的指标来替代模型中的一些重要变量，通过对比分析最终得出该企业的期望违约概率，因此在一定程度上降低了最终计算结果的准确性。

(2) KMV 模型关于企业资产价值的对数服从正态分布，而实际中企业的资产价值一般会呈现非正态的统计特征。

(3) KMV 模型不能对长期债务的不同类型加以分辨。实际上，可以根据长期债务的优先偿还顺序、是否有担保、能否转换等来区分不同的长期债务，因而可能会造成在违约点的确定上不准确这一问题，导致模型的产出变量不准。

(4) KMV 模型基本上属于一种静态模型。该模型的基础是默顿的模型假设，即借款企业管理层一旦将企业的债务结构确定下来，则随后企业的债务结构就不变，无论其资产价值增长多少，企业的债务结构都不会变动，但实际情况往往不是这样。

三、麦肯锡模型（宏观模拟方法）

Credit Metrics 模型是以无条件信用等级转移概率矩阵为基础的，假定信用等级转移概率在不同借款人之间以及商业周期不同阶段之间都是稳定的，这并不符合实际，所以麦肯锡模型在 Credit Metrics 模型的基础上，对周期性的因素进行了处理，进一步提出了信用组合观点，将评级转移矩阵与失业率、经济的增长率、利率、汇率、政府支出等宏观经济因素之间的关系模型化，并用蒙特卡罗模拟技术来模拟周期性因素的影响，用以测定评级转移概率的变化。

麦肯锡模型重点集中在组合层面而不在个体层面，在违约率而不在概率。其基本假设是：在一个组合部分中，公司的信用状况具有同质性，这与个体借款者的信用状况模型形成了对比。麦肯锡模型认为，驱动债务人信用风险的影响因素是经济、行业等变量，除了特定因素外，公司不同程度地对共同的外部条件敏感。一旦外部宏观条件发生变化，整个市场的信用变化都会受到影响，单个公司很难独善其身，这就是系统性风险。举例而言，在一个经济衰退期中，即使一个公司经营状况良好，但如果业务相关联的公司出现问题甚至破产，那么该公司的应收账款会出现问题，直接影响现金流状况并累及企业的债务清偿能力。

麦肯锡模型就是要考虑即时宏观环境的影响，将信用风险中的系统部分和非系统部分都考虑进去，从而改善信用风险模型的评估能力。麦肯锡模型建模主要有三个操作步骤：

(1) 通过多元计量经济模型建立转移概率变动以及违约概率变动和宏观因素、行业因素变动的关联，来模拟宏观经济状态。

(2) 将经济状态与协同的条件违约概率和等级转移概率对应起来。

(3) 通过第二步获得的转移概率对历史转移概率矩阵进行调整，然后可以通过 Credit Metrics 的方法计算风险，得到信贷组合的损失分布。

麦肯锡模型主要适用于投机级债务人，而不太适合于投资级债务人。因为投资级债务人的违约率相对稳定，而投机级债务人的违约率会受周期性宏观经济因素的影响而剧烈变动，所以要根据宏观经济状况适时调整违约概率及其对应的信用等级转移概率矩阵。从本质上来说，麦肯锡模型是对 Credit Metrics 模型的发展和改进。

四、现代风险度量模型方法的比较

Credit Metrics 模型、KMV 模型、麦肯锡模型是当今国际上最具代表性的、主要用于金融机构内部的信用风险度量模型。信用风险度量模型的研究和应用虽然不像市场风险那样，有一个多数人一致同意的模型和方法，但这些模型之间的实质差异并非像各自的表述形式那样大。表 5.7 对三种模型进行了基本的对比分析。

表 5.7　三种模型方法的比较

比较内容	Credit Metrics 模型	KMV 模型	麦肯锡模型
风险定义	市场价值	违约损失	市场价值
风险来源	资产价值	资产价值	宏观因素
信用事件	信用级别变化或违约	连续违约概率	信用级别变化或违约
概率	无条件概率	条件概率	条件概率
波动性	常量	变量	变量
相关性	违约过程	来自股权	来自宏观因素
可回收率	频段级内为常量	不变或随机	随机
求解方法	分析的或模拟的	分析的	模拟的

第四节　信用风险的管理

信用风险管理方法主要有信用风险缓释、信用风险转移、信用风险规避和组合管理方法。

一、信用风险缓释

识别、评估、度量和监测信用风险不过是把握风险大小的手段而已，最终目的在于是否采取以及采取何种技术手段有效缓释风险，这是信用风险管理周期中唯一直接影响实际风险状况的环节。

信用风险缓释，主要是指商业银行运用合格的抵（质）押品、净额结算、保证和信用衍生品等缓释工具转移信用风险，主动、灵活地管理信用风险。《巴塞尔协议》体系鼓励银行运用合格信用风险缓释工具，并按照风险缓释程度，降低监管资本要求；银行若能合理评估缓释技术的作用，运用合格缓释工具的种类和范围可相应地扩大。由于信用风险缓释工具在商业银行资本充足率计算时具有抵减资本要求的作用，因此执行中要明确一系列合格信用风险缓释工具的认定条件和管理要求，如法律确定性、可执行性、风险缓释工具的流动性、估值频率和管理要求、保证人评级必须高于债务人评级等。只有满足这些条件的抵押担保才能被认定为是信用风险缓释工具，具有抵减监管资本要求的功能。

当前，信用风险缓释技术已成为银行从事信用风险管理的重要组成部分，尽管很早以前银行便已采用了抵押、担保等信用风险缓释工具，但直到《巴塞尔协议Ⅱ》发布以后，银行监管机构才将信用风险缓释工具的使用规范化和系统化，并鼓励银行有效运用信用风险缓释工具，降低信用风险。

自《巴塞尔协议Ⅱ》之后，迄今为止在初级内评法下认可的风险缓释工具包括：抵（质）押品交易、表内净额结算、保证与担保、信用衍生工具。初级内评法中认可的风险缓释工具特征，如表 5.8 所示。

表 5.8　初级内评法中认可的风险缓释工具特征

初级内评法中认可的风险缓释工具			
抵（质）押品交易	表内净额结算	保证与担保	信用衍生工具
1. 金融质押品、应收账款、商用房地产、其他抵（质）押物 2. 财产或权利符合相关法律 3. 权属清晰 4. 流动性强，具有市场价格依据 5. 与借款人无相关性 6. 对托管方要求 7. 收益可实施性 8. 价值评估审定程序 9. 重新估值方式、频率 10. 优先留置权 11. 抵押物足额保险 12. 定期检查 13. 相应信息系统	1. 以结算参与人为单位，以其借贷双方交易或余额的轧差净额进行交收的制度 2. 表内净额结算、从属于主协议的回购交易净额结算、从属于主协议的场外衍生交易净额 3. 法律上可执行 4. 任何情况下可确定交易对象在净额结算合同下的资产和负债 5. 风险敞口可监测和控制 6. 持续监测和控制后续风险 7. 净头寸基础上监测和控制风险敞口	1. 通过调整违约概率或违约损失率的估计值来反映风险缓释效应 2. 具有足够代为清偿贷款本息能力 3. 保证为书面的、有效的，直至完全偿付 4. 初级法下，保证无条件不可撤销；高级法下需要考虑有条件担保的风险缓释作用的减少 5. 对担保人档案信息管理 6. 实质风险相关性的担保不能作为合格风险缓释 7. 风险缓释后的风险权重不小于对保护方直接风险敞口的风险权重	1. 通过调整违约概率或违约损失率的估计值来反映风险缓释效应 2. 信用违约互换和总收益互换提供的信用保护和担保相同 3. 信用保护必须是提供者的直接负债 4. 合同规定的支付不可撤销 5. 有效时限 6. 现金结算的信用衍生工具须严格评估价值错配 7. 部分作用

（一）抵（质）押品交易

银行开展授信业务时，常使用的抵（质）押品分为金融质押品、应收账款、商用或个人住房以及其他抵（质）押品。抵（质）押品是通过风险分散和补偿，提高贷款偿还的可能性。贷款抵押并不一定能确保贷款得到偿还，取得贷款担保也并不能保证贷款如期偿还。银行可影响或控制一个潜在还款来源，但并不能确保会产生足够的现金流量来偿还贷款。被迫处置抵押物，如将其出售或转让，资产的现金价值往往会受到侵蚀，因为资产在处理时，只能按照清算价值进行转让。此外，一旦银行被迫出售抵押物或向保证人行使追索权，其花费的成本与精力将使一笔贷款由盈利变为亏损。因此银行控制的作为第二还款来源的担保，并不能保证有足够的现金来偿还债务。担保形式主要有贷款抵押、贷款质押、贷款保证和附属协议。以下介绍前三种：

(1) 贷款抵押。所谓抵押，是指抵押人和债权人以书面形式订立约定，不转移抵押财产的占有，将该财产作为债权的担保。贷款抵押是指以借款人或第三方财产作为抵押发放的贷款。银行持有抵押财产权益，如果借款人不能按期归还贷款本息，则银行将行使抵押权，将该财产以折价或以拍卖、变卖该财产的价款优先受偿。抵押物的选择直接关系到银行信贷质量的好坏，关系到银行的生存与发展，因此银行在选择贷款抵押物时一定要慎重。

(2) 贷款质押。质押是债务人或第三人向债权人转移某项财产的占有权，并由后者掌握该项财产，以作为前者履行某种支付金钱或履行责任的担保。当这种责任履行完毕时，质押的财产必须予以归还。债务人不履行责任时，银行有权将该动产或权利折价出售来收回贷款，或者以拍卖、变卖该动产或权利的价款优先受偿。

(3) 贷款保证。所谓保证是指保证人和债权人约定，当债务人不履行其债务时，保证人按照约定履行债务或者承担责任的担保方式。保证贷款是保证人以其自有的资金和合法财产保证借款人按期归还贷款本息的一种贷款形式，并且只有当保证人有能力和有意愿代替借款人偿还贷款时，贷款保证才是可靠的。因此，对贷款保证的分析和评估也分法律和经济两方面：前者包括保证人是否具有合法资格、保证期间、保证合同的法律效力，后者包括保证人的资信状态、代偿债务的能力以及保证人的履约意愿。

（二）表内净额结算

表内净额结算是指银行使用交易对象的债权（存款）对该交易的债务（贷款）做扣减。根据《巴塞尔协议Ⅱ》，在标准法下，如银行有法律上可执行贷款和存款净额结算安排，在符合相关条件下，可进行表内净额结算，计算净风险敞口资本要求。

进行以上这些操作的条件主要包括：

(1) 无论交易对象是无力偿还债务还是破产，有完善法律基础确保净额结算协议实施。

(2) 在任何情况下，能确定同一交易对象在净额结算合同下的资产和负债。

(3) 监测和控制后续风险，在净头寸基础上监测和控制相关敞口。

利用净额结算，银行可以很好地降低信用风险。如一家银行与其交易对手之间有三笔互换交易合约，这三笔交易合约的交易金额分别是 1400 万美元、–2700 万美元以及 1800 万美元。假如交易对手遇到财务困境，对该行的债务发生违约，那么对该交易对手来说，三笔合约的金额分别是 –1400 万美元、2700 万美元以及 –1800 万美元。在没有净额结算条款的情况下，该交易对手只对第一、第三笔交易合约发生违约，而对第二笔合约没有发生违约，因此银行的损失就是 3200 万美元 (3200 万美元 = 1400 万美元 + 1800 万美元)；若与该交易对手交易前有净额结算条款，那么交易对手第一笔和第三笔合约违约，也意味着第二笔合约违约，该交易对手给银行造成的损失就是 500 万美元 (500 万美元 = 1400 万美元 + 1800 万美元 – 2700 万美元)。从计算可以看到，具有净额结算协议的信用等值额显著低于没有净额结算协议的信用等值额，可以大大缓解银行机构的信用风险。

二、信用风险转移

信用风险转移是指金融机构 (一般指商业银行) 通过使用各种金融工具把信用风险转移到其他银行或其他金融机构。随着金融市场的发展，非金融机构也可能进入信用风险转移市场进行交易。信用风险转移市场的主要参与者包括商业银行、各种机构投资者和证券公司。在信用风险转移市场出现以前，商业银行在发放贷款以后只能持有至贷款违约或到期日，信用风险管理手段主要是贷前审查、贷后监督和降低信贷集中度等，而信用风险转移市场的出现使得商业银行可以根据自身资产组合管理的需要对信用风险进行转移，从而更加主动、灵活地进行信用风险管理。

在信用风险转移市场，那些把信用风险转移出去的机构称为信用风险转出者 (或称保险购买者、风险出售者或被保险者)，那些接受信用风险的机构称为信用风险接受者 (或称保险出售者、风险购买者或保险人)，主要的信用风险转移工具包括贷款销售、资产证券化以及近年来迅速发展的信用衍生产品。

（一）信用衍生工具

1. 利用期权对冲信用风险

利用期权对冲信用风险的原理是：银行在发放贷款时，收取一种类似于贷款者资产看跌期权的出售者能够得到的报酬。这是因为，银行发放贷款时，其风险等价于出售该贷款企业资产看跌期权的风险。这样，银行就会寻求买入该企业资产的看跌期权来对冲这一风险。最早运用这种信用风险对冲方式的是美国中西部的农业贷款。为保证偿还贷款，小麦农场主被要求从芝加哥期权交易所购买看跌期权，把这一期权作为向银行贷款的抵押。如果小麦价格下降，那么小麦农场主偿还全部贷款的可能性下降，从而贷款的市场价值下降。与此同时，小麦看跌期权的市场价格上升，从而抵消贷款市场价值的下降。

2. 利用互换对冲信用风险

信用互换主要有两类：违约互换和总收益互换。

(1) 违约互换。违约互换情况下，银行在每一个互换的时期向作为交易对手的某一金融机构支付一笔固定的费用。若该笔贷款发生了违约，那么互换合约的交易对手就要向其支付违约的损失，支付的数额等于贷款的初始面值减去违约贷款在二级市场上的现值；如果银行的贷款没有违约，那么互换合约的交易对手不用进行任何支付。

(2) 总收益互换。在总收益互换中，投资者支付给银行一个确定的收益 (比如 LIBOR)，同时接受原先属于银行的贷款或证券的全部风险和现金流。与一般互换不同的是，投资者和银行除了交换在互换期间的现金流之外，还在贷款到期或者出现违约时，根据事先在签约时确定的计算公式结算贷款或债券的价差。如果到期时贷款或债券的市场价格出现升值，银行就会向投资者支付价差；反之，如果出现减值，则会由投资者向银行支付价差。

3. 利用远期合约对冲信用风险

信用远期合约是在贷款利率被确定以及贷款被发放以后，对冲贷款违约风险增加的一种无期协议。信用远期合约为借款人发行的基准债券 (或贷款) 明确规定一个信用风险价差。合约的购买者承担了借款企业基准债券违约风险的增加。

（二）贷款证券化

规范的资产证券化是指发起人将同质的、缺乏流动性但可产生稳定现金流的资产 (如贷款、租赁、应收账款等) 形成一个资产池，通过一个特殊目的载体，由其通过一定的结构安排和信用增级分离与重组资产的收益和风险，并转化成以资产产生的现金流担保的证券发售给投资者。

近年来，商业信贷和贷款证券化的发展速度非常快。贷款证券化是将银行资产负债表内信贷资产出售给投资者的一种结构性交易，这种批发性金融中介过程将已有的金融产品的未来现金流重新安排，通过出售贷款产生的现金流支付投资者到期债务，用新的证券代表对原有贷款的收益索取权，贷款证券化发行的"结构化票据"成为银行贷款再融资方式，投资者持有票据获得相应收益索取权并承担贷款信用风险。

通过贷款证券化方式，传统上对立的两个融资渠道，即银行金融中介和资本市场，产生了一种互补性关系。第一，对于银行金融中介而言，贷款证券化将银行引入证券化安排，提供了买卖贷款实际利益的有效方式，以票据分割贷款组合的总体收益，交易手续简便，贷款交易的成本降低，成为交易贷款权益和改变银行信贷资产组合的重要途径。第二，对于资本市场而言，贷款证券化提供以贷款未来收益现金流支持的投资产品，增加了传统资本市场的投资产品类型，成为增加投资品种、扩大交易规模和促进市场结构调整的重要因素。

贷款证券化的工具较多，主要有以下几种：

(1) 过手结构证券。过手结构证券是一种权益类证券，它的发行是以组合资产池为支撑，代表着对具有相似的到期日、利率和特点的资产组合的直接所有权。典型种类有：住宅抵押贷款、消费者应收款 (如汽车贷款、信用卡应收款)。

(2) 资产支持证券。资产支持证券是发行人以贷款组合或过手结构证券为抵押而发行的债券。发行人要将一部分组合资产作为发行债券的担保抵押给托管人。

(3) 转付结构债券。转付结构债券是过手结构证券和资产支持证券的结合。它是根据投资者的偏好，对证券化资产产生的现金流重新安排而发行的债券。这种债券是发行人的债务，保留在资产负债表中（与资产支持证券相同），但基础资产的现金流用来支付给债券持有人（与过手结构证券相似）。

除信用风险缓释方法和信用风险转移方法外，信用风险管理方法还包括信用风险规避和组合管理方法。信用风险规避是针对高风险、低收益或低风险、低收益客户，通过限制客户准入等措施来管理风险；信用组合方法，主要是针对存在弱相关性且风险可控的客户，通过组合内部分散化效应，抵消特定因素风险。

三、信用风险管理的发展趋势

随着现代信用风险管理水平的不断提升，出现了 Credit Metrics+、KMV 等信用风险量化的管理模型，还出现了信用衍生工具等现代信用风险管理手段，使得信用风险管理更加精确和科学。总的来说，现代信用风险管理呈现出以下几个发展趋势。

（一）信用评级机构发挥重要作用

独立的信用评级机构在信用风险管理中起重要作用，这是信用风险管理的一个突出的特征。由于相对市场风险，信息不对称导致的道德风险是造成信用风险非常重要的原因，因此，对企业（受信对象）信用状况及时、全面地了解是金融机构防范信用风险的基本前提。独立的信用评级机构的建立和有效运作是保护金融机构利益、提高信息收集与分析的准确程度、增强规模效益的制度保障。现代金融机构信用风险管理对独立信用评级机构的依赖程度已经越来越高。

（二）信用风险管理方法从定性向定量发展

传统的信用风险管理手段主要包括防止授信集中化、分散投资、加强对借款人的信用审查和动态监控等措施。虽然这些传统的信用风险管理方法经过多年的发展已相当完善和成熟，有些甚至已经制度化，成为了金融机构风险控制的重要组成部分，但是这些传统的信用风险管理方法主要都是基于定性分析。随着现代管理办法的创新，产生了一批信用风险模型。这些现代信用风险模型主要通过数理统计手段对历史数据进行统计分析，从而对有关群体或个体的信用水平进行定量评估，并对其未来行为的信用风险进行预测，为信用风险的防范提供有效依据和手段。

（三）信用风险的管理由静态管理向动态管理发展

传统的信用风险管理长期以来都表现为一种静态管理。这主要是因为信用风险的计量技术长期没有得到发展，金融机构只能利用历史成本法等方法对受信对象进行评估。在现代信用风险管理中，这一情况得到了明显的改善。首先，信用风险计量模型的发展使得组合管理者可以每天根据市场和交易对手的信用状况动态地衡量信用风险的水平。其次，信用衍生产品市场的发展使得组合管理者拥有了更加灵活、有效的管理信用工具，其信用风险承担水平可以根据其风险偏好，通过信用衍生产品的交易进行动态的调整。

（四）信用风险对冲手段的出现

长期以来，信用风险管理都局限于传统的管理模式和控制手段，与日新月异的其他风险管理相比，缺乏创新和发展，尤其是对冲的管理手段。传统的信用风险管理手段都存在固有的缺陷，无法适应现代信用风险管理发展的需要，主要表现为：这些传统的方法只能在一定程度上降低信用风险水平，并不能使投资者彻底摆脱信用风险。此外，在管理的过程中，传统的管理手段还需要大量人力物力的投入，并且这种成本会伴随着受信对象的增加而增加。随着信用风险管理在整个金融领域的应用，这些固有的缺陷就表现得越来越突出。在市场力量的推动下，以信用衍生产品为代表的新一代信用风险对冲管理手段开始走向信用风险管理的最前沿，并开始推动整个信用风险管理体系不断向前发展。

▶▶ 【本章小结】

(1) 现代意义上的信用风险是指借款人或市场交易对手拒绝或无力按时、全额支付所欠债务时，给债权人或金融工具持有人带来的潜在损失，包括由于借款人的信用评级的变动和履约能力的变化导致其债务的市场价值变动而引起损失的可能性。

(2) 按照信用风险的性质分类，信用风险可分为违约风险、信用评级降级风险和信用价差增大风险。按照信用风险所涉及业务种类分类，信用风险可分为表内风险与表外风险。按照信用风险所产生的部位分类，信用风险可分为本金风险和重置风险。按照信用风险是否可以分散分类，信用风险可分为系统性信用风险和非系统性信用风险。按照信用风险受险主体分类，可分为企业信用风险、金融机构信用风险和个人信用风险。

(3) 传统的信用风险度量方法有专家制度法，其中最为典型的是 5C 评级法（品格 Character、资本 Capital、偿债能力 Capacity、抵押品 Collateral、周期状态 Condition）。信用评级方法，包括外部评级方法和银行内部评级方法。信用评分方法中最为典型的是 Z 评分模型和 ZETA 评分模型。

(4) 现代信用风险度量模型有信用风险矩阵模型，包括：受险价值 (VAR) 方法 (Risk Metrics 模型)、信用度量制方法 (Credit Metrics 模型) 和火灾保险方法 (Credit Metrics+ 模型) 以及信用监控模型 (KMV 模型)、宏观模拟方法（麦肯锡模型）。

(5) 在准确度量了信用风险之后，要进行有效的信用风险管理。常用的信用风险管理方法有信用风险缓释和信用风险转移。信用风险缓释是指商业银行运用合格的抵质押品、净额结算、保证和信用衍生工具等方式转移或降低信用风险。信用风险转移是指金融机构，一般是指商业银行通过使用各种金融工具把信用风险转移到其他银行或其他金融机构。

思考题

(1) 与其他金融风险相比，信用风险有什么特点？

(2) 信用风险的影响因素有哪些？

(3) 专家制度法的缺点是什么？

(4) 现代信用风险的度量模型包括哪些？

(5) 信用风险缓释工具有哪些？

(6) 论述现代信用风险管理的发展趋势。

案例分析

超日太阳债务违约事件

上海超日太阳能科技股份有限公司（简称“超日太阳”）于 2003 年 6 月成立，它是光伏行业中的一家高科技民营企业。2010 年 11 月，超日太阳在深交所的中小板上市。2011 年 3 月，“11 超日债”通过了超日太阳股东大会审议，经中国证监会许可，历经一年的筹备，于 2012 年 3 月 7 日正式发行，规模为 10 亿元，票面利率为 8.98%，存续期为 5 年。它是超日太阳发行的首支公司债券，其上市代码为“112061”，在当时的债券市场中处于较高的水平。“11 超日债”基本信息如表 1 所示。

表 1 “11 超日债”基本信息

项 目	内 容
债券名称	“11 超日债”
发行规模	10 亿元
票面金额	债券面值 100 元
发行价格	按面值 100 元平价发行
票面利率	8.98%
发行期限	5 年
保荐机构	中信建投
债券形式	实名制记账式公司债券
起息日	2012 年 3 月 7 日
付息日	存续期内每年 3 月 7 日
还本付息方式	按年计息，到期一次还本
担保方式	无担保债券
信用评级	AA 级
评级机构	鹏元资信

资料来源：《上海超日太阳能科技股份有限公司发行公司债券募集说明书》

但是由于 2011 年以来，整个光伏行业出现产能过剩的情况，导致了该公司的盈利大幅下降。加之超日太阳自身存在的问题，2013 年 1 月 17 日，超日太阳发布公告称 2012 年亏损 9 亿～11 亿元，并披露公司面临流动性风险，大多数资产已被质押、抵押或查封。“11 超日债”第二期利息原定金额共计人民币 8980 万元，但由于各种不可控的因素，公司付息资金仅落实人民币 400 万元。至此，“11 超日债”正式违约，这成为了我国首例实质性违约的债券，中国式的刚性兑付被打破了。

“11 超日债”发行时，鹏元资信给予其信用级别为 AA 级，但随后历经数次评级危机，最后降至 CCC 级。"11 超日债"信用评级危机如表 2 所示。

表 2　"11 超日债"信用评级危机

时间	降级原因	降级说明
2012 年 6 月 28 日	超日太阳资产负债率上升等	由"稳定"调整为"负面"
2012 年 12 月 27 日	超日太阳第一次被停止上市	由 AA 级降为 AA- 级
2013 年 4 月 10 日	超日董事会公告特别风险提示等	由 AA- 级降为 BBB+ 级
2013 年 5 月 18 日	—	由 BBB+ 级降为 CCC 级

　　"11 超日债"的违约引发了对我国企业债券市场的广泛关注。证监会对违约事件调查发现：超日太阳在经营过程当中存在六大违规支出，即海外收购光伏电站项目、贷款项目中的股权质押、电站公司管理协议、虚假确认在途销售收入、提前确认销售收入、产品价格调减的情况。因此，超日太阳的董事长和高管，以及鹏元资信均受到了相应处罚。超日太阳公司宣告违约后，在长城资产管理公司和上海久阳资产管理中心额度为 8.8 亿元的担保下，超日太阳于 2014 年年底完成本息的兑付。超日太阳破产重组后更名为协鑫集成，其业务主要定位在系统集成业务和产业金融服务。协鑫集成改善经营方式并调整市场定位，于 2015 年 8 月重返股票市场，并在上市首日以 9 倍多的涨幅位居沪深两市涨幅第一。

　　超日太阳在光伏行业中占据领军地位，而"11 超日债"的违约过程比较完整，其违约对整个金融市场产生的影响较大。"11 超日债"违约是我国债券市场中出现的首例实质违约事件，反映了我国债券市场中广泛存在的信用风险问题。我国企业债券市场缺乏完善的信用风险防范和违约处置体系，才导致在超日太阳觉察到债券信用风险程度恶化后仍发生了实质性违约。

案例思考

(1) 什么原因导致了首起国内公募债务违约恶性事件的发生？

(2) "11 超日债"违约事件对信用风险防范有哪些警示？

第六章　市场风险的度量与管理

本章导读

1988 年的《巴塞尔资本协议》只考虑了信用风险，而忽视了市场风险，尤其是对许多新的、复杂的场外衍生产品的市场风险未能给予足够多的重视。20 世纪 90 年代，一系列的重大风险事件使巴塞尔委员会意识到了市场风险的重要性，巴塞尔委员会加快了将市场风险纳入资本监管范围的步伐。1996 年 1 月，巴塞尔委员会推出了"资本协议关于市场风险的修订案"（以下简称"修订案"）。自"修订案"实施以来，大多数国家和地区的银行对市场风险的度量与管理给予了足够的重视，现已具备了较为完善的市场风险管理体系。

学习目标

(1) 理解市场风险的概念及类型。

(2) 掌握市场风险的度量方法及相关的计算。

(3) 掌握市场风险管理流程。

第一节　市场风险概述

一、市场风险的概念

根据巴塞尔委员会于 1996 年 1 月颁布的《资本协议市场风险补充规定》可知：市场风险 (Market risk) 是指因市场价格波动而导致表内和表外头寸损失的风险。虽然不同版本的教材对市场风险的概念有不一样的叙述，但是大体上可分为广义和狭义。

广义的市场风险是指金融机构在金融市场的交易头寸，由于市场价格因素的变动而可能遭受的收益或损失。广义的市场风险充分考虑了市场价格可能的有利方向和不利方向的变化，以及市场风险可能带来潜在的收益或损失。广义的市场风险对正视市场风险、不避讳市场风险乃至利用市场风险，具有积极的作用。

狭义的市场风险是指金融市场的交易头寸，由于市场价格因素（如利率、汇率、股票价格和商品价格等）的不利变动而可能遭受的损失。本节将主要介绍狭义的市场风险。

二、市场风险的类型

影响市场价格的因素主要有利率、汇率、股票价格和商品价格等，那么市场风险可以分为：利率风险 (interest rate risk)、汇率风险 (foreign exchange risk)、股票风险 (equity risk)、商品风险 (commodity risk)。

（一）利率风险

利率风险是指由于市场利率发生不利变动而给商业银行带来损失的风险。利率作为资金的价格，利率波动会影响金融工具，因此利率风险是所有金融机构都要面对的一种基本风险。利率风险不仅影响金融机构的盈利水平，还影响其资产、负债和表外金融工具的经济价值。巴塞尔银行监管委员会将利率风险分为重新定价风险、基差风险、收益率曲线风险和选择权风险四类。

（二）汇率风险

汇率风险是指由于汇率的不利变动而导致银行业务发生损失的风险。汇率风险一般因为银行从事以下活动而产生：

(1) 商业银行为客户提供外汇交易服务或自营外汇交易活动。此处的外汇交易不仅包括外汇即期交易，还包括外汇远期、期货、互换和期权等金融合约的买卖。

(2) 商业银行从事的银行账户中的外币业务活动，如外币存款、贷款、债券投资、跨境投资等。

（三）股票风险

股票风险是指由于商业银行持有的股票价格发生不利变动而给商业银行带来损失的风险。股票风险不仅存于股票投资中，也存在于其他与股票有关的权益类工具中。典型的股票风险有可转换债券、认股权证、股指期货、股票期货、股票互换等各类股票衍生品，因此股票风险也称权益证券风险。

（四）商品风险

商品风险是指商业银行所持有的各类商品的价格发生不利变动而给商业银行带来损失的风险。这里的商品是指那些可以在二级市场（如交易所）上交易的实物产品，交易形式包括即期、期货和期权等。商品通常包括：

(1) 农产品，如玉米、大豆、棉花、小麦等。

(2) 家畜和肉类，如牛、猪等。

(3) 能源产品，如石油、天然气、电力等。

(4) 金属，如铝、锡、镍、锌等。

商品具有以下三个特点：

(1) 有限的生产能力和特定的生产条件，如农产品的供给在一定程度上受气候的影响。

(2) 运输和储存成本，虽然大多数金融产品的运输和储存成本很低，但是有些特殊商品的运输和储存成本相当高，如电力。

(3) 刚性需求，如 2022 年初受疫情的影响、汽车的普及和俄乌局势等原因导致全球石油需求大增，油价因此不断上涨。

因此，与金融产品相比，商品的价格更容易受其供需状况的影响且其波动往往更大。

拓展阅读

阿里巴巴和苏宁易购的"联姻"

阿里巴巴是全球企业间电子商务的著名品牌，是目前全球最大的网上交易市场和商务交流社区。良好的定位、稳固的结构、优秀的服务使阿里巴巴成为全球首家拥有几百万商人的电子商务网站，阿里巴巴被商人们评为"最受欢迎的B2B网站"。阿里巴巴能够形成完整的商业生态圈的措施之一，就是能够与各个领域的企业通过"联姻"合理地控制市场风险。2015年，阿里巴巴与苏宁易购共同宣布达成全面战略合作就是其中一个例子。

随着生活质量的提高，消费者越来越注重自己的消费体验。就物流效率来说，京东可以算得上是世界第一，国内在消费者体验方面表现较为出色的就是京东。阿里巴巴旗下公司都存在明显业务短板，即没有自己的物流体系，或者说线下服务质量有待提升。线下的业务短板增大了企业的风险，在阿里巴巴的发展规划中，走入线下将是其重要的一步。

自2014以来，美联储货币政策正常化、原油产量增加、经济环境良好等都刺激了美元的走强。我国出口贸易大多都以美元结算，阿里巴巴近年来不断推进国际业务，美元汇率的变动也是其面临市场风险的不可忽略的因素。

为了控制自己所面临的市场风险，2015年8月10日，中国最大的电子商务企业阿里巴巴和中国最大的商业零售企业苏宁易购启动了交叉持股项目。阿里巴巴将投资约283亿元人民币参与苏宁易购的非公开发行，占发行后总股本的19.99%，成为苏宁云商的第二大股东；苏宁易购将以140亿元人民币认购不超过2780万股的阿里巴巴新发行股份。中国零售业史上金额最大的一次"联姻"诞生了。

第二节 市场风险的度量

在确认市场风险因素后就能确定市场风险的类型，若想明确风险的大小就需要对各种风险因素进行度量，即对风险进行定量分析。

一、市场风险度量指标

随着经济多样化及科技的发展，市场风险可以用多种指标进行度量。目前，经常使用的市场风险度量指标大致可以分为两种类型，即相对度量指标和绝对度量指标。

（一）相对度量指标

相对度量指标主要是测量市场因素的变化与金融资产收益变化之间的关系。在每次测算时仅考虑一个重要的风险因素（如利率、汇率、证券和商品价格等），同时假设其他因素不变。通常，我们使用相对度量指标对相关市场风险作敏感性分析，估算市场波动不大和剧烈波动两种情形下的损益，以此为基础，风险管理部门就可以检测到整个公司面临的市场风险，并根据需要调整资产结构。

常用的相对度量指标如下：

(1) 久期：表示债券价格对利率变化的敏感程度，用于衡量利率风险。

(2) 凸性：表示久期本身对利率变化的敏感程度，通常，凸性与久期配合使用，提高利率风险度量的精度。

(3) 基点美元值 (dollar value of all 01，DV01)：表示利率水平变化 0.01 个百分点而导致的债券价格的变化程度，用于衡量利率风险。

(4) Beta(用字母 β 表示) 系数：表示个别股票受包括股市价格变动在内的整个经济环境影响程度，用于度量股票价格风险。

(5) Delta(用字母 δ 表示)：表示期货、期权等衍生产品的价格相对于其标的资产价格变化的敏感程度，用于度量商品价格风险或股票价格风险。

(6) Gamma(用字母 γ 表示)：表示 Delta 本身相对于其标的资产价格变化的敏感程度，通常，Gamma 与 Delta 配合使用，以提高商品价格风险或股票价格风险度量的精度。

(7) Vega(用字母 ν 表示)：表示衍生产品的价格相对于其波动率变化的敏感程度，用于度量商品价格风险或股票价格风险。

(8) Theta(用字母 θ 表示)：表示衍生产品的价格相对于距其到期日时间长度变化的敏感程度。

(9) Rho(用字母 ρ 表示)：表示衍生产品的价格对利率水平变化的敏感程度，用于衡量利率风险。

（二）绝对度量指标

绝对度量指标主要是测量市场因素的变化与金融资产组合收益变化之间的关系。绝对度量指标主要有以下 2 个：

(1) 方差 (或标准差)：方差具有良好的统计特性，被广泛运用于度量金融资产组合的风险。方差作为金融资产风险的度量指标被学术界和实务界广泛接受。

(2) 风险价值 (VaR)：风险价值代表了目前市场风险度量的最佳实践。由于该方法能简单清晰地表示金融资产头寸的市场风险大小，又有比较严谨系统的统计理论作为基础，因此得到了国际金融理论和实业界的广泛认可。国际银行业巴塞尔委员会也利用 VaR 模型所估计的市场风险来确定银行以及其他金融机构的资本充足率。

二、市场风险度量方法

随着经济的发展，市场风险度量的方法也在不断演变。此处将简单介绍几种常见的市场风险度量方法。

（一）名义值度量法

由于人们有可能损失掉市场交易活动中资产组合的全部价值，所以人们最初选用了名义值度量法来测度市场风险，即用资产组合的价值作为该组合 (泛指资产组合) 的市场风险值。

显然，损失掉资产组合的全部价值仅仅是市场风险的极端情形，在大多数情况下损失的只是资产组合的部分价值。因此，名义值度量法仅仅是对资产组合市场风险的一个很粗糙的估计，而且该方法一般会高估市场风险的大小。名义值度量法十分方便简单，不需要进行进一步复杂的计算。如果资产组合持有者具有很高的风险厌恶，可选用该方法来估量市场风险。

（二）灵敏度分析法

影响金融资产或组合的因素有很多，在风险识别的基础上虽然可以初步判断出哪些或哪一类风险因子的影响力最大，但是，在识别风险时找出关键的风险因子以构建因子与资产损益的对应关系进而判断资产的风险大小，即风险因子的敏感性 (又称灵敏度) 才是人们关注的重点。灵敏度分析法最早应用在利率风险的度量上，资产的利率风险一般被表述为资产价格变动的百分比对到期收益率变动的敏感性。

灵敏度是指市场因子 (即影响市场价格因素) 变化一个单位所引起的资产组合价值变化的程度，又称敏感系数。敏感系数的数学表达式为

$$\frac{\Delta P}{P} = D \times \frac{\Delta x}{x} \tag{6-1}$$

式中，P 表示资产组合的价值；ΔP 表示资产组合价值的变化量；D 表示敏感系数；x 表示市场因子，即影响市场价格因素；Δx 表示市场因子的变化量。

灵敏度分析法可以通过泰勒展式近似得到资产组合价值随市场因子变化的二阶形式来展现，其表达式为

$$\Delta P \approx \frac{\partial P}{\partial t}\Delta t + \sum_{i=1}^{n}\frac{\partial P}{\partial x_i}\Delta x_i + \frac{1}{2}\sum_{i,j=1}^{n}\frac{\partial^2 P}{\partial x_i \partial x_j}\Delta x_i \cdot \Delta x_j \tag{6-2}$$

式中，$\Delta P = P(t + \Delta t, x_1 + \Delta x_1, x_2 + \Delta x_2, \cdots, x_n + \Delta x_n) - P(t, x_1, x_2, \cdots, x_n)$ 表示资产组合价值的变化量；Δt 表示时间的变化量；$\frac{\partial P}{\partial t}$ 表示资产组合对时间 t 的敏感系数；$\frac{\partial P}{\partial x_i}$ 表示资产组合对市场因子 x_i 的一阶敏感系数；Δx_i 表示市场因子 x_i 的变化量；Δx_j 表示市场因子 x_j 的变化量；$\frac{\partial^2 P}{\partial x_i \partial x_j}$ 表示资产组合对市场因子 x_i 及 x_j 的二阶敏感系数。

对于不同的金融工具和不同的市场因子，我们可以利用此二阶形式得出不同的灵敏度分析模型。此处将简单介绍几种常用模型。

1. 简单缺口模型

简单缺口模型主要考察经营者所持有的各种金融产品的缺口或净暴露情况，以及市场因子变动的幅度。净暴露是指正暴露与负暴露之差的绝对值。正暴露是指有可能获得额外收益的金融产品的暴露，负暴露是指有可能遭受损失的金融产品的暴露。缺口或净暴露越

大，经营者面临的风险就越大；反之，缺口或净暴露越小，经营者面临的风险就越小。

简单缺口模型主要应用于汇率、利率、证券与衍生品等风险的度量。但是该模型没有考虑期限对风险的影响，或者是说没有考虑正暴露和负暴露的期限结构对风险的影响。

2. 利率敏感性缺口模型或到期日缺口模型

利率敏感性缺口是指利率敏感性资产与利率敏感性负债之差，如果资产大于负债就是正缺口，如果资产小于负债就是负缺口。

到期日缺口模型就是先根据资产负债的结构情况，将考察期划分成相应的时间区间，在每个时间区间上得到敏感性缺口，加总考核期内所有时间区间的敏感性缺口得到敏感性总缺口，再根据某市场因子的变动幅度得到经营者所面临的收入变化，并据此度量经营者所面临的风险。

到期日缺口模型就是先根据资产负债的结构情况，将考察期划分成相应的时间区间，在每个时间区间上得到敏感性缺口，加总考察期内所有时间区间的敏感性缺口得到敏感性总缺口，再根据某市场因子的变动幅度，得到经营者所面临的收入变化，并据此度量经营者所面临的风险。利用到期日缺口模型度量金融风险的基本公式为

$$\Delta I = \mathrm{GRSG} \times \Delta R \tag{6-3}$$

式中，ΔI 表示经营者所面临的收入变化；GRSG 表示敏感性总缺口；ΔR 表示某市场因子的变动幅度。

当市场因子为利率时，利率的变动对经营者收入的影响取决于敏感性总缺口和利率的变动幅度。在利率对资产和负债的变化完全一致时有以下情况：

(1) 零缺口：利率风险处于"免疫"状态，因此在现实中，即使资金缺口为零，利率变动也会影响到净利息收入。

(2) 正缺口：利率上升获利，利率下降受损。

(3) 负缺口：利率上升受损，利率下降获利。

由此可得，当银行预期利率上升时，应采取正缺口策略；当银行预期利率下降时，应采取负缺口策略。

到期日缺口模型计算简单，便于实施。但是，到期日缺口模型也有如下缺点：

(1) 没有考虑资产和负债所面临的市场风险。

(2) 以经营者的资产负债表为基础，不能体现表外项目的市场风险。

(3) 考察期的划分不可避免地存在着误差。

3. 久期

1) 久期的计算公式

此处我们将以债券为例得出久期的计算公式。假设：债券的面值为 F、到期日为 T，第 t 期的利息为 C_t，贴现率为 x，根据现金流贴现的原理可知债券定价的基本公式为

$$P = \sum_{t=1}^{T} \frac{C_t}{(1+x)^t} + \frac{F}{(1+x)^T} \tag{6-4}$$

为了计算简便，将 C_t 的含义扩展为第 t 期的现金流，那么债券价格 P 的简化公式为

$$P = \sum_{t=1}^{T} \frac{C_t}{(1+x)^t} \qquad (6\text{-}5)$$

式中，P 表示债券价格；x 表示收益率；T 表示债券的到期期限；C_t 表示第 t 期的现金流。

从简化公式可以看出，债券的到期期限 T 及债券的现金流都是可以事先确定的，贴现率 x 是变化的且能够引起债券价格的变化，即债券存在利率风险。把债券价格 P 看作贴现率 x 的函数，即

$$P = P(x) \qquad (6\text{-}6)$$

根据泰勒展式可以得到债券价格变化的一阶近似值为

$$\mathrm{d}P = P(x+\mathrm{d}x) - P(x) \approx \frac{\mathrm{d}P}{\mathrm{d}x} \cdot \mathrm{d}x \qquad (6\text{-}7)$$

结合债券定价的简化公式可得

$$\mathrm{d}P = -\sum_{t=1}^{T} \frac{tC_t}{(1+x)^{t+1}} \ \mathrm{d}x = -\sum_{t=1}^{T} t \frac{\dfrac{C_t}{(1+x)^t}}{\displaystyle\sum_{t=1}^{T} \frac{C_t}{(1+x)^t}} \cdot \frac{P\mathrm{d}x}{1+x} = -\frac{D}{1+x} \cdot P \cdot \mathrm{d}x \qquad (6\text{-}8)$$

从式 (6-8) 中得出 D 的计算公式为

$$D = -\frac{1+x}{P} \frac{\mathrm{d}P}{\mathrm{d}x} = \sum_{t=1}^{T} t \frac{\dfrac{C_t}{(1+x)^t}}{\displaystyle\sum_{t=1}^{T} \frac{C_t}{(1+x)^t}} = \sum_{t=1}^{T} t \cdot w_t \qquad (6\text{-}9)$$

式中，D 表示久期；P 表示债券价格；$\mathrm{d}P$ 表示债券价格的变化量；x 表示收益率；$\mathrm{d}x$ 表示收益率的变化量；T 表示债券的到期期限；w_t 表示债券未来每期现金流的现值与各期现金流现值之和的比值，称为权重。

由久期计算公式可以得出：

(1) 久期可以看作是债券价格 P 对贴现因子 $1+x$ 的弹性，表示因子变化 1% 时，债券价格 P 将反向变化 D%，因此，久期反映债券价格对贴现率的敏感性。

(2) 久期以债券未来每期现金流的现值与各期现金流现值之和的比值为权重 w_t，从而计算债券加权平均到期日。

在应用时为了便于计算和分析，有时可以将公式 (6-9) 进一步简化为调整久期或修正久期，公式为

$$D^* = -\frac{1}{P} \frac{\mathrm{d}P}{\mathrm{d}x} = \frac{D}{1+x} \qquad (6\text{-}10)$$

2) 久期的性质及特点

由于现实生活中大数据技术的普及、债券的多样性及市场的复杂性，那么在计算久期时需根据具体应用对计算公式进行分析及变形，进而得出久期的相关性质及特点。

根据久期的计算公式可以得出久期具有以下性质：

(1) 息票债券的久期与息票率之间呈反向关系。

(2) 久期与贴现率之间呈反向关系。

(3) 债券到期日与久期之间呈正向关系。

(4) 债券组合的久期是该组合中各债券久期的加权平均。

(5) 零息债券的久期是其到期期限。

根据久期的计算公式及应用经验可总结出久期具有以下特点：

(1) 修正久期越大，收益率上升所引起的债券价格下降幅度就越大，而收益率下降所引起的债券价格上升幅度也越大。

(2) 同等要素条件下，修正久期小的债券比修正久期大的债券抗利率上升风险能力强，但抗利率下降风险能力较弱。

(3) 当利率水平有可能上升时，需集中投资于短期品种、缩短债券久期；当利率水平有可能下降时，需拉长债券久期、加大长期债券的投资，这就可以帮助我们在债券市场的上涨中获得更高的溢价。

(4) 久期存在一定的缺陷：久期在计算时对不同期限的现金流采用了相同贴现率，这与实际常常不符；久期仅仅考虑了收益率曲线平移对债券价格的影响，没有考虑不同期限的贴现率变动的不同步性；久期仅仅考虑了债券价格变化和贴现率变化之间的线性关系，只适用于贴现率变化很小的情况。

3) 久期缺口模型

以债券为例，我们得出了久期的相关理论，那么以经营者为例，此处只简单介绍缺口模型。

设某经营者的资产和负债的价值分别为 P_A 和 P_L，根据久期的计算公式可得出资产和负债的价值随贴现率变化的表达式分别为

$$\frac{\Delta P_A}{P_A} = -\frac{D_A}{1+x} \cdot \Delta x \tag{6-11}$$

$$\frac{\Delta P_L}{P_L} = \frac{D_L}{1+x} \cdot \Delta x \tag{6-12}$$

式中，D_A 和 D_L 分别为资产和负债的久期，那么经营者的资产负债净现值的变化与贴现率或利率 x 变化之间的关系为

$$\Delta P_A - \Delta P_L = -(D_A - \frac{P_L}{P_A} D_L)\frac{P_A \cdot \Delta x}{1+x} = -DG\frac{P_A \cdot \Delta x}{1+x} \tag{6-13}$$

式中，$DG = (D_A - \frac{P_L}{P_A} D_L)$ 表示久期缺口；$\frac{P_L}{P_A}$ 表示资产负债率。

从式 (6-13) 可以得出：当资产价值与利率变化量这两个变量的大小保持不变时，经营者的资产负债净现值与贴现率或利率呈反向变化。

久期缺口模型考虑了每笔现金流量的时间价值，避免了到期日缺口模型中因时间区间

划分不当而可能带来的误差，因此久期缺口模型比到期日缺口模型更加精确。但是久期缺口模型的计算较为复杂，对小规模的金融机构可能不够经济。

4. 凸性

1) 凸性的计算公式

在久期的计算公式的推导过程中可知：根据泰勒展式得到的债券价格变化的一阶近似值公式表示的是贴现率从 x 变化为 $x+dx$ 时债券价格的变化。显然，当 dx 较大时，一阶近似值的误差就会变大，那么我们可以精确到债券价格变化关于利率变动的二阶估计值，公式为

$$dP = P(x+dx) - P(x) \approx \frac{dP}{dx} \cdot dx + \frac{1}{2}\frac{d^2P}{dx^2} \cdot (dx)^2 \tag{6-14}$$

结合二阶泰勒展式和久期公式可以得到公式

$$dP = (\frac{1}{P}\frac{dP}{dx} + \frac{1}{2P}\frac{d^2P}{dx^2} \cdot dx) \cdot P \cdot dx = -(\frac{D}{1+x} - \frac{1}{2}C \cdot dx) \cdot P \cdot dx \tag{6-15}$$

$$C = \frac{1}{P}\frac{d^2P}{dx^2} = \frac{1}{P}\frac{1}{(1+x)^2}\sum_{t=1}^{T}\frac{t(t+1)C_t}{(1+x)^t} \tag{6-16}$$

式中，C 表示凸性；P 表示债券价格；x 表示收益率；T 表示债券的到期期限；C_t 表示第 t 期的现金流。

从几何角度来看，凸性实质上是债券价格关于贴现率曲线的弯曲程度的度量。弯曲程度越大，债券的凸性就越大。与久期相类似，凸性是由债券的现金流结构和贴现率决定的。凸性可以度量债券面临的利率风险的非线性部分，所以能够对久期估计的误差进行有效的校正。当贴现率波动较大时，凸性的校正作用比较明显。

对于内含期权以及其他现金流不确定的利率衍生产品可定义有效凸性，其公式为

$$C_E = \frac{\dfrac{P_- - P}{P\Delta x} - \dfrac{P - P_+}{P\Delta x}}{\Delta x} \tag{6-17}$$

式中，C_E 表示有效凸性；P_- 表示利率下降 Δx 时的价格；P_+ 表示利率上升 Δx 时的价格。

从凸性的计算公式的推导过程中可以得出：凸性与久期的理论依据是相同的。那么我们也可以进一步得到凸性的相关性质。

2) 凸性的性质

根据凸性的计算公式可以得出凸性具有以下性质：

(1) 贴现率增加会使得债券价格减少的幅度比久期的线性估计值要小，而贴现率减少会使得债券价格增加的幅度比久期的线性估计值要大。

(2) 通常，债券的到期期限越长，债券的凸性越大，并且债券凸性增加的速度随到期期限的增加越来越快。

(3) 债券组合的凸性是组合内各种债券凸性的加权平均。

5. β 系数和风险因子敏感系数

1) β 系数与资本定价模型

β 系数是由威廉·夏普 (1964) 等人提出的资产定价模型中给出的。资本定价模型表明：在证券市场处于均衡状态时，单个证券的超额期望收益率 (也称为风险升水) 等于市场组合的超额期望收益率的 β 倍。

根据资本定价模型，在证券市场处于均衡状态时有：

$$E(r_i) - r_f = \beta_i(E(r_M) - r_f) \tag{6-18}$$

式中，$E(r_i)$ 为证券 i 的期望收益率；$E(r_M)$ 为市场组合的期望收益率；r_f 为无风险利率；

$\beta_i = \dfrac{Cov(r_i, r_M)}{Var(r_M)}$ 为 β 系数。

根据 β 系数的定义可知：

(1) 实际上，β 系数反映了证券 i 的超额期望收益率对市场组合超额期望收益率的敏感性。

(2) β 系数满足可加性。

(3) 当 β 系数取正值时，说明所考察的证券与市场组合的走势刚好一致；反之当 β 系数取负值时，说明所考察的证券与市场组合的走势不一致。

(4) 当 β 系数的绝对值等于 1 时，证券的系统风险与市场组合相同；当 β 系数的绝对值大于 1 时，证券的系统风险大于市场组合；当 β 系数的绝对值小于 1 时，证券的系统风险小于市场组合。

2) 风险因子敏感系数和套利定价模型

风险因子敏感系数源自斯蒂芬·罗斯于 1976 年提出的套利定价理论 (APT)：证券收益率不仅受到市场组合的影响，还可能受到通货膨胀、证券市场综合指数等许多因素的共同影响，并可以用线性组合来表示，即套利定价理论的一般形式为

$$E(r_i) - r_f = \sum_{k=1}^{K} b_{ik} \lambda_k \tag{6-19}$$

式中，$E(r_i)$ 表示证券 i 的期望收益率；r_f 表示无风险利率；b_{ik} 称为第 k 个风险溢价因子 λ_k 的风险因子敏感系数，表示证券 i 的超额收益率对风险溢价因子 λ_k 的灵敏度；$\sum_{k=1}^{K} b_{ik} \lambda_k$ 表示因素风险收益率。

关于灵敏度分析法，本章只介绍了几种简单、常用的模型。在学习及实际应用中，一种金融工具也不可能用于对所有的模型进行反复地分析。那么，在满足使用条件的同时，为了提高效率，不同的金融工具就需要用不同的模型有针对性地进行分析。在实际应用中，经常使用久期和凸性模型对固定收益证券进行分析；用 β 系数对股票进行分析；用 δ、γ、θ、Λ、ρ (即 *Delta*、*Gamma*、*Theta*、*Vega*、*Rho*) 对衍生金融产品进行分析。

灵敏度分析法评述简明直观、应用方便，最适合用于由单个市场风险因子驱动的金融工具且市场因子变化很小的情形。但是灵敏度分析法可靠性难以保证，难以定义受多个市场风

险因子影响的资产组合的灵敏度指标，无法对不同市场因子驱动的风险大小进行横向比较，不能给出资产组合价值损失的具体数值。一阶灵敏度方法一般不考虑风险因子之间的相关性。

（三）波动性方法

波动性方法是用市场风险因子的变化导致的资产组合收益的波动程度来度量资产组合的市场风险。用波动性方法对单种资产风险及资产组合风险进行度量，实际上就是统计学中方差或标准差在风险度量中的应用。

1. 单种资产风险的度量

根据统计学理论，当假设某种金融资产收益率 r 为随机变量时，就可以用收益率的标准差 σ，即波动系数来度量该资产的风险。σ 越大说明该资产面临的市场风险越大；反之，σ 越小说明资产面临的市场风险越小。

在实际应用中，当无法准确地知道资产收益率的概率分布时，可利用随机变量 r 的若干个历史样本观测值来估计 r 的数学期望和标准差。

金融资产收益率 r 的数学期望为

$$\mu = \frac{1}{n} \sum_{i=1}^{n} r_i \tag{6-20}$$

金融资产收益率 r 的标准差为

$$\sigma = \sqrt{\frac{1}{n-1} \sum_{i=1}^{n} (r_i - \mu)^2} \tag{6-21}$$

式中，μ 表示金融资产收益率 r 的数学期望；σ 表示金融资产收益率 r 的标准差；r_i 表示金融资产收益率 r 的第 i 个观测值；n 表示金融资产收益率 r 的观测值的个数。

2. 资产组合风险的度量

假设资产组合 $w = (w_1, w_2, \cdots, w_n)^T$，$w_i$ 为第 i 项资产在组合中所占的比重，且满足 $\sum_{i=1}^{n} w_i = 1$；r_i 为随机变量，是第 i 项资产的收益率。那么资产组合的收益率为

$$r_p = \sum_{i=1}^{n} w_i r_i \tag{6-22}$$

资产组合收益率的数学期望为

$$\mu_p = E(r_p) = \sum_{i=1}^{n} w_i \mu_i \tag{6-23}$$

资产组合收益率的方差为

$$\sigma_p^2 = \sum_{i=1}^{n} \sum_{j=1}^{n} w_i w_j Cov(r_i, r_j) = \sum_{i=1}^{n} \sum_{j=1}^{n} w_i w_j \rho_{ij} \sigma_i \sigma_j \tag{6-24}$$

式中，μ_i 和 σ_i 分别表示第 i 项资产的收益率 r_i 的期望和标准差；$Cov(r_i, r_j)$ 和 $\rho_{ij}(i, j = 1, 2, \cdots, n)$

分别表示 r_i 与 r_j 的协方差和相关系数。

在实际应用中，当无法准确地知道资产组合收益率的概率分布时，就很难确定 μ_i、σ_i 及 ρ_{ij}，此时我们也可以利用 r_i 的历史数据来估计这些变量。

(1) 我们可以直接利用单种资产风险的度量中金融资产收益率数学期望和标准差的公式对 μ_i 和 σ_i 进行估计。

(2) 关于相关系数的估计，可运用无偏估计公式，进而资产组合收益率的相关系数为

$$\rho_{ij} = \frac{\dfrac{1}{m-1}\sum_{k=1}^{m}(r_{i,k}-\mu_i)(r_{j,k}-\mu_j)}{\sigma_i\sigma_j} \tag{6-25}$$

式中，$r_{i,k}$ 表示第 i 种资产的第 k 个样本观测值。

波动性方法含义清楚，应用也比较简单。但是，对资产组合未来收益概率分布的准确估计比较困难；波动性方法仅描述资产组合未来收益的波动程度，并不能说明资产组合价值变化的方向；无法给出资产组合价值变化的具体数值。

（四）风险价值法

2004 年发布的《新巴塞尔协议》主张用风险价值模型对商业银行进行综合管理。目前，风险价值法在金融风险度量、确定内部经济资本需求、设定风险限额、绩效评估及金融监管等方面有着广泛的应用，风险价值法已成为市场风险度量的主流方法。

1. 风险价值法概述

风险价值 (Value at Risk，VaR) 也称为直观价值，是指市场处于正常波动的状态下，对应于给定的置信度，投资组合或资产组合在未来特定的一段时间内所遭受的最大可能损失。

根据定义可知：

(1) VaR 方法仅在市场处于正常波动的状态下才有效，无法准确度量极端情形时的风险。

(2) VaR 值是一个概括性的风险度量值，具有可比性。

(3) 置信度和持有期是影响 VaR 值的两个基本参数，两者的选择将直接影响计算出来的 VaR 值。

1) 持有期的选择和设定需考虑的因素

(1) 考虑组合收益率分布的确定方式。

① 直接假定 (正态) 分布，持有期越短，计算值越有效、可靠。

② 历史样本数据来模拟收益率的概率分布。持有期越长，数据历史跨度就越长，时间越久，数据越难获得且包含的信息越少，进而数据处理及计算模拟就越复杂、操作成本越高，因此应选择较短的持有期。

(2) 考虑组合所处市场的流动性和所持组合头寸交易的频繁性。

① 计算 VaR 值时，一般假定持有期内组合的头寸保持不变。

② 无视持有期内组合头寸的变化而得到的 VaR 值是不可靠的，为保证 VaR 值的可靠性应选择较短的持有期。若市场流动性较差，投资者调整头寸的频率和可能性比较小，则宜选择较长的持有期。

③ 1997 年底生效的巴塞尔委员会的资本充足性条款，将内部模型使用的持有期设定为 10 个交易日。

2) 置信度的选择和设定需考虑的因素

(1) 考虑历史数据的可得性、充分性。为保证分析方法的可靠性及稳定性，需要设置较高置信度，进而就需要更多的历史样本数据。但是，过高的置信度会使得能计算出损失的历史数据就越少，分析方法的有效性和可靠性就无法保证，所以置信度的选择必须考虑历史数据的可得性。

(2) 在利用 VaR 对不同的金融机构的风险进行比较分析时，不同置信度下的 VaR 值的比较是没有意义的。

2. 风险价值的计算

根据 VaR 的概念可知：计算 VaR 值的核心问题是估计资产组合未来损益 ΔP 的概率分布。根据确定的 ΔP 的分布，VaR 的计算方法可以划分为收益率映射估值法和风险因子映射估值法。

1) 收益率映射估值法

收益率映射估值法是直接应用组合中资产的投资收益率 R 来确定 ΔP。

假设初始价值为 P_0，日投资收益率 R 服从 $E(R)=\mu, VaR(R)=\sigma^2$ 的正态分布，从而可得投资期末资产组合的价值和期望值分别为

$$P = P_0(1+R) \tag{6-26}$$
$$E(P) = P_0(1+\mu) \tag{6-27}$$

以组合的初始值为基点考察持有期内组合的价值变化，即

$$\Delta P_A = P - P_0 = P_0 R \tag{6-28}$$

由此求得的 VaR 称为绝对 VaR，记为 VaR_A；以持有期内组合的预期收益为基点考察持有期内组合的价值变化，即

$$\Delta P_R = P - E(P) = P_0(R-\mu) \tag{6-29}$$

由此求得的 VaR 称为相对 VaR，记为 VaR_R。

当求出 1 单位的 VaR 时，可直接利用时间加总公式求出持有期为 Δt 的 VaR。根据独立同分布随机变量的分布特征，组合在 Δt 日的投资收益率服从正态分布 $N(\Delta t \cdot \mu, \Delta t \cdot \sigma^2)$，则 Δt 日的绝对 VaR 和相对 VaR 分别为

$$VaR_A = P_0 \cdot (R - \mu \cdot \Delta t) \tag{6-30}$$
$$VaR_R = P_0 R \tag{6-31}$$

根据正态分布和标准正态分布之间的转换关系，投资组合在给定的置信水平 c 下的最小收益率 R^* 可以由下式决定

$$\mathrm{Pr}ob(R \leqslant R^*) = \mathrm{Pr}ob(\frac{R-\mu}{\sigma} \leqslant \frac{R^*-\mu}{\sigma}) = \mathrm{Pr}ob(Z \leqslant \frac{R^*-\mu}{\sigma}) = 1-c \qquad (6\text{-}32)$$

针对 $Z \leqslant \dfrac{R^*-\mu}{\sigma}$，我们取等号就可以得到

$$R^* = \mu + \sigma Z_{\alpha/2}$$
$$\mathrm{VaR}_A = P_0 R^* = P_0 \cdot (\sigma Z_{\alpha/2} + \mu) \qquad (6\text{-}33)$$
$$\mathrm{VaR}_R = P_0 (R^* - \mu) = P_0 \cdot \sigma \cdot Z_{\alpha/2}$$

持有期为 Δt 时，则有：

$$\mathrm{VaR}_A = P_0 \cdot (\sigma Z_{\alpha/2} \sqrt{\Delta t} + \mu \cdot \Delta t)$$
$$\mathrm{VaR}_R = P_0 \cdot \sigma \cdot Z_{\alpha/2} \sqrt{\Delta t} \qquad (6\text{-}34)$$

由此可知：计算 VaR 值只需要确定置信度、持有期和资产组合未来回报的概率分布这三个变量，其中前两者是风险管理者根据主观确定的，所以资产组合未来回报的概率分布将是确定 VaR 的关键。

在正态分布假设下，收益率映射估值法原理简单、应用更加方便。但是，投资收益率 R 的分布是根据历史数据确定的，当组合包含的资产种类和数量较多时，很难得到所有金融工具的历史数据。此外，组合中金融工具之间相关系数的确定常常是比较困难的，计算量大，我们可以采用风险因子映射估值法或主成分分析法。另外，正态分布的假设常常与实际中的尖峰厚尾现象不符，因此可以结合极值理论来分析问题。

2) 风险因子映射估值法

风险因子映射估值法是将组合价值表示成风险因子的函数，然后通过风险因子的变化来估计组合的未来损益分布。根据具体的操作可分为：

(1) 风险因子映射估值模拟法，即全部估值法，主要有历史模拟法和 Monte Carlo 模拟法。

(2) 风险因子映射估值分析法，即局部估值法，主要有基于 Delta、Gamma 等灵敏度指标的方法。

3. 边际 VaR、增量 VaR 和成分 VaR

在实际应用中，投资者或组合管理者会进一步了解构成组合的每项资产头寸以及每项资产头寸的调整变化对整个组合风险的影响。现在举例说明构成组合的每项资产的风险价值之和与风险组合的风险价值之间的关系。

例 6-1：一个由两种外汇投资组成的资产组合：加拿大元 (CAD) 和欧元 (EUR)。假定两种货币不相关，且波动性分别为 5%、12%。资产组合为投资 200 万美元于拿大元 (CAD)，投资 100 万美元于欧元 (EUR)，求在 95% 置信水平下的资产组合的 VaR 值。

解：根据题意可得

$$w_1 = \frac{200}{200+100} = \frac{2}{3}, w_2 = \frac{100}{200+100} = \frac{1}{3}, \sigma_1 = 5\%, \sigma_2 = 12\%, \rho_{12} = 0$$

$$\sigma_P^2 = w_1^2 \sigma_1^2 + w_2^2 \sigma_2^2 + 2w_1 w_2 \sigma_1 \sigma_2 \rho_{12} = \left(\frac{2}{3}\right)^2 \times 0.05^2 + \left(\frac{1}{3}\right)^2 \times 0.12^2 = \frac{61}{22500}$$

$$\text{VaR} = Z_{\alpha/2} \sigma P = 1.65 \times \sqrt{\frac{61}{22500}} \times 300 = 25.7738$$

在此题中加拿大元 (CAD) 和欧元 (EUR) 各自的 VaR 值分别为

$$\text{VaR}_1 = Z_{\alpha/2} \sigma_1 P_1 = 1.65 \times 0.05 \times 200 = 16.5$$

$$\text{VaR}_2 = Z_{\alpha/2} \sigma_2 P_2 = 1.65 \times 0.12 \times 100 = 19.8$$

由此可得

$$\text{VaR} \neq \text{VaR}_1 + \text{VaR}_2$$

当 $\rho_{12} = 1$ 时，有 $\text{VaR} = 36.3 = \text{VaR}_1 + \text{VaR}_2$，即当组合中各资产之间均完全正相关时，组合中各项资产独立的 VaR_i 之和等于组合的 VaR。

结果说明：构成组合的每项资产的风险价值之和与风险组合的风险价值不相等。也就是说根据资产组合原理，此时的投资组合将起不到任何分散风险的作用。换言之，对于资产组合管理者而言，知道各项资产的 VaR 对于了解组合总体风险的主要来源并不能提供有意义的参考价值。因此，要了解各资产对组合总体风险的贡献大小，还需要对组合的 VaR 进行分解，进而引入边际 VaR、增量 VaR 和成分 VaR。

1) 边际 VaR(Marginal VaR，M-VaR)

假设资产组合 $w = (w_1, \cdots, w_n)^T$，所谓的边际 VaR 是指资产组合中资产的头寸变化而导致的组合 VaR 的变化，其数学表达式为

$$\text{M-VaR}_i = \frac{\partial \text{VaR}(w)}{\partial w_i} \tag{6-35}$$

式中，$\frac{\partial \text{VaR}(w)}{\partial w_i}$ 表示资产组合的风险价值 (即 VaR) 对资产 w_i 求偏导，进而得到 M-VaR。

2) 增量 VaR(Incremental VaR，I-VaR)

投资者或组合管理者通常都需要考虑是否在原来的资产组合中增加或剔除一项或几项资产，也就是要考虑增加或剔除资产后资产组合风险状况的变化，为此我们引入了增量 VaR 的概念。

假设原来的资产组合为 $w = (w_1, \cdots, w_n)^T$，如果在调整资产组合时在此基础上新增另一个资产组合 $dw = (dw_1, \cdots, dw_n)^T$，并将调整后的资产组合的 VaR 记为 $\text{VaR}(w + dw)$，那么增量 VaR 被定义为

$$\text{I-VaR}(dw) = \text{VaR}(w + dw) - \text{VaR}(w) \tag{6-36}$$

由式 (6-33) 可以看出，I-VaR 的值可以取正值，也可以取负值。

(1) I-VaR＞0 表示加入新资产后资产组合的 VaR 增加了。

(2) I-VaR = 0 表示加入新资产后资产组合的 VaR 不受影响。

(3) I-VaR＜0 表示加入新资产后资产组合的 VaR 减少了。

3) 成分 VaR(Component VaR，C-VaR)

若资产组合 $w = (w_1, \cdots, w_n)^{\mathrm{T}}$ 中资产 i 的 VaR(记为 C-VaR$_i$) 满足可加性，即

$$VaR(w) = \sum_{i=1}^{n} \text{C-VaR}_i \tag{6-37}$$

则称 C-VaR$_i$ 为该资产 i 的成分 VaR。

根据 C-VaR 的定义可以得出 C-VaR 的四个特性：

(1) 组合中所有资产的成分 VaR 之和恰好等于组合的 VaR。

(2) 资产 i 的成分 VaR 恰好为资产对组合 VaR 的贡献份额。

(3) 若某资产的成分 VaR 为负，则表明该资产可对冲组合其余部分的风险，且对冲量为成分 VaR。

(4) 当资产组合的 n 维收益率向量 R 服从 n 维正态分布时，$VaR(w) = \sum_{i=1}^{n} w_i \dfrac{\partial VaR(w)}{\partial w_i}$。资产 i 的成分 VaR 为

$$\text{C-VaR}_i = w_i \frac{\partial VaR(w)}{\partial w_i} = w_i \cdot (\text{M-VaR}_i) \tag{6-38}$$

4) 边际 VaR、增量 VaR 和成分 VaR 之间的关系

在经济学中的欧拉定理可表述为：产量和生产要素 L、K 的关系表述为 $Q = Q(L, K)$。如果该函数具体的形式是一次齐次的，那么就有

$$Q = L \cdot \frac{\partial Q}{\partial L} + K \cdot \frac{\partial Q}{\partial K} \tag{6-39}$$

根据欧拉定理可以得出

$$VaR_p = VaR(w) = \sum_{i=1}^{n} (\text{C-VaR}_i) = \sum_{i=1}^{n} w_i \frac{\partial VaR(w)}{\partial w_i} = \sum_{i=1}^{n} w_i \cdot (\text{M-VaR}_i) \tag{6-40}$$

从而也可以得到

$$\text{C-VaR}_i = w_i \frac{\partial VaR(w)}{\partial w_i} = w_i \cdot (\text{M-VaR}_i) \tag{6-41}$$

根据 I-VaR 的定义可以得出

$$\text{I-VaR}(dw) = VaR(w + dw) - VaR(w) = \sum_{i=1}^{n} (w_i + dw_i) \cdot (\text{M-VaR}) - \sum_{i=1}^{n} w_i \cdot (\text{M-VaR}) \tag{6-42}$$

由此可知：某组合的成分 VaR 和增量 VaR 都可以用组合中各项资产的边际 VaR 求得。

4. 风险价值方法的优缺点

1) VaR 方法的优点

(1) VaR 方法可以测量不同风险因子、不同金融工具构成的复杂资产组合，以及不同业务部门所面临的总体风险。

(2) VaR 方法提供了一个概括性的且具有可比性的风险度量值，该方法比较直观、易于理解，同时具有简便、有效、实用的特点。

(3) VaR 方法更能体现出投资组合分散化对降低风险的作用。

2) VaR 方法的缺点

(1) 决定组合价值变化的风险因子在未来的发展变化同过去的行为一致的隐含假定与实际不符。

(2) 正态性假设不能准确刻画资产收益率分布经常出现的尖峰、厚尾、非对称等分布特征。

(3) 基于同样的历史数据，运用不同方法计算所得的 VaR 值往往差异较大。

(4) 不能准确度量金融市场处于极端情形时的风险。

(5) 对组合损益的尾部特征的描述并不充分，从而对风险的刻画也不完全。

(6) VaR 方法得到的是统计意义上的结论，对个体所得结论并不确定。

(7) 计算 VaR 值时，对历史数据的搜集、处理一般比较繁杂，而且有时还无法获得相应的历史数据。同时，VaR 计算复杂，计算量也比较大。

5. 风险价值方法的补充

现实市场中的非正常波动或者极端波动的事件和情景时有发生，金融风险因子或金融资产价值的变化分布往往呈现出明显的"厚尾"特征，此时继续运用经典的 VaR 方法度量厚尾分布 (与正态分布比较，把峰度比正态分布高的分布称为厚尾分布) 事件的风险将有可能产生较大的估计偏差。目前，压力试验和极值理论是度量厚尾分布事件风险的两种基本方法。

1) 压力试验

压力试验是在模拟或构造未来可能出现的极端情景的基础上，对极端情景及其影响下的资产组合的价值变化作出评估和判断。压力试验主要有情景分析法和系统化压力试验两种方法。

(1) 情景分析法。情景分析法是最常用的压力试验方法，主要用于评估一个或几个市场风险因子突然从当前市场情景变化到某些极端情景或事件的过程中，市场风险因子的变化对资产组合价值变化的影响程度。各种情景分析法的实施主要包含情景构造与情景评估两个关键步骤。

① 情景构造主要有：典型情景构造，历史情景构造，VaR 情景构造，特殊事件假定法，蒙特卡罗 (Monte Carlo) 情景构造。

② 情景评估是根据资产定价理论和映射关系，得到市场极端情景 r_s 下资产组合的价值以及资产组合的当前市场价值；两者相减得到极端情景发生时资产组合价值在未来的一个变化量，进而对极端情景发生时资产组合价值未来的可能变化进行评估。情景评估是情景分析法的最终目的。

情景分析法可考察市场风险因子的极端变动的影响，能够用来评估市场风险因子波动率和相关系数发生极端变化时对资产组合价值的可能影响，可以使得金融机构的高层和风险管理部门能较为准确地评估和把握极端事件的影响，提高风险管理策略的有效性和可靠性。但是，根据历史构造的压力情景未必是未来的最坏情景；基于历史数据构造的压力情景很少考虑到资产组合自身的风险特征；压力情景的构造往往具有较大的主观性，压力情景仅能指出损失而不能给出可能性，而且不可能考虑到所有可能的压力情景。

(2) 系统化压力试验。系统化压力试验是在一定条件下，对影响资产组合价值 P 的风险因子 ($r_1, r_2, \cdots, r_n$) 采用数学或者统计的方法生成大量的市场情景，然后评估这些情景对资产组合价值变化的影响，从中搜寻资产组合的最坏情景，即导致资产组合价值损失最大的压力情景。

系统化压力试验既考虑了风险因子在历史上的极端变动，又考虑了未来潜在的所有可能压力情景，还考虑了资产组合的风险特征在确定其最坏情景过程中的作用，因而其本质上是一种前瞻性的情景分析法。系统化压力试验针对一系列不同的压力情景进行压力试验，因此更加系统化。

2) 极值理论

极值理论主要运用统计 (特别是极值统计) 理论和方法刻画资产组合价值变化的尾部统计特征，进而估计资产组合所面临的最大可能损失。极值理论主要包括：分块样本极值理论 (Block Maxima Method，BMM；对大量独立同分布样本分块后的极大值进行建模) 和超门限极值理论 (Peaks Over Threshold，POT；对超过给定阈值的样本数据进行建模)。

（五）蒙特卡罗（Monte Carlo）模拟法

美国研制原子弹的"曼哈顿计划"需要计算中子进入反应堆屏障的随机性运动，该计划运用计算机产生随机数的方法解决无法获得实际数据的难题。

1. 蒙特卡罗模拟法的概念

蒙特卡罗模拟法 (或称计算机随机模拟方法、随机抽样方法、统计试验方法) 是一种通过设定随机过程，反复生成时间序列，计算参数估计量和统计量，进而研究其分布特征的方法。蒙特卡罗模拟法的基本思想为：所求解问题是某随机事件 A 出现的概率 (或者是某随机变量 B 的期望值)。通过某种"实验"的方法，得出 A 事件出现的频率，以此估计出 A 事件出现的概率 (或者得到随机变量 B 的某些数字特征，得出 B 的期望值)。用比较抽象的概率语言描述蒙特卡罗模拟法解题的步骤为：构造一个概率空间 (W, A, P)，其中，W 是一个事件集合，A 是集合 W 的子集的全体，P 是在 A 上建立的某个概率测度；在这个概率空间中，选取一个随机变量 $q(W)$，使得这个随机变量的期望值正好是所要求的解 Q，然后用 $q(W)$ 的简单子样的算术平均值作为 Q 的近似值。

2. 蒙特卡罗模拟法的应用

蒙特卡罗 (Monte Carlo) 模拟法应用领域十分广泛。

(1) 求解确定性问题，如积分的数值计算、各类方程的求解等。首先，针对所要研究的确定性问题中已存在的事实建立概率模型或随机过程，使概率模型或随机过程的参数等于问题的解；然后，通过对模型的反复观察或抽样试验计算所求参数的统计特征；最后，输出所求解的近似值，并估计解的精度。

(2) 求解随机性问题，如运筹学中的库存问题，随机服务系统中的排队问题，金融资产价格的变化问题等。首先，针对问题中的随机现象建立随机模型；然后，对模型中的随机变量确定抽样方法，通过计算机模拟产生所需要的随机数，得到模型中随机变量的有关特征数值；最后，根据随机模型确定的解和相关随机变量的某些特征数字之间的函数关系，计算出问题的近似解。求解随机性问题的 Monte Carlo 模拟法的成功实施主要取决三个基本要素：模拟随机变量未来变化路径的随机模型的准确性，每次模拟的独立性，足够多的模拟次数。

本节将简单介绍通过 Monte Carlo 模拟法计算资产组合 VaR 所涉及的有关金融的随机性问题。

(1) 基于 Monte Carlo 模拟法计算 VaR 的步骤。

① 识别风险因子变量，建立资产组合价值与风险因子之间的映射关系。

② 对风险因子未来变化进行随机模拟，得到各个风险因子未来变化的一条样本轨道。

③ 利用第①步给出的映射关系计算组合价值及组合价值的变化值。

④ 不断重复第②与第③步，直至达到模拟要求的次数。

⑤ 基于损益分布计算置信度下的 VaR。

(2) 基于 Monte Carlo 模拟法计算 VaR 的评述。

① 基于 Monte Carlo 模拟法计算 VaR 的优势。第一，与历史模拟法相比，Monte Carlo 模拟法不必受到历史数据在数量与质量等方面所存在的种种制约，其结果更精确，可以产生大量关于风险因子未来取值的模拟样本，可以最大程度地将风险因子未来变化的各种可能情景模拟出来。第二，Monte Carlo 模拟法是一种完全估值法，可以处理非线性、非正态问题。第三，通过建立随机模型并对模型中的相关参数进行估计和修正，从而使得对风险因子变化的模拟更加贴近现实。第四，可以借助计算机来完成，从而大大提高有效性和精确性。

② 基于 Monte Carlo 模拟法计算 VaR 的不足。第一，依赖于随机模型以及估计模型参数的历史数据，存在模型风险和参数估计误差。第二，伪随机数可能导致模拟错误和失效。第三，收敛速度慢、计算效率低，计算量大。第四，随机模拟次数不够多时，方差比较大。第五，对小区间内变化用静态方法处理会产生相应偏差，分割数过少会大大地加剧该偏差。

3. 蒙特卡罗模拟法的改进与扩展介绍

对 Monte Carlo 模拟法的改进和扩展主要体现在三方面。第一方面，降低伪随机数的集聚性，合理减少风险因子数量，以提高计算效率和收敛速度。第二方面，降低样本的方差，以提高计算的准确性。第三方面，引入马尔可夫过程 (Markov process)，以降低用静态方法处理时所产生的偏差。

(1) 对收敛速度和计算效率的改进主要有两种方法。第一，拟 Monte Carlo 方法：用预先设定的确定性方法在空间中产生一些低偏差的拟随机数，能够更加均匀地分布在间隔域中；收敛速度更快，从而计算精度更高。第二，情景 Monte Carlo 模拟法：先采用主成分分析方法，从众多风险因子中提取少数几个主成分，再进行下一步的模拟。由于各个主成分的所有可能不同组合的个数有限，因此能够提高计算的速度和效率。

(2) 对降低样本方差的改进主要有五种方法。第一，镜像变量法：抽取标准正态随机变量的样本 ε 时，取其相反数 $-\varepsilon$ 为另一个样本。第二，控制变量法：假设有两种金融衍生工具 A 和 B，如果工具 B 存在着封闭的定价公式，则可以利用工具 B 的定价误差来对工具 A 的定价结果进行调整。第三，重要抽样法：通过变换随机样本的概率测度，以适当加大对研究问题具有重要影响的样本出现的可能性。第四，分层抽样法：为避免不能抽取到随机变量在某些取值范围内的样本，可以设法将拟要抽取的样本比较均匀地分布在随机变量的取值空间中。第五，矩匹配法：在模拟生成某个分布的样本时，可以对已经生成的样本进行一个变换，使得变换之后样本的某些矩与被模拟分布理论上的矩保持一致；然后将变换后的样本运用到定价或者是 VaR 估计中去。

第三节　市场风险管理

市场风险管理是指风险识别、风险计量、风险监测和风险控制的全过程。本节我们将以商业银行为例来介绍市场风险管理。

市场风险管理的主要目标是通过对市场风险在商业银行可以承受的合理范围内加以控制，实现风险调整后的收益率最大化。那么，商业银行只有能够充分识别、准确计量、持续监测，以及适当控制所有交易和非交易业务中的市场风险，才能确保在合理的市场风险水平之下安全、稳健经营。进而，商业银行所承担的市场风险水平应当与其市场风险管理能力和资本实力相匹配。为了确保有效实施市场风险管理，商业银行应当具有完善的市场风险管理体系、合理的市场风险管理流程、能够将市场风险的管理与全行的战略规划、业务决策和财务预算等经营管理活动，并将这些进行有机结合。

一、市场风险管理体系

《商业银行市场风险管理指引》第六条指出商业银行应当建立与本行的业务性质、规模和复杂程度相适应的、完善的、可靠的市场风险管理体系。

商业银行需要将其内部结构、管理程序等与市场风险管理有关的所有要素结合起来才能形成风险管理系统，因此市场风险管理体系的基本要素主要包括以下几个：

(1) 董事会和高级管理层的有效监控。

(2) 完善的市场风险管理政策和程序。

(3) 完善的市场风险识别、计量、监测和控制程序。

(4) 完善的内部控制和独认的外部审计。

(5) 适当的市场风险资本分配机制。

虽然不同行业的内部结构、管理系统与风险管理措施和政策等方面的不一致会导致市场风险管理体系的具体内容也有所差异，但是不同行业的市场风险管理体系的基本要素基本相同。

二、市场风险管理流程

为了确保有效实施市场风险管理、实现风险管理目标，商业银行必须按照一定的步骤用定性和定量相结合的方法来管理市场风险。

（一）市场风险管理一般步骤

市场风险管理一般步骤如下：

(1) 收集全部交易数据记录。

(2) 汇总交易记录形成交易组合。

(3) 将决定组合价值的因子分解成基本潜在因子。

(4) 相关风险因子的现行市场价分解后的资产组合定价并确定组合收益。

(5) 通过运用一套模拟市场价格对资产组合进行重新定价来计量风险大小。

（二）市场风险管理流程中的注意事项

风险管理是一个应变的过程，那么在复杂的实际情况下就需要关注一些容易出现系统失误的地方。

1. 定性管理中的注意事项

定性管理应在董事会和高级管理层监督管理之下，建立完善的治理机构、组织结构、政策程序、管理流程、信息报告、内审流程等。定性管理时主要注意以下六个方面：

(1) 确定由董事会主导的统一的市场风险管理概念。

(2) 确定适应业务流程和性质的市场风险组织架构。

(3) 建立与时俱进的市场风险管理政策和程序。

(4) 明晰市场风险报告路径、报告频率和反馈机制。

(5) 建立内部市场风险监督审核机制和对外信息披露机制。

(6) 建立高素质市场风险管理队伍。

2. 定量管理中的注意事项

定量管理的关键是利用相应的模型对市场风险进行计量，既然需要利用模型得出一定的结果，就需要有一定的前提条件，即在定量管理中要注意一些事项。

(1) 风险管理人员进行定量管理时，在银行所承担的市场风险与资本实力相匹配的前提下，市场风险内部模型必须整合到业务管理流程中。参照内部模型和风险计量系统结果，结合管理经验确定市场风险预算、设置市场风险限额，从而作出科学决策。

(2) 风险管理人员应充分了解并确认每种金融产品的价格风险的因素。风险管理人员在进行风险管理时应尽可能明确所有会产生价格风险的市场因素，并定期确认金融工具评估公式的正确性与适用性。金融产品中带来价格风险的市场因素如表 6.1 所示。

表 6.1 金融产品中带来价格风险的市场因素

产品 / 市场因素	汇率	本国汇率	外国汇率	利率波动性	汇率波动性
即期外汇	√				
远期外汇	√	√	√		
货币市场		√			
债券市场		√			
远期利率协议		√			
互换		√			
交叉货币交换	√	√	√		
汇率期权	√	√	√		√
利率期权		√		√	
利率期货		√			
互换期权		√		√	
债券期权		√		√	
国外交易	√	√			

三、市场风险管理的全过程

市场风险管理是指识别、计量、监测和控制市场风险的全过程。

市场风险识别和计量分别是指市场风险的种类和度量，在本章第一节和第二节中已做具体介绍，此处重点叙述市场风险的监测和控制。

（一）市场风险监测与报告

1. 市场风险监测

市场风险监测是指通过对一些关键的风险指标和环节进行监测，关注风险变化的程度，建立风险预警机制。同时，向内外部不同层级的主体报告对风险的定性、定量评估结果及所采取的风险管控措施和效果是风险监测的内容之一。

银保监会对风险进行监测时经常使用不良资产率、预期损失率等相关指标。巴塞尔协议对相关指标也有所规定，此处不再详细介绍。

风险监测过程看似简单，但实际上满足不同层级、不同部门对风险状况的多样化需求是一项十分艰巨的任务。例如，高管层需要的是行业整体的风险报告；从事金融市场业务交易的人员需要的是具体头寸报告；风险管理委员会则通常要求提供风险防控与化解报告，以协助制定风险管理策略等。那么，市场风险报告就成为了市场风险监测的主体。

2. 市场风险报告

市场风险报告具有内在的内容、路径及形式，能够满足不同部门、不同层级对风险状况的需求。

1) 市场风险报告的职责

市场风险报告的职责主要体现在以下几个方面：

(1) 保证对有效、全面风险管理的重要性和相关性的清醒认识。

(2) 传递部门的风险偏好和风险容忍度。

(3) 实施并支持一致的风险语言或术语。

(4) 使员工在业务部门、流程和职能单元之间能够分享风险信息。

(5) 让员工认识到各自在实施和支持全面风险管理中的角色和职责。

(6) 能够利用内部数据和外部事件、活动、状况的信息，为部门的风险管理和目标实施提供支持。

(7) 能够保障风险管理信息及时、准确地向上级或者同级的风险管理部门、外部监管部门、投资者等报告。

2) 市场风险报告的内容

根据市场风险报告的不同类别，其包括的内容也有所差异。

(1) 根据报告提供的对象不同，市场风险报告可分为内部报告和外部报告。

企业根据内部风险管理的需要而编制的、供内部管理人员使用的报告为内部报告，反之为外部报告。内部报告的内容一般根据内部管理人员的需要主要包括：评价整体风险状况，识别当期风险特征，分析重点风险因素，总结专项风险工作，配合内部审计检查等。外部报告的内容相对固定，主要包括：提供监管数据，反映管理情况，提出风险管理的措施建议等。在向外部提供风险分析报告的过程中，还需要把握的重点就是规范操作，特别是境外上市商业银行应始终坚持规范准确的原则。

(2) 根据报告涉及的范围不同，市场风险报告可分为综合报告和专题报告。综合报告是各报告单位针对管理范围内、报告期内各类风险与内控状况撰写的综合性风险报告，反映的主要内容是：辖内各类风险总体状况及变化趋势；分类风险状况及变化原因分析；风险应对策略及具体措施；加强风险管理的建议。专题报告是各报告单位针对管理范围内发生(或潜在)的重大风险事项与内控隐患所作出的专题性风险分析报告，反映的主要内容是：重大风险事项描述(如事由、时间、状况等)；发展趋势及风险因素分析；已采取和拟采取的应对措施。

3) 市场风险报告的路径和频度

(1) 良好的风险报告路径应采取纵向报送与横向传送相结合的矩阵式结构，即本级行各部门向上级行对口部门报送风险报告的同时，还须向本级行的风险管理部门传送风险报告，以增强决策管理层对操作层的管理和监督。

(2) 在正常市场条件下，风险管理部门应该针对不同的内容按照一定的频度提供风险报告。具体如下：

① 后台和前台所需的头寸报告，应当每日提供，并完成打印、存档、保管。

② 风险值和风险限额报告必须在每日交易结束之后尽快完成。

③ 通常，每周向高级管理层报告一次。在市场剧烈波动的情况下，需要进行实时报告，

但主要通过信息系统直接传递。

另外，应高级管理层或决策部门的要求，风险管理部门应当有能力随时提供各种满足特定需要的风险分析报告，以辅助决策。

4) 市场风险报告的形式

从国内外的市场风险管理实践来看，市场风险报告具有多种形式，如投资组合报告、风险分解"热点"报告、最佳投资组合报告、最佳风险规避策略报告等。

（二）市场风险的控制

各个行业对市场风险进行控制时都有规定的制度。在实际生活中，控制市场风险还有几种常用的策略。常用的策略有市场风险限额、市场风险对冲和经济资金配置。

1. 市场风险限额

常用的市场风险限额有止损限额、交易限额和风险头寸限额。

1) 止损限额

止损限额是指投资组合在某段时间内能容忍的最大损失额。止损限额最大的优点是简单且易于操作，可适用于交易业务的各个管理层次和多种资产，并且对止损限额的监控不需要非常专业的知识，因此止损限额是应用较多的限额。但其缺点是没有前瞻性，它监控的是已经发生的损失。只有当损失已经发生时才被纳入监控范围，止损限额是被动的监控。

2) 交易限额

交易限额是指对总交易头寸或净交易头寸设定的限额。交易限额是比较常用的限额指标，它的好处是具有一定的前瞻性，可以在损失尚未发生前防范和控制风险，且便于计算，能很快得到限额的占用情况，利于交易员自行控制。但交易限额把风险分割成独立的几块，没有充分考虑不同风险因素的相关性，它不利于对总体投资组合风险的把握。

3) 风险头寸限额

风险头寸限额是指对采用一定的计量方法得到的市场风险规模设置限额。

2. 市场风险对冲

市场风险对冲是指通过投资或购买与管理基础资产收益波动负相关或完全负相关的某种资产或金融衍生产品来冲销风险的一种风险管理策略。也就是说，市场风险对冲是针对某一证券组合的金融风险，利用特定金融工具构造风险特性相反的头寸，以减少或消除组合市场风险的过程。在实际生活中，经常用远期外汇合约对冲汇率风险、用利率互换对冲利率风险、用股指期货对冲股票风险等。

3. 经济资本配置

除了采用市场限额管理、市场风险对冲两种方法外，银行还可通过合理配置经济资本来降低市场风险敞口。经济资本配置通常采取自上而下或自下而上法。

(1) 自上而下法通常用于制定市场风险管理战略规划。

(2) 自下而上法通常用于当期绩效考核。

▶▶ 【本章小结】

(1) 市场风险有广义和狭义之分。狭义的市场风险是指金融市场的交易头寸由于市场价格因素 (如利率、汇率、股票价格和商品价格等) 的不利变动而可能遭受的损失。

(2) 影响市场价格的因素主要有利率、汇率、股票价格和商品价格等，则市场风险可以分为：利率风险、汇率风险、股票风险、商品风险。

(3) 目前，经常使用的市场风险度量指标大致可以分为两种类型，即风险的相对度量指标和绝对度量指标。

(4) 敏感性分析常见的有缺口模型、久期、凸性、β 系数与金融衍生品的灵敏度测量。

(5) 风险价值是指市场处于正常波动的状态下，对应给定的置信度水平，投资组合或资产组合在未来特定的一段时间内所遭受的最大可能损失。

(6) 蒙特卡罗模拟法 (或称计算机随机模拟方法、随机抽样方法、统计试验方法) 是一种通过设定随机过程，反复生成时间序列，计算参数估计量和统计量，进而研究其分布特征的方法。

(7) 压力试验是在模拟或构造未来可能出现的极端情景的基础上，对极端情景及其影响下的资产组合的价值变化作出评估和判断。极值理论主要运用统计 (特别是极值统计) 理论和方法测度厚尾分布事件或极端事件所导致的风险损失。

(8) 市场风险管理是指识别、计量、监测和控制市场风险的全过程。

思考题

(1) 什么是市场风险？

(2) 市场风险主要包括哪几类？

(3) 简述市场风险的主要度量方法。

(4) VaR 方法有哪些优缺点？

(5) 已知某种债券的面值为 1000 元，期限为 10 年，票面利率为 6%，年到期收益率为8%。试求该债券的麦考利久期和修正的久期。

(6) 一个由两种外汇投资组成的资产组合：美元 (SUD) 和欧元 (EUR)。假定两种货币不相关，且波动性分别为 10%、15%。资产组合为投资 200 万美元于美元 (SUD)、投资300 万美元于欧元 (EUR)，求：

① 在 99% 置信水平下的资产组合的 VaR 值。

② 若两种货币的相关系数为 0.91，求在 99% 置信水平下的资产组合及两种货币的VaR 值。

③ 若两种货币的相关系数为 −0.89，求在 99% 置信水平下的资产组合及两种货币的VaR 值。

④ 根据上面的计算结果分析相关系数与资产组合和两种货币的 VaR 值的关系。

案例分析

英国诺森罗克银行的储户挤兑事件

2007 年，美国次级债危机导致的全球信贷紧缩，英国第五大抵押贷款机构——诺森罗克银行 (Northern Rock) 发生了储户挤兑事件。自 2007 年 9 月 14 日，英国在全国范围内发生挤兑以来，截至 9 月 18 日，30 多亿英镑 (占诺森罗克银行存款总量的 12% 左右) 仅仅在几天的时间内就从该行流出，其电话银行和网上银行的业务也一度出现崩溃现象。受此影响，诺森罗克银行的股价在几天内就下跌了将近 70%(创下 7 年来新低)，成为英国遭遇本次信贷危机以来的最大受害者。为了防止系统性银行危机的出现，英国财政部、英格兰银行 (英国央行) 与金融管理局先后采取了注资和存款账户担保等救助措施。9 月 18 日，诺森罗克银行的储户挤兑情况才有所缓解，各大银行的股价也出现了不同程度的上涨，银行体系的恐慌局面才得以控制。

案例思考

(1) 英国诺森罗克银行的储户挤兑事件发生的原因有哪些？

(2) 从这个案例中可以得到哪些启示？

第七章　操作风险的度量与管理

本章导读

银行机构越来越庞大、银行产品越来越多样化和复杂化，银行业务对 IT 技术越来越高的依赖，以及金融业和金融市场的全球化趋势，使得一些"操作"上的失误可能带来极其严重的后果。因此，操作风险受到国际银行业界的高度重视，关注操作风险也已成为我国商业银行不可回避的话题。

学习目标

(1) 理解操作风险的概念、类型及成因。
(2) 掌握操作风险的类型及特征。
(3) 掌握操作风险的度量方法并熟练应用进行相关计算。
(4) 理解并掌握操作风险管理的方法。

第一节　操作风险概述

一、操作风险的概念

巴塞尔银行监管委员会对操作风险的正式定义是：操作风险是指由于不完善或有问题的内部操作过程、人员、系统或外部事件而导致的直接或间接损失的风险。这一定义包含了法律风险，但是不包含策略性风险和声誉风险。监管部门（银保监会）规定：操作损失应包括因发生损害性事项而导致的与该事项相关的全部已发生支出，但不包括投资项目支出，机会成本或预知收入。操作风险损失主要有以下几种。

（一）法律成本

法律成本是指因操作风险事件引发法律诉讼或仲裁，在诉讼或仲裁过程中依法支出的诉讼费用、仲裁费用及其他法律成本。例如，违反知识产权保护规定等导致的诉讼费、外聘律师代理费、评估费、鉴定费等。

（二）监管罚没

监管罚没是指因操作风险事件所遭受的监管部门或有权机关罚款及其他处罚。例如，违反产业政策、监管法规等所遭受的罚款、吊销执照等。

（三）资产损失

资产损失是指由于疏忽、事故或自然灾害等事件造成实物资产的直接毁坏和价值的减少。例如，火灾、洪水、地震等自然灾害所导致的账面价值减少等。

（四）对外赔偿

对外赔偿是指由于内部操作风险事件，导致商业银行未能履行应承担的责任造成对外的赔偿。例如，因银行自身业务中断、交割延误、内部案件造成客户资金或资产等损失的赔偿金额。

（五）追索失败产生的损失

追索失败产生的损失是指由于工作失误、失职或内部事件，或因有关方不履行相应义务，使原本能够追偿但最终追索失败所导致的损失。例如，资金划转错误、相关文件要素缺失、跟踪监测不及时所带来的损失等。

（六）账面减值

账面减值是指由于偷盗、欺诈、未经授权活动等操作风险事件所导致的资产账面价值直接减少。例如，内部欺诈导致的销账、外部欺诈和偷盗导致的账面资产的损失，以及未经授权或超授权交易导致的账面损失等。

二、操作风险的类型与成因

根据《巴塞尔新资本协议》，操作风险是由人员、系统、流程和外部事件所引发的风险，并由此分为：内部欺诈，外部欺诈，就业制度和工作场所安全性，客户、产品及业务活动事件，实物资产损坏，业务中断和系统失灵，执行、交割及流程管理。

根据操作风险的概念可知：七种操作风险的成因可以归为以下四大因素。

(1) 人员因素：引起内部欺诈、就业制度和工作场所安全两种类型操作风险。

(2) 内部流程：引起交易执行、交割和流程管理，客户、产品和业务活动两种类型操作风险。

(3) 系统因素：引起营业中断和信息技术系统瘫痪这类操作风险。

(4) 外部事件：引发外部欺诈、实物资产的损坏这两种类型操作风险。

（一）人员因素导致的操作风险类型

1. 内部诈骗

内部诈骗是指故意骗取、挪用财产、逃避法律条款及规定以及公司政策。例如，风险头寸报告作假、雇员偷窃、利用自身账户进行内部人员交易等。

2. 就业制度和工作场所安全

就业制度和工作场所安全是指违反就业、健康或安全方面的法律或协议所造成的人员伤亡赔偿，或者歧视及差别待遇导致的损失事件。例如，工人工资索赔，歧视行为、违反雇员健康制度、有组织的工会行为的索赔，以及一般性索赔事件等。

（二）内部流程导致的操作风险类型

1. 交易的执行、交割和流程管理风险

交易的执行、交割和流程管理风险是指与交易对手和供应商有关的交易过程及管理的失败以及纠纷导致的损失事件，包括输入数据错误、抵押金管理错误、法律文件不完整、未经批准进入客户账户、非客户交易对手的不当行为以及与供应商的争端等。

2. 客户、产品和业务活动

客户、产品和业务活动是指因不经意或者粗心大意而未按有关规定兑现对特定客户的专业责任（如诚信责任和适当性要求等），或产品性质、设计缺陷导致的损失事件，包括违反诚信、滥用托管保密信息、银行账户不合法交易、洗钱行为，以及出售没有法律拥有权的产品等。

（三）系统因素导致的操作风险类型

系统因素导致的操作风险是指因信息科技系统生产运行、应用开发、安全管理以及由于软件产品、硬件设备、服务提供商等第三方因素，造成业务中断或系统故障所导致的损失事件，包括软件和硬件失效、通信故障及停水停电等。

（四）外部事件导致的操作风险类型

1. 外部欺诈

外部欺诈是指第三方故意骗取、财产挪用、攻击商业银行信息科技系统或逃避法律监管导致的损失事件，包括抢劫财产、伪造文件、支票连续透支，以及计算机黑客等。

2. 实物资产损坏

实物资产损坏是指因自然灾害或其他事件导致实物资产丢失或毁坏的损失事件，包括恐怖袭击、流氓分子破坏、地震、火灾、水灾等。

三、操作性风险特征

操作风险的特征可以根据损失事件发生频率和损失程度划分为低频率高损失、低频率低损失、高频率高损失及高频率低损失四种。操作风险的特征如图 7.1 所示。

操作风险管理关注的重点是低频高额损失。主要原因有：

(1) 低频高额损失发生的频率低，很多银行在这种损失上没有内部数

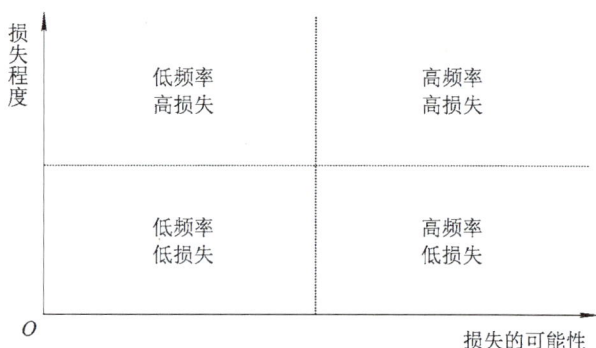

图 7.1　操作风险的特征

据。而高频低额损失事件，银行则拥有充分数据，可以进行统计建模。

(2) 高频低额损失通常已经被考虑在产品定价当中。

巴林银行的倒闭

1995 年 2 月 26 日，有一则让全世界为之震惊的消息：英国中央银行突然宣布，英国举世闻名的老牌商业银行——巴林银行不得继续从事交易活动并将申请破产清算。巴林银行破产的原因更加让人难以置信，它竟葬送在巴林银行新加坡分行的一名普通职员之手！

1992 年，里森加入巴林银行并被派往新加坡分行，负责新加坡分行的金融衍生品交易。里森的主要工作是在日本及新加坡进行日经指数期货的套利活动。然而过于自负的里森判断日经指数期货将要上涨，他就没有严格按照规则去做，而是伪造文件、私设账户，挪用大量的资金买进日经指数期货。他失败的投机活动导致巴林银行的损失逾 10 亿美元之巨，该金额已经远远超过巴林银行 5.41 亿美元的全部净资产。1995 年 2 月 23 日，里森突然失踪。

巴林银行破产的原因耐人寻味。从表面上看，巴林银行是由于里森个人的投机失败直接引发的。而实际上，深层次的原因在于巴林银行控制内部风险的制度不完善，尤其是操作风险的制度相当薄弱。首先，让一个交易员清算自己的交易会使其很容易隐瞒交易风险或亏掉的金钱，因此，在大多数银行，交易与清算这两项业务是分开的。但是，巴林银行允许里森既作为首席交易员，又负责其交易的清算工作，这是制度上的缺陷。其次，巴林银行的内部审计极其松散。在损失达到 5000 万英镑时，巴林银行总部曾派人调查里森的账目，资产负债表也明显记录了这些亏损，但巴林银行高层对资产负债表反映出的问题视而不见，也没有人去核实里森假造的花旗银行 5000 万英镑存款。监管不力导致了巴林银行的倒闭，也使 3 名高级管理人员受到法律的惩处。

第二节　操作风险的度量

一、操作风险资本金计量

《巴塞尔新资本协议》根据商业银行的实际做法，为商业银行提供了三种可供选择的计量操作风险监管资本金的方法：基本指标法 (Basic Indicator Approach，BIA)，标准法 (Standardized Approach，SA)，高级计量法 (Advanced Measurement Approach，AMA)。

这三种计量操作风险监管资本金的方法在复杂性和风险敏感性上逐渐增强。那些操作风险管理仍处于较低水平的、尚未达到量化阶段的商业银行在过渡阶段可以选择较为简单的基本指标法和标准法，但长期应向风险敏感度更高、更能反映商业银行操作风险的真实状况的高级计量法靠近。不论是基本指标法，还是标准法，都不允许从最低资本要求中扣减保险额，只有高级计量法才允许在有限的程度上这样做。

（一）基本指标法

基本指标法中规定，操作风险资本金等于过去三年总收入平均值乘以一个固定比例，若某年总收入为负，则别除该年。监管资本的计算公式为

$$K_{\text{BIA}} = \frac{\sum_{i=1}^{n} \text{GI}_i}{n} \times \alpha \tag{7-1}$$

式中，K_{BIA} 表示基本指标法计量的监管资本；GI_i 表示前三年中总收入为正的第 i 年的收入；n 表示前三年中总收入为正数的年数；α 表示操作风险敏感系数（由巴塞尔银行监管委员会设定）。式 (7-1) 中的总收入等于净利息收入与非利息收入的和，不包括银行账户上出售证券实现的盈利，也不包括保险收入。总收入反映了业务量与操作风险暴露的关联。

基本指标法计算简单、对数据要求低、可操作性强，适用于各类银行，便于横向比较不同机构间的操作风险状况。但是，基本指标法对所有业务类型设定了相同的操作风险敏感系数，使结果的可比性较弱。另外，由于缺乏充足的数据基础，未考虑不同业务的风险特征，使用这种方法计算出的资本金一般比较高，误差也比较大，更加适用于业务简单的小银行或操作风险管理水平低的银行。由于基本指标法比较简单，《巴塞尔新资本协议》未对采用此方法提出具体标准。但是，巴塞尔委员会鼓励采用此方法的商业银行遵循巴塞尔委员会于 2003 年 2 月发布的《操作风险管理和监管的稳健做法》。

（二）标准法

1. 标准法资本金计量原理

标准法资本金计量原理是指将商业银行的所有业务划分为公司金融、交易和销售、零售银行业务、商业银行业务、支付和结算、代理服务、资产管理和零售经济八类不同的业务，每一类业务被赋予与该业务相适应的 β 因子作为该业务的操作风险资本金计提系数，并分别求出对应的监管资本，最后求和即可得到商业银行总体操作风险资本要求。

2. 标准法对操作风险的计量步骤

根据标准法对资本金计量的原理，我们可以总结出计量步骤如下：

(1) 对金融机构所有业务类型进行细分和归类，金融机构的业务类型可以分为八类，八类业务的主要内容和涉及的常见产品，如表 7.1 所示。

表 7.1　八类业务的主要内容涉及的常见产品

业务类别	业务内容	常见产品
公司金融	公司金融、市政、政府金融咨询服务	兼并与收购、承销、债务（政府）、银团
交易和销售	销售、自营头寸、资金业务	固定收入、外汇、自营证券头寸、信贷、回购
零售银行业务	零售银行业务、私人银行业务银行卡服务	零售贷款、银行服务、私人存贷款、投资咨询
商业银行业务	商业银行业务	项目融资、出口融资、租赁、担保、汇票
支付和结算	外部客户	支付和托收、资金转账、清算和结算
代理服务	托管、公司代理、公司信托	第三方账户托管、发行和支付代理
资产管理	可支配基金管理、非可支配基金管理	集合、分散、零售、机构、封闭式、开放式基金
零售经纪	零售经纪业务	执行指令等全套服务

（2）依次选择、确定各业务类型的基本指标。

（3）根据各业务类型的风险特性对 β 系数进行设定。八类业务的固定 β 系数，如表 7.2 所示。

表 7.2　八类业务的固定 β 系数

业务类别	对应 β 系数	单项资本要求
公司金融	18%	18%×公司金融总收入
交易和销售	18%	18%×交易和销售总收入
零售银行业务	12%	12%×零售银行业务总收入
商业银行业务	15%	15%×商业银行业务总收入
支付和清算	18%	18%×支付和清算总收入
代理服务	15%	15%×代理服务总收入
资产管理	12%	12%×资产管理总收入
零售经纪	12%	12%×零售经纪总收入
其它项	18%	18%×未能划入上述八类业务条线的总收入
合计	-	以上各项之和

（4）对操作风险的总资本进行计算。总资本要求 K_{TA} 根据八种业务类别的过去 3 年毛收入按照 β 系数加权求和得到。标准法资本金计量公式为

$$K_{\text{TA}} = \frac{\sum_{i=1}^{3} \max\left[\sum_{j=1}^{8}(\text{GI}_{i,j} \times \beta_j), 0\right]}{3} \tag{7-2}$$

式中，K_{TA} 表示总资本要求；$\text{GI}_{i,j}$ 表示过去 3 年中第 i 年第 j 类业务总收入；β_j 表示由巴

塞尔委员会设定的第 j 类业务的固定资本金计提系数。

3. 标准法的优势与局限性

1) 优势

标准法简单易懂、可操作性强；数据易得，容易检验，在不同地区具有连贯性和可比性；可以将操作风险归入所有业务战略的计划和实施中。相比基本指标法，标准法先区别业务类型，然后针对于不同的业务类型分别设定不同的操作风险敏感系数，使结果更准确。

2) 局限性

在操作风险所引致的损失与金融机构的总收入之间存在线性关系的前提下，标准法把总收入作为计算操作风险资本的基本指标不尽合理；操作风险损失占总收入比重的取值标准与相应业务的操作风险特征可能并不匹配，且缺乏检验，从而影响方法的可靠性和可信性。

基于以上标准法的优势与局限性，我们可以总结出标准法在以下三种情形下比较适用：

(1) 董事会和高级管理层制定了正确可行的操作风险管理目标和策略，并积极参与操作风险管理框架的构建与维护。

(2) 操作风险管理系统相关概念清晰、稳健，执行准确有效。

(3) 在主要业务类型上以及控制与审计领域对采用标准法有充足的资源支持。

（三）高级计量法

1. 高级计量法概述

高级计量法是指商业银行在满足巴塞尔委员会提出的资本要求以及定性和定量标准的前提下，通过自定义的内部操作风险计量系统计算监管资本要求。

1) 实现高级计量法的要素

巴塞尔委员会要求高级计量法的实现要包含 4 个要素：内部数据、外部数据、情景分析、业务环境和内部控制因素。

(1) 内部数据。内部数据是指商业银行根据所有业务如实进行的数据记录。

(2) 外部数据。外部数据是通过建立数据联盟等数据共享机制，进行数据共享；通过数据供应商采用系统化手段采集公开数据等方式获得。外部数据信息包括：实际损失金额数据、发生损失事件的业务范围信息、损失事件发生的原因和情况，或者其他有助于评估商业银行损失事件的业务范围信息等。商业银行可以利用相关的外部数据，增加银行可用来估算损失的数据量，同时将那些发生在其他银行中的损失纳入到考量范围内，来解决多数商业银行评估操作风险时因内部损失数据有限、样本数过少而导致统计结果失真的问题。

(3) 情景分析。情景分析是评估操作风险的关键工具，其目的是生产能够全面覆盖低频高损失事件的情景。通常，泊松分布被用来产生损失频率分布，正态分布被用来产生损失程度分布，进而获得情景下的损失程度及概率。最后，风险管理委员会估计平均损失，并确定在 99% 的置信度下，不会被超出的高额损失数量。

(4) 业务环境和内部控制因素。估计操作风险损失程度和损失频率时，应考虑金融机构的业务环境和内部控制因素，包括业务部门的复杂程度、采用的技术的先进程度、变化的快慢、监管的力度、员工更换的频率等。例如，影响对"无赖交易员"内部欺诈这一情景估计的因素，可能包括对交易员的监管力度、对交易的监控程度以及中台和后台系统的长处和缺点。

为了满足监管资本的要求，商业银行需将每一个因素调整为有意义的风险要素，并基于实际经验，征求专家对相关业务领域的意见。各种实施情况，包括针对实际评估做出调整的理由，都应当有文件支持，并接受商业银行内部和监管当局的独立审查。

2) 实现高级计量法的前提条件

(1) 必须有能力在自身内部数据、外部数据，以及情景分析的基础上对非预期损失有所估计。

(2) 必须有能力对不同的业务类别进行资本金分配，并且分配方式应给予业务部门某种动力来提高自身操作风险管理的能力。

(3) 需得到监管当局的批准，且一旦商业银行采用了高级计量法，未经监管当局批准，不可以放弃使用高级计量法而使用相对简单的方法。

高级计量法计算操作风险资本金的目标是产生操作风险损失分布，进而得到操作风险 VaR。

2. 高级计量法计算资本金的方法

比较流行的高级计量法计算资本金的方法主要有内部衡量法、损失分布法和记分卡等。

1) 内部衡量法

内部衡量法的基本思路是：假定预期损失 (损失分布的均值) 和非预期损失 (损失分布的尾部) 之间存在某种的关系，按照前面提到的分类方法，根据自身的损失数据，对 56 个业务的风险损失事件组合中每个组合进行预期损失值的估算，操作风险为所有预期损失值的和。

内部衡量法的主要步骤如下：

(1) 将银行业务划分为如标准法所列的 8 个业务类别，对每个业务类别划分出 7 大类操作风险损失类型，共产生 $7 \times 8 = 56$ 种业务的损失类型组合。

(2) 为每种业务 / 损失类型组合规定一个风险暴露指标 (EI)，根据历史数据计算出每个风险单元出现损失的频率 (PE) 及损失发生后的平均损失比率 (LEG)。

根据新巴塞尔协议的要求，用于计算监管资本的高级度量法，一般要有 5 年以上的内部损失历史数据作为计量依据。对于首次使用高级度量法的金融机构可暂时使用 3 年的历史数据。历史损失数据主要包括所有业务的损失金额、损失事件发生的时间及主要因素等。

(3) 除操作风险指标外，根据内部损失数据为每种业务的损失类型计算出一个代表损失事件发生概率的参数和一个代表损失程度的事件损失程度值，进而计算出预期损失。

预期损失 $EL(i, j)$ 的公式为

$$EL(i, j) = EI(i, j) \times PE(i, j) \times LEG(i, j) \tag{7-3}$$

式中，$EI(i,j)$ 表示 i 类业务在 j 类风险事件中的风险暴露指标；$PE(i,j)$ 表示风险事件的损失概率；$LEG(i,j)$ 表示风险事件的损失率。

(4) 监管当局为每个业务或损失类型规定一个系数 λ。这个系数可以将预期损失转换成资本要求，它由监管当局按照行业数据确定。

以 $\lambda(i,j)$ 表示该风险事件的预期损失转化成资本配置要求的转换因子，假定各个业务风险是相互独立的，则操作风险的总资本为

$$K_{IMA} = \sum_i \sum_j (\lambda(i,j) \times EL(i,j)) \tag{7-4}$$

利用内部衡量法优势，银行可以采用自身的损失数据去计算未预期损失，进而确定应持有的操作风险资本，这比基本指标法和标准法更能真实地反映银行所面临的操作风险，从而为银行实施更加有效的操作风险管理措施，进一步提高自身竞争力奠定了坚实的基础。但是内部衡量法也有一定的局限性：

(1) 损失的频率 (PE) 和平均损失比率 (LEG) 的计量需要大量内部历史数据，但是在实际应用中难以做到。第一，操作风险事件大多是低频率高损失事件，很少在单个金融机构内多次发生，甚至从未发生过。第二，金融机构的新业务不断涌现，而对于新业务来说，根本就不可能存在历史数据。

(2) 预期损失和未预期损失间未必是线性关系。操作风险损失在很大程度上是内生的 (涉及人、流程、管理和设备)，所以外部数据与银行自身潜在损失通常并不具有严格的相关性，这就意味着现实中的单一银行的操作风险损失分布很难与行业损失分布完全一致。

2) 损失分布法

在损失分布法下，商业银行先利用内部操作风险损失的历史数据，对每种业务的损失类型组合的损失频率和损失程度的概率分布函数作出估计，然后利用估计出的概率分布函数计算累积的操作风险概率分布，进而得到由每个业务和风险类型的 VaR(风险价值) 相加得到操作风险所需的资本金。

3) 记分卡法

记分卡法，也叫作风险地图、风险清单法。记分卡法的实质就是对操作风险进行自我评估，并赋予每个操作风险损失事件一个数值，来反映损失事件的影响值或是损失事件发生的可能性。根据这个数值对不同的操作风险进行排序、比较和分析，进一步可估计出操作风险的预期损失，即量化操作风险。

记分卡法的关键在于找出与操作风险相关的风险因素 (如风险拥有者、缓释风险的控制措施、控制实施者、控制设计等)，将银行业务划分为若干业务或者是损失组合，然后设计出一系列衡量操作风险影响或发生可能性的指标，为属于同一业务或损失事件的所有操作风险损失事件赋值，在此基础上由专家综合考虑各项因素对其打分，最终估计出操作风险的影响。

在记分卡法中，各风险单元的损失次数、损失程度的指标值以及每项指标的权重等都需要依赖专家经验来确定，从而有比较强的主观性和随意性。为了减少这种主观性，经常

将记分卡法与其他方法结合使用。例如，可以选用历史数据对主观估计的风险评分进行验证等。

3. 高级计量法的优缺点

在实际应用中，高级计量法在计算资本金时存在一定的优点和缺点。

1) 优点

(1) 高级计量法采用了数学模型和计算机手段来度量操作风险。

(2) 充分搜集和应用了多维度数据，既有历史数据，又有专家经验数据；既有内部数据，又有外部数据。

(3) 度量过程与度量结果更加科学。

2) 缺点

(1) 应用过程过于复杂，难以理解。

(2) 数据的可得性是应用的最大障碍，内部数据与外部数据均不易获得，无法保证数据的真实性和完整性。

(3) 不能用来判断操作风险的损失来源。

(4) 无法反映操作风险与市场风险、信用风险之间的联系。

（四）基本指标法、标准法、高级计量法的比较

基本指标法、标准法、高级计量法这三种方法既有联系又有一定的区别。基本指标法、标准法、高级计量法的比较，如表 7.3 所示。

表 7.3　基本指标法、标准法、高级计量法的比较

度量模型	基本指标法	标准法	高级计量法		
			内部衡量	损失分布	计分卡
业务类别	单一业务类别	8 个业务类别	8 个业务类别		
风险类型	单一操作风险类型	单一操作风险类型	7 种操作风险类型		
监管资本计提	总收入 × 15%	β 系数由监管机构统一划定	β 系数由银行自主划定		
风险敏感度	较低	较高	高		
监管资本最低标准	无	有	有		

二、我国操作风险监管资本金计量方法

中国银保监会提出的计量方法与巴塞尔协议 II 相同，我国监管部门提出了三种计量方法：基本指标法、标准法以及高级计量法。其中，提出的基本指标法与巴塞尔协议 II 中的指标法相同。

银保监会提出的标准法与巴塞尔协议 II 中的标准法思路相同。不同点在于，银保监会提出的标准法在 8 个业务类别的基础上增加了其他项，其 β 系数的值为 18%。所以在计算总资本要求的时候，银行整体的操作风险资本要求是 9 项相加。

第三节　操作风险的管理

一、操作风险管理的流程

操作风险管理是指风险识别、风险计量与评估、风险缓释和监测以及提交风险报告，并根据操作风险的目标及监管部门的要求等对风险报告进行验证的全过程。操作风险管理流程，如图7.2所示。

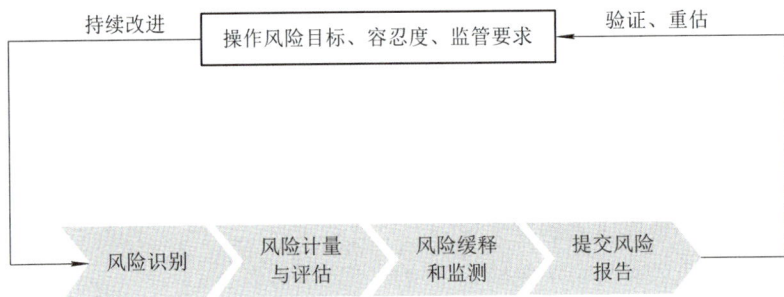

图 7.2　操作风险管理流程

（一）操作风险识别

操作风险识别就是从商业银行的经营管理中找出潜在的操作风险事件并对其进行分类，其目的在于通过对操作风险事件的分析将操作风险进行定位和归类，为管理的后续工作提供信息。

本章第一节中已详细叙述：根据巴塞尔协议内容，可以将操作风险归为4大因素引致的7大类别。

（二）操作风险计量与评估

操作风险计量与评估的相关的方法已在本章第二节进行简单叙述。重点计量操作风险发生的概率，评估操作风险损失事件发生时可能产生的影响，这种影响不仅包括经济上的直接损失影响，还包括风险发生对公司目标实现的影响。

根据操作风险计量与评估提供的信息可以确定已经存在的风险和潜在风险的发展趋势，判断风险产生的损失是否在银行可承受的范围之内，从而为银行选择合适的控制方法并对需要控制的操作风险进行优先排序。

（三）操作风险缓释和监测

在对操作风险进行计量与评估之后，就应该针对不同的风险损失程度及可能性采取不同的措施进行缓释。操作风险缓释就是商业银行根据已有的信息，选择合适的风险管理策略和工具对冲风险暴露，以达到减少操作风险事件发生的概率和损失程度的目的。对不同损失可能性和损失程度的操作风险事件，风险缓释的策略有显著差异。操作风险的缓释策略主要有：① 进行规避或控制；② 购买保险以承担或转移损失；③ 无法转移的风险可以用资本准备金进行缓释。操作风险的缓释策略，如图 7.3 所示。

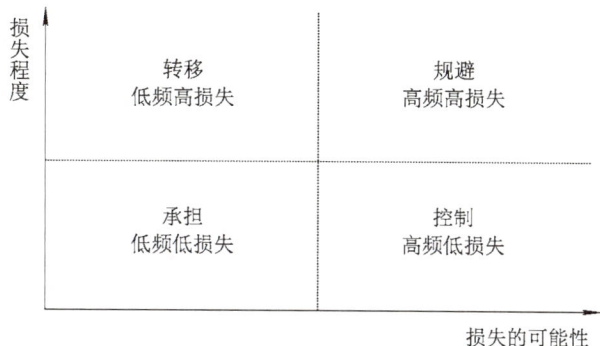

图 7.3　操作风险控制策略

(1) 低频低损失的操作风险可以采用承担风险的方式进行风险缓释。银行可以依靠本身的财务能力承担低频低损失的操作风险所造成的损失，因为这类操作风险的风险缓释成本往往超过了该风险所可能引起的损失。

承担风险可以通过两种方式来实现：一是将操作风险的预期损失计入成本，通过产品定价获得操作风险准备金，通过操作风险准备金吸收损失；二是预提资本，在风险发生以后，以预提资本吸收损失。

(2) 低频高损失的操作风险重点考虑采用转移风险的方法进行缓释。自然灾害等外部事件是较为典型的低频高损失的操作风险。常用的转移风险的方法包括保险和业务外包两种。

(3) 高频高损失的操作风险应采取规避风险的方式避免涉足相关业务，进而对风险进行控制。

(4) 高频低损失的操作风险应采取控制的方式。高频低损失的操作风险往往由银行的日常经营造成，控制风险时应采取员工培训、拟定规则制度、建立风险报告机制等相关措施，及时察觉潜在风险，减少风险事件发生频率和损失程度。

在操作风险缓释的同时必须时刻对操作风险进行监测。

操作风险监测是指定期对操作风险状况和重大损失的全程动态进行掌控的程序，用于迅速发现和纠正操作风险管理流程中的缺陷。

常用的操作风险监测技术有四种：

(1) 主要风险指标，是操作风险监测前瞻性方法的工具之一；

(2) 风险地图，也叫风险热图，是一种以地图为载体，将关键风险信息可视化显示以辅助决策的一种工具。即，风险地图是一种用图形技术表示识别出的风险信息，直观地展现风险的发展趋势，方便风险管理者考虑采取怎样的风险控制措施的操作风险管理工具；

(3) 业务和流程跟踪，是指企业（或银行）的内审部门从操作风险的角度梳理出在业务和流程中可能发生的操作风险，主动监测风险的变化；

(4) 重大事件报告，指以口头或书面的形式在最短的时间内将重大事件告知决策层，以保证决策者掌握准确无误的真实信息制定及时有效的控制措施。

（四）提交风险报告

操作风险管理者通过操作风险报告可以掌握操作风险的来源、整体风险状况、操作风险发展趋势和其他重要信息，并以此为依据对已存在的管理体系进行改进，以提高操作风险的管理水平，进而适应不断变化的外部环境和内部环境。

操作风险报告的内容一般包括损失事件、风险来源、风险评估结果、关键指标、控制状况、资本金水平和建议等内容。

二、操作风险管理的组织架构

根据风险管理报告提交的流程，企业进行操作风险管理的组织架构由董事会、高级管理层及各个部门组成；根据风险报告的生成可由日常风险管控，风险策略、架构及监控、独立审核这三道防线构成。操作风险管理的组织架构，如图 7.4 所示。

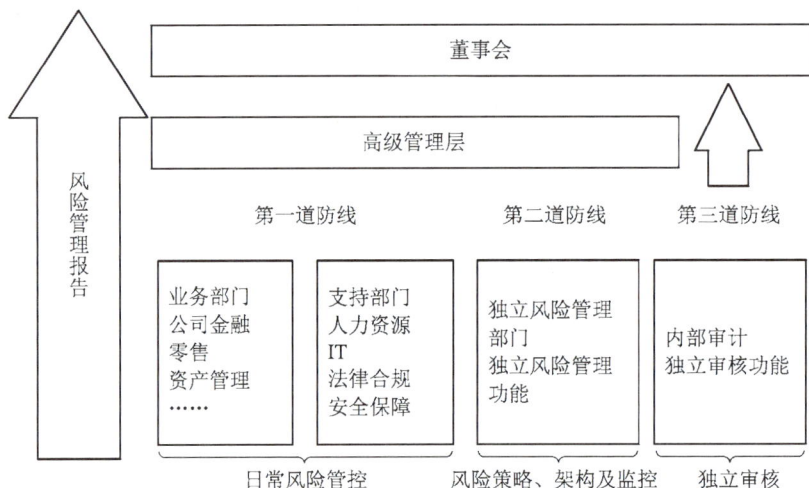

图 7.4　操作风险管理的组织架构

三、操作风险管理的前瞻性方法

风险管理人员应积极预防损失事件的发生。一种途径是监测其他银行的损失，关注诸多操作风险导致的历史性巨额亏损事件并从中吸取教训。另一种途径是建立一套系统的监测操作风险的前瞻性方法，包括三大工具：风险控制自我评估、关键风险指标和损失数据收集。

（一）风险控制自我评估

1. 风险控制自我评估的概念

风险控制自我评估 (Risk and Control Self Assessment，RCSA) 是银行试图了解自我操作风险暴露的一个重要方式，是将调查结果与未来预计损失进行匹配的方法。RCSA 过程要求业务部门的管理人员对自己面临的操作风险进行识别，通常，采用由高级管理层或咨询人员设计的问卷或者计分卡的形式，调查金融机构管理层和员工对操作风险损失事项发生可能性和损失严重性的估计。

在操作风险资本的高级计量法中，RCSA 是银行估量主观风险资本的主要工具。银行在对主观风险资本和历史风险资本进行整合和调整后，可获得最终所需的操作风险资本。与此同时，银行通过真实的损失数据估量历史风险成本。

2. 风险控制自我评估的意义

(1) 仅仅依靠对真实发生的损失事件进行收集不足以评估银行的操作风险暴露，RCSA可以为银行建立额外的操作风险管理信息来源，定期辨识潜在的操作风险暴露。

(2) 常规的 RCSA 制度可以对银行的操作风险环境进行定期的评估，有助于管理层及时辨识是否需要改变现有的流程和控制政策，以规避潜在的操作风险损失，对操作风险管理环境变化作出及时的调整。

(3) 当银行的业务环境发生改变 (如推出新产品、员工数量显著增长) 时，特定的 RCSA制度可及时对其引起的操作风险暴露变化进行反映，为管理层的决策提供参考。

(二) 主要风险指标

1. 关键风险指标的概念

关键风险指标 (Key Risk Indicators，KRI)，有时也叫作业务环境和内部控制因素，是管理操作风险的重要工具。关键风险指标具有前瞻性，可以为公司各个环节存在的操作性风险提供前期预警，为预警方案的启动设定定量的标准从而实现早期预警，触发行动，预防损失。例如，管理层可以通过雇员离职率、交易过程失败的次数、临时雇员的数量、管理人员和工作人员的比例、空缺职位数量、过去 12 个月内没有连续休假 10 天以上雇员的比例等指标，发现问题并及时采取改正措施。

通用 KRI 适用于全行不同业务部门的指标，特殊 KRI 适用于特定业务部门或业务流程的指标。

2. 运用关键风险指标的流程

运用 KRI 时需要进行指标选取、阈值设定、录入与监测和报告、跟进与调整等流程。其中，我们需要特别注意：

(1) 指标选取的原则为全面覆盖性、数据可得性及指标可控性。即指标应该全面地覆盖 4 大风险因素、7 大类损失事件类型、8 大业务条线；指标应当与潜在风险高度相关并可监测，选取的指标应能持续地获得完整的数据支持；选取的指标应当可以通过可选的管控措施进行有效的控制。

(2) 阈值设定时要基于历史数据和专家意见，设计 KRI 的最大容忍值和预警值的范围，进而设定最大容忍值和预警值所对应的信号灯，并且设定激发预警警示的数值。当 KRI值超过预设的最大容忍值时，分析人员应追踪部门相应的风险控制措施及触动的行动方案执行情况。当 KRI 值超过预警值时，分析人员应分析超过预警值的状况，并判断是否要求相关部门通过进一步行动控制风险，同时密切跟踪 KRI 数值的变化情况。

(3) 根据具体要求，数据录入人员将 KRI 所需要的数据如实录入到操作风险管理系统中，进而生成 KRI 数据及图表；KRI 分析人员对 KRI 的变化因素进行详细分析得出分析报告；业务部门定期向风险管理部门提交 KRI 分析报告。

(4) 风险管理部门根据预案采取风险控制行动并适时跟踪上报超阈值情况；KRI 使用部门根据 KRI 的实际应用的有效性提出管理政策并及时进行修改。

（三）损失数据收集

损失数据是风险估计实证分析和验证的基础，可以作为实际损失与风险管理、控制决策之间的桥梁。

损失数据收集 (Operational Losses Collection，OLC) 是动态的实施过程，能够不断对信息源进行更新，并反应银行操作风险暴露的情况。

OLC 流程是结合监管要求、银行自身实际情况和内部管理的需求，对具有高质量标准的操作损失的识别、录入、验证、管理和报告等环节的统一。损失数据收集流程要达到完备性、及时性、可获得性、收集信息的数量和质量这四个方面的标准。

（四）管理操作风险三大工具之间的相互联系

管理操作风险的前瞻性方法三大工具之间紧密联系、协同支持操作风险管理。首先，真实的损失数据的收集为风险控制自我评估及关键风险指标的设置提供了参考；其次，通过风险控制自我评估可以为寻找损失数据收集提供依据，评估结果可以为关键风险指标的设置提供额外的信息；最后，关键风险指标出现的异常是风险控制自我评估的驱动力之一，往往指向真实的损失事件。三大工具之间的关系，如图 7.5 所示。

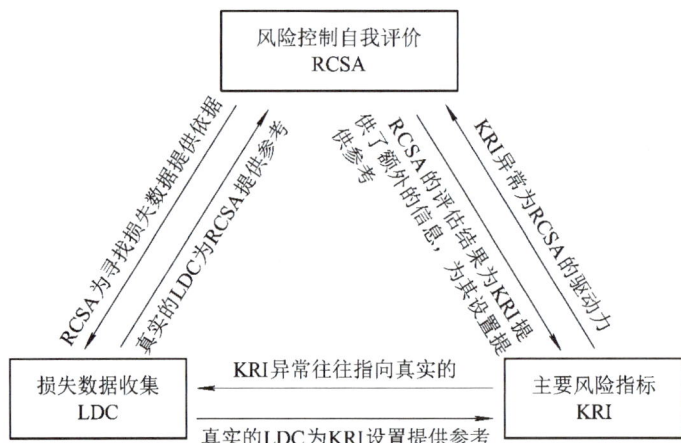

图 7.5　三大工具之间的关系

▶▶ ⊙【本章小结】

(1) 操作风险是指由于不完善或有问题的内部操作过程、人员、系统或外部事件而导致的直接或间接损失的风险。

(2) 内部欺诈，外部欺诈，就业制度和工作场所安全性，客户、产品及业务活动事件，实物资产损坏，业务中断和系统失灵，执行、交割及流程管理这七类操作风险的成因可以归为人员因素、内部流程、系统因素及外部事件这四种因素。

(3) 计量操作风险监管资本金的方法有：基本指标法 (BIA)，标准法 (SA)，高级计量法 (AMA)。比较流行的高级计量法计算资本金的方法主要有内部衡量法、损失分布法和记分卡等。

(4) 操作风险管理是进行风险识别、对风险进行计量和评估、进行风险缓释和监测、提交风险报告、根据风险的目标及监管部门的要求对风险报告进行验证的全过程。

(5) 监测操作风险的前瞻性方法：风险控制自我评估、主要风险指标和损失数据收集。

思考题

(1) 简述操作风险的成因及分类。

(2) 操作风险监管资本金的方法有哪些？

(3) 操作风险监测前瞻性方法的三大工具分别是什么？

(4) 分析基本指标法与标准法的异同及两种方法的缺陷。

案例分析

法国兴业银行的巨亏事件

有人说，一开始，法国兴业银行的巨亏就像一个玩笑。法国兴业银行创建于 1864 年 5 月，由拿破仑三世签字批准成立，经历了两次世界大战并最终成为法国商界支柱之一。然而，在 2008 年初，这样一个创造了无数傲人成绩的老牌银行却因为一个底层交易员的违规操作而遭受重创。

2008 年 1 月 18 日，法国兴业银行收到了一封来自另一家大银行的电子邮件，要求确认此前约定的一笔交易。但法国兴业银行和这家银行根本没有交易往来，因此兴业银行进行了一次内部清查。内部清查发现：这是一笔虚假交易，伪造电子邮件的是兴业银行交易员凯维埃尔。更深入的调查显示，法国兴业银行因凯维埃尔的行为损失了 49 亿欧元，约合 71 亿美元。

因违规进行衍生金融工具交易而受损、倒闭的投资机构，其资产似乎在一夜间就化为乌有，暴发的突然性往往出乎人们的预料。由于衍生金融工具牵涉的金额巨大，一旦出现亏损就将引起较大的震动。例如，巴林银行因衍生工具投机导致 9.27 亿英镑的亏损，最终导致拥有 233 年历史、总投资 59 亿英镑的老牌银行破产。法国兴业银行因凯维埃尔的违规操作行为损失了 49 亿欧元，其金额规模远远超过了历史上最为臭名昭著的巴林银行倒闭案，成为历史上最大规模的金融案件，震惊了世界。

案例思考

(1) 法国兴业银行的巨亏事件发生的原因有哪些？

(2) 从本案例中可以得到哪些启示？

第八章 流动性风险的度量与管理

本章导读

流动性风险是金融机构面临的主要风险之一。当金融机构不能及时提供充足的现金来满足客户提取存款的要求和支付到期债务时，金融机构就面临着流动性危机，流动性危机很容易导致银行破产。保证提供充足的流动性是资产负债管理的目标之一，为达到这一目标，金融机构必须进行全面和准确的流动性分析，根据流动性分析结果，制定有效的流动性管理策略。

学习目标

(1) 了解流动性风险的成因。
(2) 掌握流动性风险管理理论。
(3) 掌握流动性风险的度量。
(4) 熟悉流动性风险管理办法。

第一节 流动性风险概述

一、流动性概述

（一）流动性的概念

根据金融业对流动性概念的解释，流动性一般是指金融机构（最主要的是商业银行）能够在一定时间内以合理的成本筹集到一定数量的资金，以满足客户当前或未来的资金需求的能力。故金融机构的流动性就是获取可用资金的能力，它涵盖了三个主要方面：资金数量、成本和时间。

商业银行在一定时间内能以合理的成本筹集到大量资金，其流动性会较好；商业银行能够以合理的成本快速获得一定的资金，则其具有良好的流动性；商业银行可以在一定时间内以较低的成本获得一定的资金，同样也具有良好的流动性。

此外，商业银行筹集的资金数量可以与其当前需求或潜在需求进行比较，以衡量其流动性。例如，两家银行同时以相同的成本筹集了相同的资金，但其中一家银行的实际或预期资金需求只有这个数额的一半，而另一家银行的资金需求是这个数额的两倍，因此第一家银行的流动性明显好于第二家银行。

（二）保持银行适度流动性的重要性

1977 年，花旗银行前首席财务官在与一群华尔街银行分析师的谈话中，对银行流动性的重要性作了非常精辟地阐述。他提出，美国金融监管机构 (如美国联邦存款保险公司，FDIC) 的银行风险评级体系 CAMEL(分别代表资本、资产、管理、利润和流动性) 的表述顺序应该完全颠倒过来，即流动性应该放在首位——LEMAC。原因是流动性永远是第一重要的，没有它，银行就不能开门；而有了它，银行可以有足够地时间解决其他问题。

一个国家的银行业要发展，必须赢得包括投资者和债权人在内的全社会的信心。银行业的经验表明：对银行的信心通常由以下因素决定，即

信心 $=f[$ 银行净资产、盈利的稳定性、银行所公布的信息质量 (透明度)、流动性] （8-1）

式中，流动性 $=f[$ 政府的担保、贷款的变化、负债的变化]，f 表示关于……的函数。

在流动性函数公式中，政府的担保表现为联邦存款保险制度和中央银行贴现窗口制度以及 "尽可能使之不倒闭原则"。本章对政府担保这一要素不作重点分析，只分析流动性函数的其他两个要素：贷款和负债 (存款) 的变化率。

（三）流动性的职能

为了更方便理解适当地流动性对银行的重要性，我们简要讨论在保持适当的流动性的情况下，银行流动性的具体职能。

(1) 可确保债权人得到偿付。一方面，银行的债权人，无论是小储户还是存单持有人或其他金融机构 (如联邦基金的买家)，都是风险厌恶型客户。换句话说，他们借钱给银行的主要目的是收回本金。在保证本金安全的前提下，这些债权人会因为各自的忠诚倾向或者银行提供的不同利率而二选一。如果银行保持适当的流动性，偿还本金这一债权人的第一要务将得到保证。另一方面，如果银行没有足够的流动性，零售储户也会加入挤兑 (尤其是在第三世界国家)。美国历史上银行流动性就有一个经典例子。1984 年 5 月，当时排名美国第八大银行的伊利诺伊大陆银行因传言其无法偿还外国机构储户的存款而陷入流动性危机。仅仅一周的时间，80 亿美元的存款就从该银行逃逸。

(2) 有能力兑现对客户的贷款承诺。在美国，一家银行发出的贷款承诺额度往往是其贷款余额的数倍。当银行的优质客户提出新的贷款需求时，银行会尽力满足其需求，否则极有可能损害与该客户的关系，甚至会失去该客户。如果银行保持适当的流动性，流动性可以随时履行贷款承诺。

(3) 可使银行及时抓住各种盈利机会，扩大资产规模；流动性还可以使银行在不利的市场环境中出售其流动资产，避免资本损失。

拓展阅读

第三世界国家

第三世界是由亚洲、非洲、拉丁美洲以及其他地区中的发展中国家构成的，是指那些在历史上受过殖民统治和剥削，独立后经济落后，在国际经济政治中处于不平等、受剥

削、受压迫的地位，在地域上大多数位于南半球的亚非拉国家。这些国家也被称为民族独立国家、发展中国家或南方国家。此概念是法国人口学家、经济学家阿尔弗雷德·索维于1952年在《三个世界，一个星球》一文中首次使用的。万隆会议和不结盟运动诞生后，这一概念逐渐被国际社会所认同。1974年毛泽东在会见赞比亚总统卡翁达时提出了"三个世界"划分的战略思想；同年邓小平在特别联大会议上作了关于"三个世界"的发言。20世纪90年代初，世界格局虽然发生重大变化，但"第三世界"这一概念的基本含义和特征并未改变。发展中国家作为第三世界的统一用语，由"七十七国集团"在1964年联合国第一届贸易和发展会议上首次提出，也被广泛使用于国际经济和政治之中。两种称谓只是侧重点有所不同。第三世界(民族独立国家)偏重政治方面，发展中国家(南方国家)则带有经济色彩。

第三世界国家之间存在种种差异，除自然环境的不同外，社会经济结构和阶级成分极其复杂，政治经济发展极不平衡，政治体制、意识形态、宗教信仰、民族习俗、历史沿革等更是千差万别。但是，第三世界又是一个客观存在的统一整体，其基本特征如下：

(1) 历史上，第三世界国家有着共同的遭遇，他们长期遭受殖民主义、帝国主义的奴役和掠夺，均曾沦为资本主义、帝国主义列强的殖民地、半殖民地或附属国。这些国家反对奴役和压迫，谋求解放和发展的要求最为强烈。

(2) 他们在战后均取得了政治独立，建立了民族独立国家。但是独立后仍面临着肃清殖民主义残余势力，尽快克服不发达状态，发展民族经济，巩固民族独立的历史任务。

(3) 经济上，第三世界国家在独立前极端落后、贫穷，独立后经济有所发展，并取得一定成就，但绝大多数国家仍不发达或欠发达，如劳动生产率低下，人口增长率高，失业率高，人民生活水平较低，缺乏资金和技术等。

(4) 各国十分珍惜得来不易的独立，都执行独立自主和不结盟的对外政策，尊重别国主权，反对外来干涉和强权政治，主张改变不合理的国际旧秩序，建立稳定、公正、合理的国际新秩序。

(5) 在世界政治经济格局中，第三世界国家曾经发挥过并将继续发挥重要作用。他们是推动历史车轮前进的动力，是反对殖民主义、霸权主义和强权政治，维护世界和平的基本力量。

二、流动性风险的概念

流动性风险是指商业银行无法在任何时候以合理的价格筹集到足够的资金来履行义务和满足客户需求的风险。以美国为例，各家银行对其流动性风险的表述略有不同，但基本反映了流动性概念所隐含的三个重要方面。J.P.摩根财团认为：流动性风险是指银行无法以合理的利率筹集相同或类似期限的资金来为其资产组合融资的风险。原第一芝加哥银行(1998年4月13日，第一银行与第一芝加哥银行合并为新的第一银行)认为：流动性风险是银行不能及时地履行现在或未来的财务义务。大通曼哈顿银行认为：流动性风险是指银行不能满足其客户提款、申请新贷款或偿付到期债务的要求。

一般来说，商业银行所面临的流动性问题或风险有以下四种情况：

(1) 银行各项业务活动正常。信贷市场运转正常，银行自身也没有出现严重问题。

(2) 银行本身存在短期危机，如银行有坏账。

(3) 银行业整体存在短期危机。这种情况往往是国际金融危机造成的。

(4) 银行陷入长期危机。比如银行一直亏损，所以有破产的风险。

本章的重点将对第一种情况进行分析。其他三种情况属于流动性风险的极端情况，它们通常是由其他风险、信贷风险、利率风险等导致的，在此不作相关阐述。

三、流动性风险的成因

商业银行流动性风险产生的原因是多方面的，如"短存长贷"的资产负债结构导致的内部不稳定、客户投资行为的改变、存款的突然流失等。

（一）"短存长贷"的资产负债结构引发的内部不稳定因素

商业银行的资金来源由各种存款和各种借款人构成，其中大部分是短期的，但也有一部分是中长期贷款。也就是说，大量的短期负债被期限较长的贷款和其他的投资占用。这种"短存长贷"导致的资产与负债的不匹配，使得商业银行的资产负债结构具有内在的不稳定性。

由于这种不合理的"短存长贷"的资产负债结构，商业银行资产产生的现金流难以弥补支付负债产生的现金流出，从而导致商业银行的流动性风险。与期限错配（资产端期限与负债端期限不匹配）相关的一个问题是，商业银行持有非常高比例的、即将到期的负债（如活期存款提取、定期存款到期或其他借款），因此商业银行面临巨额现金支付的问题。此外，在一些重要的节假日或特殊时期（如西方国家的圣诞节前夕、中国的春节前夕、农业地区的农忙季节等），客户提取现金的压力较大。除了这些特殊的时间，在每年的正常时间里，在其他条件不变，客户存款基本稳定，很多活期存款可以作为核心存款。

所谓核心存款，是指商业银行的忠实客户提供的相对稳定的存款。通常，商业银行业务部门的管理者可以预测每个营业日的存款净损失和损失的分布概率。美国的情况是，有核心存款和少量购买基金的大部分美国商业银行，其存款相对稳定，尤其是当其存款有联邦保险时，存款意外流失的可能性并不大。

（二）商业银行客户投资行为的变化

如今，完善和发达的金融市场为投资者提供了许多可供选择的投资方式和手段，商业银行客户的投资行为会随着多种因素发生变化。当市场利率降低时，存款利率也相应降低，储户会把存款拿出来投资其他收益更高的项目。最典型的例子就是储户取出存款投资股票和债券，资金从商业银行流向证券市场。此外，当市场利率降低时，贷款利率也会降低，企业融资成本降低，贷款需求增加。这两个因素都可能使商业银行面临流动性危机。由于利率的调整由央行控制，且具有突发性，商业银行无法把握，因此利率的调整对商业银行的正常经营影响很大。

（三）存款突发性的大量流失

存款突发性的大量流失是指由于某种突然因素导致商业银行客户大量提取存款（即挤兑），从而导致银行流动性风险。

储户的挤兑行为主要是储户对商业银行偿付能力的怀疑和对存款损失或存款冻结的恐惧造成的。这种怀疑和恐惧往往出现在以下两种情况：

(1) 当存款人了解到自己存款的商业银行因大量资产成为呆账（长时间未还清的账户）或投资担保等业务出现严重亏损时，由于存款人对该银行的流动性风险的严重性及能否渡过难关的具体情况无法确切了解，担心和恐惧就会因此产生。

(2) 当其他商业银行出现支付危机时，储户很难判断这种支付危机是否会影响其存款所在的商业银行。因为一家商业银行破产后，该行对其他商业银行拥有的债权（如贷给该行的资金）会遭受损失。当储户不能确定存款所在商业银行的影响是否会影响其存款的安全偿还时，也会因此产生担心和恐惧。这种担心和恐惧是在储户不完全了解存款银行偿付能力信息的情况下产生的。

客户挤兑引发的商业银行危机只是表象，更深层次的问题在于商业银行自身。商业银行的流动性风险往往是由各种原因造成的，如银行资产质量恶化、商业银行巨额亏损、资本充足率大幅下降、无法以适当的成本筹集所需资金以满足现金需求等。在这种情况下，即使没有挤兑，商业银行也难逃破产清算或被迫合并的厄运。

（四）信用风险的影响

信用风险对流动性的影响在于商业银行对客户放贷的风险。这些风险要么来自对客户的管理不善，要么来自商业银行的错误决策。但是，无论风险来自何方，一旦发生信用风险，其直接后果就是贷款本息无法按时收回，商业银行将遭受损失。同时，贷款本身的流动性很差，没有活跃的二级市场。因此，一旦贷款投放出去，即使商业银行预见到风险的存在，也不能在贷款到期前出售或转让贷款。而是只希望客户的情况有所好转，但那样商业银行就失去了规避风险的主动权。

（五）中央银行政策的影响

中央银行的金融政策与商业银行的流动性之间有着密切的联系。当央行采取扩张性货币政策时，商业银行更容易获得资金，存款大幅上升，客户的贷款要求更容易得到满足，流动性风险基本不会发生。当央行采取从紧的货币政策时，商业银行对央行的贷款量将受到控制，全社会货币信贷总量减少，资金呈紧张趋势，存款数量减少，贷款需求高，挤兑可能性增加。

（六）金融市场发展程度的影响

金融市场发展程度直接关系到商业银行资产变现和主动承担负债的能力，从而影响流动性。在资产方面，短期证券和票据资产是商业银行保证流动性所需要的工具。当第一准备金不足时，需要卖出一部分以获得流动性。这种抛售行为必须建立在成熟完善的金融市场存在的基础上。在不完整的金融市场，证券和票据不能以合理的市场价格买卖，会增加交易成本和损失。从债务方面来看，随着债务业务的多元化，债务工具二级市场的发展日趋完善，不仅促进了一级市场的发展，还为商业银行随时获取流动性开辟了一条途径。

（七）利率变动的影响

利率的变化对商业银行的流动性有很大的影响。由于利率敏感性资产和负债的结构性差异，会出现以下两种情况：

(1) 当敏感性缺口为正、资产和负债到期或重新定价时，资产的收益将超过负债的成本，导致现金流入超过流出，这将提供可观的流动性。

(2) 当敏感性缺口为负、资产和负债到期或重新定价时，资产的收益将小于负债的成本，现金流入将小于流出，对流动性影响不大。

如果预期利率下降，由于社会投资和消费的过度扩张，存款大幅下降，这迫使银行调动所有可用的流动性，包括使用第二准备金和出售资产。更何况商业银行此时获取主动负债的能力很小，资金来源相当紧张。社会对贷款的需求会因过度投资而成倍增长，商业银行会因为无法提供贷款而失去盈利机会。短期证券由于存款利率的降低提供了更高的收益率，但商业银行此时很难筹集到投资资金。这样，需求端的流动性就出现了巨大的缺口，流动性风险就会达到相当高的水平。

第二节 流动性风险的度量

商业银行要想有效控制流动性风险，就必须科学地识别和计量已知的和潜在的资金，计量资金的需求规模和时间。通过分析和计量，使商业银行充分了解自身的流动性状况，以便随时解决可能出现的流动性风险。

一、度量流动性风险的财务指标

度量商业银行流动性风险的财务指标很多，如现金比率、流动比率、存贷款比率、不良贷款率、核心存款与总资产比率、贷款总额与总资产比率、贷款总额与核心存款比率、流动资产与总资产比率、流动资产与易变负债比率、易变负债与总资产比率、存款增减变动额与存款平均余额比率、流动资产和可用头寸与未履约贷款承诺比率、证券市场价格票面价格比率等。

（一）现金比率

现金比率是指现金资产与银行存款的比率。由于现金资产的流动性最强，当现金比率越高时，银行资产整体的流动性越强。但不是所有的现金资产都可以，只有超过法定存款准备金的才可以。现金资产包括以下三种：

(1) 库存现金（包括纸币和硬币）。

(2) 存放在央行的存款（包括法定存款准备金和清算资金）。

(3) 存放在其他商业银行和金融机构的存款（同业存款）。

这三种资产，即库存现金、中央银行存放的清算资金和其他银行存放的资金，统称为商业银行的超额准备金，通常称为商业银行的基本头寸。现金比率的计算公式为

$$现金比率 = \frac{现金资产}{银行存款} \tag{8-2}$$

尽管各国中央银行对商业银行现金比率保持在什么样的水平没有明确的规定，但可以作粗略地推算。因为商业银行保持现金的目的有两个：一是法定存款准备金；二是用于支付的超额储备。法定存款准备金与法定存款准备率有关，而超额储备与备付率有关。因此，现金比率可视为法定存款准备率加备付率，即：

$$现金比率 = 法定存款准备率 + 备付率 \tag{8-3}$$

2022 年 3 月至 9 月，我国大型金融机构存款准备金率为 11.25%，没有严格规定备付率，由商业银行自行决定。一般来说，大型商业银行的备付率低于小型银行。例如，中国建设银行规定其分支机构的备付率应保持在 2% ～ 4%，一些中小商业银行将准备金率设定在 5% 以上。

（二）流动比率

流动比率是指流动资产与流动负债的比率，其计算公式为

$$流动比率 = \frac{流动资产}{流动负债} \tag{8-4}$$

式中，流动资产是指企业拥有的能够在一年或一年以上的营业周期内变现或消耗的资产。银行的流动资产包括库存现金、中央银行存款、短期投资、其他银行存款、贷款资金等。流动负债是指在一年或一年以上的一个营业周期内偿还的债务。商业银行的流动负债包括吸收的各种短期存款、中央银行贷款、同业存款、拆入资金、应付利息、应付工资、应付福利费、其他应付款、应交税费等。

流动比率越高，商业银行的流动性越好。许多国家规定了商业银行的流动比率，如《中华人民共和国商业银行法》（以下简称《商业银行法》）第三十九条第一款第（二）项规定："流动性资产余额与流动性负债余额的比例不得低于百分之二十五。"

（三）存贷款比率

存贷款比率（货存比）是指商业银行的贷款与存款的比率。其计算公式为

$$存贷款比率 = \frac{贷款余额}{存款余额} \tag{8-5}$$

存贷款比率是判断流动性的通用指标，也是长期以来被商业银行广泛使用的传统指标。贷款是商业银行最主要的资金用途，也是流动性较差的资产；存款是商业银行的负债，也是其资金的主要来源。贷存比越高，商业银行的流动性越差，风险越大，因为非流动性资产占用的资金越多。相反，贷存比低，说明银行仍有富余头寸，既可以发放新的贷款或进行投资，又有稳定的存款来源，还可以满足客户的提现需求。总的来说，商业银行的比率

在初级阶段较低，随着管理水平地不断提高和规模地扩大也在上升。此外，各商业银行的经营政策不同也在一定程度上决定了贷存比。例如，与非进取型商业银行相比，进取型商业银行的比率更高，因为前者注重盈利性，而后者强调安全性。而存贷比并不能反映贷款与存款的结构性差异，如贷款的质量、期限等，因此用贷存比衡量流动性存在明显的不足。

（四）不良贷款率

不良贷款率作为衡量贷款质量的指标，也是衡量流动性的指标，因为贷款占商业银行资产的比重最大。贷款的质量不仅直接影响银行资产的安全，还会影响商业银行的利润和声誉，因为没有人愿意把自己的钱放在一个不安全的地方。事实表明，许多商业银行的流动性危机是由大量不良贷款造成的。不良贷款率越高，流动性越差；反之，不良贷款率越低，流动性越好。国际上把 10% 视为不良贷款率的警戒线。

（五）核心存款与总资产比率

商业银行的存款根据其稳定性可分为核心存款和非核心存款。核心存款是指那些相对稳定，对利率变化不敏感，季度和经济环境变化对其影响不大的存款。因此，核心存款是商业银行稳定的资金来源。但是，商业银行一旦失去公信力，其核心存款也会随之流失。

非核心存款也称为易变存款，受利率等外部因素的影响较大，当经济环境变化产生对银行不利的影响时，非核心存款通常会大量流失，但此时也正是商业银行的流动性需求增加的时候，所以在衡量流动性时，不能考虑这类存款。

核心存款占总资产的比例在一定程度上反映了商业银行的流动性。一般来说，区域性中小银行的该比率较高，大银行尤其是国际银行的该比率较低，但这并不意味着大银行的流动性风险高于小银行，因此该指标也有局限性。但对于同类银行来说，高比例的银行流动性相应更高。

（六）贷款总额与总资产比率

贷款是商业银行最主要的资产，如果贷款不能在二级市场上转让，那么这类贷款就是银行所有资产中最不具备流动性的资产。通常，该比率较高，表明银行流动性较差，该比率较低则反映了银行具有很大的贷款潜力，满足新贷款需求的能力也较强。

一般来说，该比率随着银行规模的增加而增加，大型银行的比率高于中小型银行。贷款总额占总资产的比例忽略了其他资产，特别是流动性资产的性质，所以这个指标不能准确衡量银行的流动性风险，也没有考虑贷款本身的流动性。贷款可以从以下两个方面提供流动性：

(1) 根据协议定期支付的利息和本金本身提供了流动性。

(2) 一些贷款经过处理后，还可以在二级市场转让，从而提供流动性。由于坏账风险和二级市场转让的不确定性，贷款提供的流动性很难估计。

（七）贷款总额与核心存款比率

贷款总额与存款总额的比率是衡量银行流动性的传统指标。后来人们发现，不稳定的

存款不能作为银行稳定的资金来源，于是用核心存款代替总存款。其公式为

$$贷款总额与核心存款的比率 = \frac{贷款总额}{核心存款} \tag{8-6}$$

该比率越小，商业银行存款的流动性越高，流动性风险越小。

一般来说，贷款总额与核心存款的比率是随着银行规模的扩张而增加的，一些大银行的比率甚至大于1。对于大银行来说，核心存款占总资产的比例较低，单位资产的贷款额高于中小银行。这并不意味着大银行的流动性风险一定大于中小银行，因为大银行更容易以合理的成本在金融市场上筹集资金，满足其流动性需求。

（八）流动资产与总资产比率

流动资产是指投资期限在一年以内，信誉良好，易于变现的资产，这种资产只要需要，就可以以合理的价格转换成现金。流动资产占总资产的比例越高，银行储备的流动性越高，应对潜在流动性需求的能力越强。但对于一家大银行来说，因为它可以很容易地以合理的价格筹集资金，所以没有必要储存太多的流动性资产，所以商业银行越大，这个比例就越小。

（九）流动资产与易变负债比率

易变性负债是指那些不稳定的，易受利率、汇率、股价指数等经济因素影响而变动的资金来源，如大额可转让定期存单、国外存款，以及我国的定活两便存款、证券账户上的存款等。当市场利率或其他投资工具的价格发生对商业银行不利的变动时，这部分资金来源容易流失。

流动资产与易变负债的比率反映了当市场利率或其他投资工具的价格发生不利于银行的变化时，银行承受流动性风险的能力。如果比率较大，表明商业银行应对潜在流动性风险的能力较强；如果比率较小，表明商业银行应对潜在流动性风险的能力较弱。

（十）易变负债与总资产比率

易变负债和总资产的比率可以衡量商业银行依赖可变负债获得所需资金的程度。一般在其他条件相同的情况下，该比率越大，商业银行面临的流动性风险越大。

（十一）存款增减变动额与存款平均余额比率

存款增减变动额与存款平均余额比率在不同的经济周期中是不一样的。但是，对于每一个商业银行来说，存款的增减在一定的经济条件下有一定的稳定性和规律性，如果出现异常变化，就要引起重视。比如，某周或某月该比率大幅下降，说明存款大量流出；如果这一比率的下降幅度与历史同期有较大差异，则表明流动性风险有所加大。当经济环境发生较大变化或投资偏好出现较大变化时，这一比率不能正确反映和衡量商业银行的流动性风险。

（十二）流动资产和可用头寸与未履约贷款承诺比率

流动资产和可用头寸与未履约贷款承诺比率可以衡量商业银行是否能够满足其未兑现

承诺所需的流动性需求。如果流动资产和可用头寸之和大于未履约贷款承诺，则意味着商业银行能够完全满足承诺的潜在贷款需求；如果流动资产和可用头寸之和小于未履约贷款承诺，则意味着商业银行现有流动性无法满足承诺的贷款需求，银行的流动性风险较高。该比率越大，商业银行应对潜在贷款需求的能力越大；该比率越小，商业银行应对潜在贷款需求的能力就越小。由于没有考虑商业银行从其他途径获取流动性的便利性和成本，该比率在衡量商业银行流动性风险时具有局限性。

（十三）证券市场价格与票面价格比率

商业银行通常持有一定比例的证券以维持其流动性，证券的市场价格影响其流动性。证券市价与票面价格比率也是商业银行流动性的一个指标。

上面讨论的流动性指标共有十三个，这些指标都是根据资产负债表中的相关项目来衡量流动性的。它们的共同缺陷是都是存量指标而不是流量指标，没有考虑商业银行在金融市场获得流动性的能力。

二、度量流动性风险的市场信息指标

仅计算商业银行资产负债表中的相关财务比率，无法全面准确地衡量其流动性风险。商业银行是否具有控制流动性风险的能力是由其在市场中的形象、地位和实力决定的，商业银行不可能在通过市场检验之前就确定自己是否具有足够的流动性。因此，在衡量银行流动性风险时，除了相关比率外，还应分析观察一些市场信息指标。

（一）公众对商业银行的信心流失

商业银行若是被公众或机构认为其现金不足，难以保证债务支付，或者由于投资者认为该行面临或将面临流动性危机，使得商业银行存款持续减少、银行股票的价格下跌，可能意味着公众对该行的信心在下降。

（二）资产出售时的损失

商业银行为了满足流动性需求，有没有抛售损失惨重的资产？这种情况是经常发生还是偶尔发生？如果频繁发生这种情况，表明该商业银行已经面临严重的流动性危机。

（三）商业银行满足优质客户资金需求的能力

商业银行是否能够及时满足能给银行带来合理利润的优质客户的贷款需求，或由于流动性压力迫使商业银行放弃某些可接受的贷款申请？如果商业银行不能满足优质客户合理的贷款需求，表明其已经出现流动性不足的情况。如果不及时解决，不仅会降低盈利，甚至会失去优质客户。

（四）向中央银行借款情况

商业银行最近经常向地方央行申请贷款吗？如果是，说明该商业银行存在流动性风险，应认真检查流动性管理政策，并作出相应调整。

（五）票据贴现或转贴现

其他金融机构是否愿意对商业银行票据进行贴现？如果答案是否定的，那么可能表明该商业银行的市场形象和资金实力受到怀疑。

（六）资信评级

密切关注市场评级机构是否调整商业银行的信用评级。如果评级提高，商业银行的市场地位就提高了；如果评级降低，商业银行的市场地位也就降低了。降低评级将直接导致融资成本和流动性风险的增加。

（七）中间业务情况

如果商业银行在信用证等中间业务中担任开证行，是否会经常满足出口商或出口商银行增加保兑行的要求？如果是，说明该商业银行的市场形象和资金实力受到市场的怀疑。

由于信息不对称的影响，上述市场信息指标不能真实反映商业银行流动性风险的实际水平。但是，通过分析这些指标，商业银行可以对其在市场中的形象和地位作出更准确地衡量和判断，并督促其制定合理的流动性管理策略。

第三节　流动性风险的管理理论

早期商业银行的流动性管理主要关注资产的流动性，尤其是贷款和担保的期限。随着经营环境的变化和金融市场的发展，以流动性管理为核心的资产管理已经发展到负债管理、资产负债综合管理、表内表外统一管理等阶段。

一、资产管理理论

自英格兰银行于1694年开业以来，随着客观经济环境的变化和商业银行的逐步发展，银行家们总结了许多经营管理经验，并相继创立和发展了各种资产管理理论。下面简单介绍三个主要理论。

（一）真实票据理论

真实票据理论亦称"商业性贷款理论"，该理论是在商业银行发展初期产生的，起源于亚当·斯密对国民财富性质成因的研究。根据这一研究理论，由于银行资金的来源多为短期闲置资金，银行资金的运用只能用于发放由真实商业票据担保的短期、自偿性贷款。这种短期贷款与银行存款相匹配，银行可以用到期的商业票据和贷款来弥补存款的流出。当时西方国家创造信用的能力相当有限，动产和不动产的二级市场不发达。在这种情况下，真实票据理论所倡导的自偿性贷款的发放确实是保持银行资产流动性、确保信贷资产安全的有效途径。

但随着资本主义经济的发展，真实票据理论的缺陷日益明显，具体如下：

(1) 该理论没有考虑到社会经济发展对贷款需求扩大和贷款种类多样化的要求。

(2) 该理论没有注意到银行存款的相对性和稳定性。

(3) 该理论缺乏对贷款自我清偿外部条件的考虑，因为能否自我清偿不但取决于贷款的性质，而且取决于市场状况。如果出现市场萧条和经济危机，贷款就难以自动清偿。

(4) 因为自偿性借贷是信用随着商业需求的自动扩张，在景气时期信用会自动扩张，加剧过剩危机；萧条时期，由于贷款范围有限，不利于企业设备更新和启动再生产。

（二）资产变现或转移理论

第一次世界大战以后，金融市场不断发展和完善，金融资产的种类增多、流动性增强。尤其是 20 世纪 30 年代以来，美国等国家的国债市场有了突飞猛进地发展，当时凯恩斯主义盛行，政府发行的债券大增，因为政府债券很少有违约风险，在二级市场上容易以合理价格转售。银行家们逐渐意识到：流动性强的资产（包括这些国债），不仅可以产生一定的收益，而且在必要的时候，还可以将这些债券卖出，转换成现金，以满足支付需求，维持资产的流动性。这就是资产转移理论，也称为资产变现理论。这一理论从根本上否定了传统的真实票据理论，强调保持银行流动性的最佳方式是购买需要用钱时可以立即出售的资产。只要银行持有可以随时在市场上变现的资产，其流动性就有很大的保障了。

转移理论的意义在于找到了保持银行流动性的新途径。根据这一理论，银行购买一些短期证券来保持流动性。一方面可以消除贷款流动性压力，腾出部分资金用于长期放贷；另一方面可以减少非盈利性现金资产的持有，将部分现金转换为证券。这既保证了流动性，又增加了银行的收益。正因为如此，转移理论得到了广泛地推广。二战后的一段时间内，美国商业银行持有的证券超过了贷款，成为了银行资产的重要支柱。

然而，转移理论也有明显的缺陷。这不仅是因为短期证券的合理持有量很难确定，还因为关键问题在于银行资产能否变现，证券转让能否实现取决于银行以外的市场，即取决于第三方的购买。如果证券市场需求不旺盛，转让就会成为问题，资产的流动性就无法保证。因此，当经济停滞或出现经济危机时，短期证券市场往往会关闭。如果央行不干预，商业银行的流动性将难以保证。即使证券勉强变现，商业银行也是以大幅亏损为代价的。

（三）预期收入理论

第二次世界大战后，经济发展带来了多样化的资金需要，一方面短期贷款需求有增无减，另一方面产生了大量设备和消费贷款的需求，同时，其他金融机构与商业银行的竞争也日趋激烈。这一切都迫使商业银行的流动性管理不能仅仅满足于证券的变现，还应根据借款人的偿债能力来开发、提供不同的贷款。

在这种背景下，美国芝加哥第一国民银行副总裁普鲁克诺于 1943 年在"定期放款与银行流动性理论"一文中提出了预期收入理论。

根据预期收入理论，一方面，贷款不能自动还清，贷款的支付取决于借款人与第三方交易时获得的收益。简而言之，贷款是靠借款人的未来或预期收入来偿还的。因此，贷款的安全性和流动性取决于借款人的预期收益。如果一笔贷款的未来收益是有保障的（比如按月或按季度分期付款），即使期限较长，由于安全性和流动性得以保证，银行还是可以接受的。另一方面，如果贷款的预期收入不可靠，即使期限很短，银行也不应该发放贷款。根据这一理论，只要借款人预期收益可靠，还款来源有保障，商业银行不仅可以发放商业贷款，还可以发放中长期设备贷款和非生产性消费贷款。普鲁克诺还认为传统的商业贷款理论和资产变现理论仍有其适用性，并进一步发现了"一旦整个银行体系大规模出现挤兑，最终的流动性仍将由中央银行提供"。

预期收入理论的积极意义在于，它深化了对贷款偿还的认识，明确指出贷款偿还来源于借款人的预期收益，这是银行信贷管理理论的重大进步。与根据贷款期限粗略理解安全性和流动性的商业银行贷款理论相比，预期收入理论更加深刻和具体。预期收入理论还促进了贷款形式的多样化，加强了商业银行的地位。商业银行发放中长期设备贷款的结果是，从只发放流通贷款的局外人变成了企业生产经营活动和扩大再生产的积极参与者，从而加深了对经济的渗透和控制。商业银行发放中长期设备贷款不仅强化了银行自身的地位，也对其他金融机构起到了制衡作用。

当然，预期收入理论也有缺陷。最大的问题是预期收益很难把握，或者说没有预期。由于客观经济条件的变化或突发事件，借款人未来收益的实际情况往往与银行的预期相差甚远，甚至背道而驰。这种情况在长期贷款中尤为突出，所以按照这种理论操作贷款，往往会增加银行信贷的风险。因为长期贷款预测困难，如果预测失败，后果会很严重。

总之，预期收入理论实际上是资产变现理论的改进或延伸，只是该理论将分析的重点转移到了银行和借款人的预期现金流上。预期收入理论的出现进一步促进了 20 世纪 50 年代分期贷款的发展，使投资期限更加多样化。

二、负债管理理论

负债管理理论随着商业银行的产生和发展逐渐完善，它与以前的流动性管理截然不同。过去银行的流动性管理主要从资产的角度考虑如何满足流动性，而负债理论则认为银行可以通过负债管理获得流动性。负债管理理论不仅强调如何以合理价格获得资金，而且强调如何有效地使用资金，特别是如何满足贷款需要。与传统的主要依靠吸收存款的办法不同，负债管理强调通过一系列新的金融工具来筹集资金，有了这种工具，银行的资产就会增加，而传统的利用存储的流动性来满足贷款需求的方法只是改变了资产的构成。如果靠变现流动资产来满足存款下降带来的新的流动性需求，银行的规模会变小甚至萎缩。按照负债管理理论，银行不必储存大量的流动资金，这样银行就可以将更多的资金投入到贷款或者其他收益更好的中长期投资中。这样，银行的收益可能确实增加了，但银行面临的风险也大大增加了。

负债管理理论在发展的进程中分别产生了银行券理论、存款理论、购买理论和销售理论。其中，购买理论的影响最大，有人称其为"银行负债思想的创新"。20 世纪的中后期，购买理论甚至被直接称为负债管理理论。

（一）银行券理论

银行券是银行发行的用以代替商业票据流通的银行票据。最早的银行券出现在 17 世纪初，当时信用能力有限的商业票据严重不适合没有地域限制的商品交换，因此银行券主要是通过贴现商业票据发行的。在金本位制下，一个典型的银行券持有者可以随时从发行银行赎回黄金。在流通过程中，银行券是以金币的形式出现的。但是，银行券的发行并不需要足够的金币作为后盾，因为银行券的持有者不会同时来银行要求提取现金，流通中总会有一些银行券。这一发现，使银行具有了创造信用的能力，同时也使银行体系变得不安全。

起初，银行券是由银行发行的，几乎所有的银行都可以发行银行券，于是一些银行为了追求高额利润，大肆发行银行券，最终因为无法兑现而破产。随着教训的积累，小银行或新银行发行的银行券不再被市场接受。渐渐地，历史悠久、声誉较高的大银行垄断了银行券的发行权。在 19 世纪中期以后，随着中央银行制度的确立，银行券的发行权最终被中央银行垄断，商业银行丧失了银行券的发行权，不再拥有银行券的负债。但是，银行券理论还是有一定的现实意义的，即银行的负债只需要保留一些现金储备，而一定数量的现金储备是必须要保留的。所谓的流动性原理就是由此衍生出来的。

（二）存款理论

当商业银行失去发行银行券的权利时，存款成为商业银行最重要的负债形式，存款理论应运而生。存款理论具有以下含义：

(1) 存款是商业银行最主要的资金来源，是银行各项业务经营活动的基础，没有存款，银行经营将无法继续维持。对银行经营来说，存款总是具有决定性意义的。

(2) 虽然银行可以用很多方法争取存款，但存款能否形成最终取决于存款人的意愿，即存款存不存，存款的多与少都是存款人自主决策的结果。相应地，银行处于"被动"地位，只能遵从储户的要求，而不能影响储户的决定。因此，存款负债被称为"被动负债"。

(3) 银行应当支付存款利息，作为存款人转让资金使用权的报酬。对于那些寻求存款增值或保值的人来说，利率是引导存款流向的有力工具。

(4) 储户和商业银行都非常关心存款的安全性。储户关心的是存款能否按时兑现，兑现后会不会贬值。银行担心储户是否会提前取款，更担心存款挤兑。

(5) 一般情况下，存款是稳定的，甚至活期存款也有相对稳定的余额可以使用。但银行在资产负债结构上要保持一定的平衡和协调，尤其是用于长期投资和贷款的资金必须限制在存款额度内，否则会造成流动性危机，甚至会导致银行倒闭。

(6) 存款可分为两类：初始存款和衍生存款。利用支票账户创造衍生存款使商业银行具有扩大信贷的功能，但这一功能受到中央银行货币政策的影响。

存款理论的主要特征是稳健性和保守性。在存款理论的指导下，银行强调按照客户的要求组织存款、按照安全原则管理存款、按照期限对称的方法使用存款，并参考贷款的收益来确定存款的利率。存款理论不赞成银行盲目扩大经营规模，冒险追求额外利润。存款理论也为商业银行在资产负债管理中的重点放在资产上提供了依据，即银行无法控制存款负债的变化，只能通过资产的适当安排来适应存款的变化，以保持流动性。

（三）购买理论

购买理论产生于20世纪中期，与传统理论有很大不同，它受到了银行界的广泛青睐，并引起了银行管理思想的巨大变化。根据购买理论，银行对负债并非完全被动，而是可以对负债采取主动措施，即可以通过购买负债获得扩大资金来源的主动权。根据购买理论，商业银行的流动性不仅可以从资产管理中获得，也可以从负债管理中获得。只要商业银行的借贷市场广阔，就能源源不断地从市场上借到钱，所以它的流动性就有保证。因此，商业银行没有必要保留大量的储备资产，可以适当扩大高盈利贷款和投资的比例。必要时，商业银行甚至可以从市场上借款，以扩大其贷款规模。

商业银行购买（借入）的资金一般可以分为两种。一种是买入（或借入）短期资金以弥补临时款项的不足，例如，向同业拆借资金或向央行借款以弥补存款被提取后的资金缺口，偿还短期负债。一般这种买入短期资金的方法只涉及债务结构的变化，债务人的增减只是"偶数"。只要不出于意外，一般不会有大的风险。另一种是买入（或借入）资金，以满足客户的贷款需求或自身的投资需求，如用借入的资金贷出资金。这种买入（或借入）资金的方法涉及资产和负债。由于负债的扩大导致盈利资产的增加，可能会增加银行的盈利能力。但是，若存在风险，稍有不慎就会弄巧成拙。

购买理论的积极意义如下：

(1) 购买理论为商业银行的流动性管理注入了新的思路。在传统资产管理理论下，商业银行的流动性管理侧重于资产端，主要依靠资产结构的安排来保证流动性需求，即银行的流动性主要来源于流动性资产。而购买理论使商业银行能够利用主动负债来维持流动性，为银行协调盈利能力和流动性之间的矛盾创造了新的手段。

(2) 购买理论为商业银行的业务拓展提供了一种新的方法。根据存款理论，银行资产规模主要由存款决定，有多少存款才能发放多少贷款。资产安排只能被动适应存款总量和结构。购买理论促使银行使用主动债务工具来满足银行流动性的需求，即银行可以根据资产端的需求来组织负债，让负债支持资产的扩张。也就是说，如果银行需要发放贷款或者进行投资，即使没有存款也没关系。相反，银行可以通过发行大量可转让存单、债券和贷款（包括中央银行贷款、银行间贷款、回购协议下的贷款和国际货币市场贷款）来筹集所需资金。

购买理论的主要缺陷是其带有强烈的主观色彩，助长了银行的冒险精神，增加了商业银行的经营风险，不利于银行稳健经营。银行能否如其所愿利用主动债务工具筹集所需资金，不仅取决于其主观努力程度，还取决于市场的资金供求状况。当金融市场资金短缺、商业银行无法借入资金保证流动性需求时，银行就可能陷入困境，甚至倒闭。如果商业银行从国际金融市场大量借贷支持国内信贷规模扩张，就会导致债务危机。同时，主动负债的成本相对较高会促使银行将资金投向收益相对较高的贷款和投资。"短借长贷"现象越来越严重，进而导致银行资产风险加大。

（四）销售理论

销售理论产生于20世纪80年代。以往的负债经营理论，无论是银行票据理论、存款理论，还是购买理论，都是单纯以资金为中心。而销售理论则不同，它认为银行是金融产品的制造商，银行债务管理的中心任务是销售这些产品，以获得所需的资金和预期收益。销售理论的主要内容包括：

(1) 顾客至上。维护顾客利益，满足顾客需求，是银行服务的出发点和归宿。表面上看，银行是资金筹集和融资的中心，实际上是利益调整的中心。银行要追求自己的利益，但同时也要维护客户的利益。银行应该全心全意为客户服务，尽一切可能满足他们的各种需求。只有这样，银行才能不断扩大客户群，使银行不断发展。

(2) 客户是多样的，对金融服务的要求是多样的，金融产品也必须是多样的。银行应根据客户的收入、职业、年龄、文化、生活习惯、民族习惯、社区特征、自然环境等因素设计开发新的金融产品。

(3) 金融产品的营销主要依赖于信息的沟通、处理和传播。销售金融产品的目的之一就是组织资金。银行要善于销售金融产品，为客户提供服务，达到吸收资金的目的。广告、公关、企业形象、产品设计等，都对信息的传递和金融产品的推广有很大的影响。

(4) 金融产品应该通过资产和负债挂钩来设计和打造。从负债经营的角度来说，应该通过适当利用贷款或投资等资产进行一揽子安排，达到吸收资金的目的。

销售理论反映了银行与非银行金融机构之间的竞争和相互渗透，反映了商业银行综合化、全能化发展的趋势。和其他债务管理理论一样，销售理论不能完全取代其他理论，只是对负债管理理论的丰富和补充。

三、资产负债管理理论

资产管理理论和负债管理理论在维持安全性、流动性和收益性的平衡上是片面的。资产管理理论过于偏重安全性和流动性，在一定条件下以牺牲利润为代价，不利于激励银行家的进取精神。虽然负债管理理论可以较好地解决流动性和盈利性的矛盾，鼓励银行家的进取精神，但它依赖于外部条件，往往带有很大的经营风险，因此银行经营者开始意识到资产负债综合管理的必要性。

20 世纪 70 年代末至 80 年代初，资产负债管理理论应运而生。1980 年，美国国会通过了放松对存款机构和货币控制的法案。1981 年，全国银行被允许支付活期存款利息；1982 年，银行开设不受《Q 字条例》利率上限限制的货币市场存款账户；1983 年，同意开设一个超级可转让支付指令账户。这样，银行吸收资金的限制逐渐缩小，业务范围越来越大。一方面，有利于商业银行竞争和吸收存款；另一方面，由于国家放松管制和同业竞争，存款利率上升、资金成本增加，给商业银行安排资产结构和保证高利润带来困难。因此，客观上提出了资产负债综合管理的要求。同时，由于当时利率的放开，银行长期利用短期资金来源，通过增加业务量来增加利润的传统经营格局被打破。商业银行资产负债结构发生了质的变化，利率风险迅速扩大，单一的资产管理或负债管理已经不够了。为了生存和发展，获得高额利润，银行不得不对资产和负债进行综合管理。

资产负债管理有广义和狭义之分。广义的资产负债管理是指银行管理者对其持有的资产和负债的种类、价值、总额，以及组合进行决策的一种全面的资金管理方法，其本质是对银行资产负债表中各项目的总量和结构进行规划、指导和控制，以实现利润最大化。狭义的资产负债管理是指利差管理，即控制利息收入和利息支出的差额，使其大小和变化与银行的总风险收益目标相一致。而风险和收益是衡量一家银行经营质量的重要标志。收益主要来源于银行的利差，利差是银行潜在资产负债结构的反映，是资产负债综合作用的结果。风险表现为利差的敏感性和波动性，利差的大小和变化决定了银行整体的风险收益状况。资产管理的目标是在股东和财务控制的约束下，使银行的利差最大化（从而收益最大化），波动范围（风险）最小化，即保持利差稳定在较高水平。为了实现这一目标，银行管理者采取以下措施：

(1) 根据预测的利率变化主动调整银行的资产负债结构，即使用利率敏感性平衡管理方法。

(2) 利用金融市场上转移利率风险的工具，作为差额管理方法的补充，如期限管理方法和金融期货、期权、利率互换等保值工具。

资产负债管理应遵循以下原则：

(1) 规模对称原则。它是指资产规模与负债规模相互对称，统一平衡。这种对称并非简单的对等，而是一种建立在合理经济增长基础上的动态平衡。

(2) 结构对称原理。它是动态资产结构和债务结构的相互对称统一平衡。长期负债用于长期资产；短期负债一般用于短期资产。

(3) 速度对称原则（也称偿还期对称原则）。银行的资金分配应该根据资金来源的流通速度来决定，也就是说，银行资产和负债的偿还期限应保持一定的对称性。这个原理有相应的计算方法——平均流动率法。资产的平均利用到期日和负债的平均到期日相比可以得到平均流动率，如果平均流动率大于1，说明资产被过度利用，反之意味着资产没有得到充分利用。

(4) 目标互补原则。这一原理认为"三性"的平衡不是绝对的平衡，而是可以互补的。比如在一定的经济条件和经营环境下，流动性和安全性的降低可以通过盈利能力的提高来弥补。知道了目标互补原则后，我们在商业实践中就不必拘泥于某个目标，或只根据某个目标（如盈利性）来考虑资产配置，而是要把安全性、流动性和盈利性结合起来进行综合平衡，这样才能保证银行经营目标的实现，努力使最终结果达到的总效用实现最大化。

(5) 资产分散化原则。这一原则要求银行资产应在种类和客户方面适当分散，以规避信用风险，减少坏账损失。

在资产负债综合管理的形式上，西方商业银行略有不同，但目标和任务大体相同，主要包括的方面有：一是通过对资产负债的有效管理，致力于抑制各种经营风险，以寻求收入的稳定增长；二是对盈利性的评价是建立在注重考察资产收益率和资本收益率基础之上的；三是保持适当的流动性，明确界定自有资本比例；四是资产和负债管理委员会的建立，并由其制定银行的经营战略、资金运用和具体的筹资政策，并对已决定的战略和政策进行跟踪调查，发现问题，研究对策，改进和完善资产负债管理。

商业银行的资产负债管理是银行经营方式的重大变革，它对商业银行、金融界和经济运行产生了深远的影响。对银行自身的影响表现在：它增强了银行抵御外部经济动荡的能力。资产负债管理运用现代管理方法和技术手段，从整体上协调资产与负债之间的矛盾，并围绕解决这一矛盾的关键因素——利率，建立了一整套防御纽带，形成了一张"安全网"，使银行在调整资产负债结构方面具有极大地灵活性和适应性，从而增加了银行抵御风险的能力。它有助于缓解银行"借短放长"的矛盾。利率市场化导致融资成本增加，迫使商业银行降低风险、放弃进攻性的放贷和投资策略，对放贷和投资采取更加谨慎的态度。它使银行的经营管理日益完善，决策更加科学。资产负债管理对国民经济的影响也是巨大的。具体表现在：一是它为客户提供了日益多样化的金融工具、服务和融资方式，使储蓄者和生产者受益，促进了整个国民经济的发展；二是它对资产和负债的统筹管理，利率市场化导致的负债成本增加必然促使银行提高贷款利率，从而保持合理的存贷利差，这可以在一定程度上缓解通货膨胀的压力。

当然，资产负债管理也有一些弊端，主要表现在：一是资产负债管理使得竞争更加激烈，银行倒闭数量增加；二是不利于货币监管机构对银行的监控。放松金融管制，技术进步推动新的金融工具的出现，使银行业日益多样化和复杂化。特别是随着涉外业务的快速发展，货币监管机构面临着更多的风险鉴定困难；商业银行存款利率的放开导致贷款利率的提高，增加了企业的投资成本，阻碍了整体经济增长。

总之，商业银行资产负债管理的影响是多方面的，其作用有利也有弊。从微观上看，资产负债管理缓解了银行的资产负债矛盾，增强了单个银行的抗风险能力，从而使银行管理更加现代化和科学化。从宏观上看，资产负债管理可以在一定程度上缓解通货膨胀的压力。但是银行之间的竞争更加激烈，破产数量逐渐增加，货币监管机构的管理更加困难的情况。

四、资产负债表内表外统一管理理论

20 世纪 80 年代末，在世界各国放松金融管制及金融自由化的背景下，银行业的竞争空前激烈。这种激烈的竞争不仅存在于商业银行与非银行金融机构之间，就连非金融业的工商企业也开始大规模地介入金融业的激烈竞争之中。同时，各国的货币政策比较偏紧，通货膨胀率呈下降趋势。这一系列因素抑制了商业银行利率的提高和银行经营规模的扩大，商业银行存款的利差收益愈来愈小。另外，大量创新的金融衍生交易工具不断涌现并迅速产生新的组合，这不仅为商业银行规避、控制、管理风险提供了许多新的方法和手段，也为商业银行开辟了新的赢利渠道。然而，这些避险工具本身也存在潜在的、更复杂的风险，例如，1995 年，具有 230 多年历史、在世界 1000 家大银行中按核心资本排名第 489 位的英国巴林银行宣布倒闭，其原因是该行高级职员尼克·里森擅用职权，投机交易失败，两个月内竟使银行亏损 4 亿美元。同年，日本大和银行因一名职员期货交易造假账买卖债券，背上了 11 亿美元的巨额亏损，被迫宣布停止在美国的业务。

资产负债表内表外统一管理理论认为，商业银行的风险管理不能只限于资产负债表内的业务，应该对表内表外业务进行统一的管理。该理论认为，存贷款业务只是商业银行经营的一根主轴，在其周围还可以延伸发展出多种多样的金融服务，如信息处理、资产管理、基金管理、期货和期权等多样衍生金融工具的交易。同时，该理论也提倡将原来的资产负债表内的业务转化为表外业务，如将贷款转让给第三者，将存款转售给急需资金的单位等。这种转售单纯地在资产和负债上分别销账，使表内经营规模缩减或维持现状，而商业银行收取转让的价格差额。

实质上，资产负债表内表外统一管理理论是资产负债理论的扩展和延伸，从形式上看是使资产负债管理由表内向表外扩展，但实质上极大地丰富了金融风险管理资产负债管理的内容，同时也使包括流动性风险在内的金融风险管理及资产负债管理日趋复杂。

第四节　流动性风险的管理方法

流动性对商业银行至关重要，流动性管理也一直被商业银行视为资产负债管理和金融风险管理的重中之重。若银行的流动性管理做得好，风险防范必然就是其中之一。因此，流动性管理从根本上说是流动性风险管理。

一、衡量流动性缺口

衡量流动性缺口是流动性风险管理的前提。流动性缺口的本质是商业银行的净流动性需求，而衡量流动性净需求常用的方法是资金的来源与运用法。这种方法的核心思路是：商业银行的流动性随存款增加和贷款减少而提高，随存款减少和贷款增加而降低。当资金来源与运用不匹配时，商业银行存在流动性缺口。当流动性资金来源超过其用途时，称为正缺口。反之，则称为负缺口（或流动性赤字）。当出现流动性缺口时，商业银行通过变现流动资产或从金融市场购买流动性来弥补。因此，流动性需求预测是估计流动性需求的重要方法，也是降低流动性风险的重要手段。该方法以计划期内存贷款数量的增减作为分析计算的重点，分析银行在经营过程中面临的季节性、周期性和趋势性。其基本操作程序：一是预测规划期内（如一年）的存贷款量，通常按月或按周计算存贷款预测值；二是根据同期存贷款的增减变动，计算净流动性需求（流动性缺口）。事实上，银行的资金来源不仅限于存款，还包括贷款或到期可以收回的投资。银行的资金用途不仅是贷款，还有存款和到期应还的债务。因此，流动性缺口的预测还应考虑所有的资金来源和用途。

二、提供流动性供给

通常，流动性供给从流动性储备和流动性购买开始。前者要求银行保留一定的现金资产或其他与预期流动性需求相匹配的易于变现的资产，后者则表明银行可以通过出售各种形式的债权来主动获取流动性。这两者分别体现了流动性供给管理的资产和负债方式。

（一）流动性储备

流动性储备的常用方法是资金池法。商业银行将从各种渠道筹集的资金汇集起来，然后根据流动性的优先程度进行分配，形成合适的资产组合。按照资金池法，商业银行往往优先满足一级储备，主要包括库存现金、同业存款、托收现金和存放在央行的存款准备金。一级储备是存款被提取的第一道防线。当客户要求非预期的贷款，而商业银行认为该贷款是必要的，一级准备金是他们考虑的主要流动性来源。

其次，商业银行要安排二级储备，主要包括所持有的短期国债和货币市场证券。二级储备构成了满足商业银行流动性需求的第二道防线。商业银行在满足一级储备和二级储备后，将剩余资金的一部分用于发放符合质量要求的贷款，另一部分用于购买长期有价证券。

最后，作为固定资产投资，商业银行单独考虑它，一般限于其资本量。

此外，商业银行还可以根据不同资金来源的流动性、资金周转速度和法定准备金要求来决定银行资产的配置。如果资金来源是短期的、相对多变的，那么商业银行应该将大部分资金投入一级储备，小部分投入二级储备或短期贷款。相反，如果大部分资金期限长、流动性低、法定准备金要求低，那么商业银行可以将小部分资金用于一级和二级储备，大部分资金用于贷款和证券投资。资产分配法，如图8.1所示。

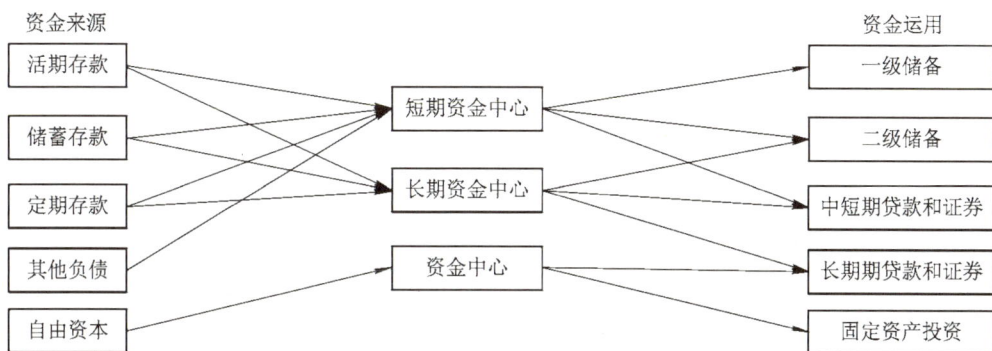

图 8.1　资产分配法

资料来源：刘园.金融风险管理.北京：首都经济贸易大学出版社，2008.

（二）流动性购买

一般而言，流动性购买包括以下几个方面。

1. 窗口贴现

窗口贴现是商业银行获取短期资金的一种方法。它通过从央行借入短期资金来调整银行的短期流动性头寸，如临时或季节性的流动性需求。但是，商业银行不能将这种方式视为持续的资金来源。从市场的角度来看，商业银行向央行过度借贷会导致公众信心下降和现金提取加速，因此商业银行应适度使用这种方法。

2. 同业拆借

同业拆借主要用于弥补商业银行经营过程中由于一些意外或特殊因素导致的暂时性流动性短缺。它是一种机制，允许储备不足的商业银行从拥有暂时闲置资金的其他银行购买短期资金，以满足法定存款准备金和合格贷款的需求。

3. 回购协议

回购协议使商业银行能够获得以低风险资产为抵押的短期贷款，以满足即时的流动性需求。其步骤是：商业银行暂时出售优质、易流动的资产（如短期政府债券），同时根据协议约定，在特定的未来日期，以预定的价格或收益回购此前出售的资产。

4. 发行大额可转让存单

可转让存单是表示承兑银行在特定时间（通常为一个月至一年）以特定利率支付存款资金的有息收据。它的面额很大，利率可以固定，也可以浮动。它具有很高的流动性，可以在到期日前在二级市场流通。

5. 欧洲货币存款与国外资金市场

欧洲货币市场起源于 20 世纪 50 年代的欧洲西部的发达国家，它的目的在于为主要跨国银行进行套期互换提供短期的流动性需要或给最大的客户发放贷款。这种国际信贷期限从隔夜到一年不等，与海外分行有活跃的二级市场，利率由国际市场决定。国外资金市场是指在开放经济中，银行可以通过本国以外的货币市场筹集短期流动性资金。一般来说，大银行由于信誉好，抗风险能力强，可以很容易地从国外筹集流动性资金。

▶▶ 🎙 【本章小结】 ·······

(1) 流动性系指银行能够在一定时间内以合理的成本筹集一定数量的资金来满足客户当前或未来的资金需求。流动性风险指银行不能随时以合理的价格筹集到足够的资金履行自己的义务，满足客户需求而面临的风险。

(2) 对于经营正常的银行而言，流动性风险产生的主要原因是资产和负债期限的不匹配，利率水平的波动。而对经营不善的银行而言，除了以上原因外，信贷风险往往是流动性危机的先导诱因。

(3) 流动性衡量方法分为两个方面。一个方面是静态衡量法，侧重于银行资产负债表内的项目及各项目之间联系所产生的财务比率；另一个方面是动态衡量法，侧重于银行潜在的流动性需要及银行满足这种需要的能力，涉及资产负债表以外的业务。

(4) 商业银行流动性风险管理理论经历了资产管理理论、负债管理理论、资产负债管理理论、表内表外统一管理理论等阶段。

思考题

(1) 判断下列说法正确与否并说明理由：

① 银行保有流动性的目的，主要是为了满足客户的提存需求。

② 负债管理理论产生于资产管理理论，它克服了资产管理理论的缺陷。

(2) 什么是流动性？为什么商业银行要保持一定的流动性？

(3) 流动性风险产生的原因是什么？

(4) 流动性风险管理理论经历的四个发展阶段？

(5) 对商业银行的流动性风险如何衡量？

案例分析

美国伊利诺斯银行倒闭案

伊利诺斯银行在倒闭以前被认为是美国五家管理最好的银行之一，被媒体誉为银行业的典范。20世纪80年代初，伊利诺斯银行是美国第七大银行，拥有330亿美元的资产，属于典型的货币中心银行。然而伴随着1981年美国的油气产业逐步走向衰退，其巨大资产组合中的能源部门贷款的前景开始变得不再乐观。在1982年8月欠发达国家的危机大规模爆发之前，伊利诺斯银行向这些国家提供了大量的贷款，随着石油价格的回落，借款企业出现了严重问题，特别是从俄克拉荷马城某银行购入的与能源有关的贷款出了问题，银行必须自行消化损失。至1984年初，伊利诺斯银行因坏账过多以及资金无保险的存款人和一般债权人的挤兑而出现了严重的流动性危机。同年，该行不得不向美国美联储银行借款36亿美元，以填补损失的存款，维持必要的流动性。与此同时，联邦存款保险公司也向公众保证该行的所有存款户和债权人的利益将得到完全保护，并宣布将和其他几家的银行一起向该行注资，试图通过此方式来阻止银行资金的流失，并使人们相信"银行太大而不能破产"。但是，上述措施并没有立即化解伊利诺斯银行的流动性危机，该行存款还在继续流失，该行在短短的两个月内共损失了150亿美元的存款。这使得该行的不良贷款率和资金流动性风险愈发严重。虽然做出了诸多救助措施，但是伊利诺斯银行由于市场信誉的流失，其存款继续流失，在用50亿资产清偿债务后，仍欠美联储40亿美元、欠28家私人银行40亿美元、欠联邦存款保险公司20亿美元。伊利诺斯银行在两个月内其存款流失了150亿美元，最终由联邦存款保险公司收购。

案例思考

(1) 美国伊利诺斯银行倒闭的原因有哪些？

(2) 从案例中可以得到哪些启示？

第九章 其他风险

本章导读

现代经济是信用经济，也是法制经济。法律的健全和完善、树立良好的声誉是金融交易顺利进行的有力保证之一，也是金融维护正常秩序的重要措施之一。金融机构在国内外金融市场上的许多商业行为，或对机构自身、或对交易对手方、或中介性质的第三方都具有明确的法律关系和信誉基础，因此金融机构对法律风险、信誉风险开始给予更多的关注。同时，随着经济全球化进程的加速，商业银行在追求短期、长期发展的过程中，国家风险与战略风险对商业银行安全性显得尤为重要。

学习目标

(1) 掌握法律风险的概念和成因。
(2) 掌握声誉风险的概念和成因。
(3) 掌握国家风险的特点和类型。
(4) 了解战略风险的概念。

第一节 法律风险

一、法律风险概述

巴塞尔新资本协议首次将法律风险纳入金融风险范畴，该协议的相关文件将法律风险定义为：合同不具有法律约束力或文件使用不准确。也有学者指出，法律风险是指由于金融法律法规缺失、法律条文理解错误、执行不力、缺乏细化规定等原因导致双方合同无法执行而给金融机构造成的损失。本书认为，法律风险是指当金融机构的正常业务运作不适应法律法规的变化时，金融机构将不得不改变其业务决策，从而导致损失的风险。当前，我国正致力于建设社会主义市场经济，加强金融法治是社会主义市场经济建设的应有之义。因此，我们必须充分认识到金融法治的必要性、重要性和紧迫性，大力推动金融法制化进程。

法律风险引发的危机远远超过其他金融风险。法律风险一旦在金融机构中形成并爆发，不仅会造成大量资金的损失，还会降低甚至丧失金融机构的声誉，甚至会导致金融机构的破产。一个不容忽视的现实是，法律风险在金融机构的业务中已经客观存在，因此，在日常经营中，既要充分重视法律问题，又要尽可能减少或消除法律风险。

法律法规被视为维护大多数经济主体在市场运行中合法利益的保障，因此如果金融机构在经营中违反法律规定就会受到法律制裁，或者失去客户信任，并直接遭受经济和声誉损失，导致金融监管部门对其进行处罚，导致业务量和利润大幅下降间接造成损失。而且，某个金融机构相关的法律问题可能会对整个行业产生广泛的影响，从而增加金融机构本身乃至整个行业的成本。更有甚者，当开发新业务或交易伙伴的法律权利不明确时，银行特别容易受到法律风险的影响。

二、法律风险的成因

（一）金融体制外部原因

1. 外部环境存在问题

在国有企业与国有商业银行的产权改革过程中，会出现国有企业恶意违约、逃废债务的现象。因为无论是国有企业、还是国有商业银行都是国有的，一些国有企业领导还没有建立金融契约的观念。金融体系仍处于转型期，一些与金融相关的社会关系处于不确定状态。法律是社会关系的稳定器，它固化了社会变革过程的结果，任何社会关系一旦被法律确定，就不应该轻易改变。目前，经济和金融体制改革仍在进行中，尚未宣布完全适用法律对其进行调整，这使得现行法律对社会关系的调整能力有限。监管部门未能妥善处理发展与规范的辩证关系，难以把握二者之间的平衡，往往顾此失彼。在实践中，发展往往比规范更受重视。在制定监管法律、法规和规章时，风险防范意识薄弱，对执法中可能出现的问题和风险估计不足，立法计划性不强，立法技巧有待提高。外部环境存在的问题包括：

(1) 部分企业项目因决策失误、市场变化、经营不善或国家产业政策调整等原因，造成经营困难、还款意愿差，银行不得不诉诸法律来收回贷款。

(2) 中国年轻的经济体系刚刚建成，社会信用观念淡薄，信用契约软化。一些企业，特别是中小民营企业，利用承包、租赁、改制、破产等方式规避、逃避、取消债务，银行被迫提起诉讼保全信贷资产。

(3) 市场经济体制相关法律法规缺失、市场规则模糊或相互冲突，以及立法和执法上的疏漏和偏差，银行业务发展和经营活动缺乏规范而引发的法律风险。

(4) 一些社会犯罪分子单独或通过拉拢、贿赂个别银行员工对银行实施经济犯罪，往往引发民事经济纠纷。

2. 金融法制观念尚未树立，出现无法可依或执法不严现象

在经济转型期，金融机构在法律环境中遭遇外部风险有三种可能：一是法律法规的缺位导致一些金融活动无章可循，市场秩序混乱；二是不合理或无效的法律法规导致一些相互矛盾、不公平竞争的金融活动；三是对法律法规规定执行不力或理解模糊，导致金融活动安全性差。

3. 法律的滞后性

由于立法者认识能力的不足和社会生活的复杂多变，法律无法预见的情况层出不穷，

不可能达到包揽无遗的境地。特别是金融衍生工具自出现以来，不断翻新发展，立法者无法作出迅速的反应。同时，各国法律条文也难以及时更新，使得衍生金融工具交易的合法性难以得到法律明文保证，交易双方缺乏必要行为规则的约束以及法律救济来协调利益。在发生纠纷的场合下无章可循、无法可依，导致司法、执法的不力和偏差，有关矛盾得不到切实、公平的解决。

（二）金融体制内部原因

1. 部分银行工作人员法律观念淡薄，违规或违法操作

违反规定对外出具担保、办理存款不入账、违规承兑或贴现票据、违规开出和承兑信用证等，造成了大量担保案件、存单案件、结算案件，或者票据和信用证垫付后形成借款纠纷。这是银行作为被告的案件多发和对外承担民事责任的重要原因。再如，在衍生产品交易中，部分银行工作人员没有鉴别能力，与法律规定不具备签署合约能力的当事人签署合约，导致合约无效的风险。

2. 银行管理制度不完善或业务操作流程不规范

信贷、票据、信用证等业务环节缺乏完善的制度规范和严谨细致的法律审查，合同文本遗漏，担保措施不落实等，出现问题必须诉诸法庭。例如，业务人员违规操作或不严格按程序操作，存款业务不严格审核企业开户资料；在办理收据付款时未严格检查预留印鉴，或在办理票据贴现时未严格审核贴现手续等，都是经济纠纷发生的风险因素。

3. 其他原因造成的法律风险

在一些大型贷款纠纷案件中，由于银行贷款预警机制失效或对风险信号反应迟钝，在借款人发生严重经营亏损、项目决策失误或市场变化的情况下，银行仍继续重复放贷，这通常是大案风险的一种重要形式。

三、法律风险的表现形式

金融机构要承担不同形式的法律风险，它包括由于法律意见和文件的不完善、不正确而导致金融资产价值较预期情况减少或负债增加的风险。

（一）文件的法律效力风险

银行类金融机构在信贷管理中流通债权债务凭证，不仅表明债权债务关系，也意味着法律意义上的权利与义务关系。单据的法律效力风险是指金融机构在日常经营中的交易凭证首先必须是真实的。同时，由于合同措辞不准确、不清晰、不一致，会给相关业务今后的经营带来极大的不便，甚至引起法律纠纷，干扰金融机构的正常经营，还可能造成银行声誉或直接经济利益的损失。金融机构的业务中经常会出现各种伪造的凭证，如假钞、假票据、假授权书、假信用证、假承诺书等。如果金融机构的员工不能及时识别和验证这些伪造的凭证，将会给金融机构造成巨大的损失。经常因书面出现问题而承担风险的合同主要有：信用证、信贷合同、租赁合同等。

在信用证业务中，开证行经常因单据准备不完善等各种原因拒付，给作为付款行或议付行的银行带来不便；还有信用证欺诈现象，给进口商造成了巨大损失，也影响了承办银行的声誉。信用证最常见的风险是：当卖方提供虚假单据，即假单据，或者即使是真实单据却根本不是交付单据所代表的价值时，这显然构成了信用证的欺诈。当卖方只交付单证所代表的货物，或者卖方交付的货物不具有单证所代表的价值时，往往会产生纠纷。信用证欺诈是文件欺诈的一种形式，是一种故意行为。信用证欺诈在主观上要有诈骗的故意，其在客观上要有诈骗的事实。

在信贷合同中，对还款期限和还款方式的规定不明确，或者对保证人和保证人的责任表述不准确，都可能对银行贷款的收回造成障碍甚至损失。

（二）违反法律及监管部门法规的法律风险

在日常经营中，金融机构的行为不仅要受到法律的约束，还要遵守监管部门的规定。在商业银行的经营过程中，除了《商业银行法》要遵守之外，还有许多相关的法律法规和国际惯例，必须严格执行。当然，这些法律规定也与商业银行业务密切相关，如银行必须遵守《公司法》《税法》《证券法》《破产法》《票据法》等。然而，发展和规范往往是矛盾的，许多金融机构在处理盈利性和安全性时，总会顾此失彼。

自中国的银行建立以来，"存款办银行"已成为其经营的主导思想。存款被视为银行成立和发展的基础，存款的多少被视为银行"实力和地位"的象征。因此，许多银行的领导都将存款的增长作为考核银行经营业绩的硬指标。在这种思想的影响下，有的银行通过层层承包，要求各分行每年完成一定的存款指标，而这些分行将这些指标分配给个人，个人在完成存款任务的基础上才可以获得一定的奖金。在这种高压政策下，银行的所有工作人员不得不竭尽全力拉存款。在各家银行拉存款的竞争下，采取的手段除人情关系以外，最重要的是提高存款利率。事实上，这种只关注存款的增长而忽略吸收资金成本的做法，并不会给银行自身的发展带来多少利润。反而会给银行和储户双方带来一定的法律风险。

（三）交易方的法律资格风险

交易方的法律资格风险是指金融机构本身或其交易对手在从事具体交易时，是否符合规定的标准，是否有交易资格，并按具有约束力的法律规定参与和执行交易。大多数金融机构的经营行为表现出契约特征。如果合同的任何一方被取消资格，即被法律认定为没有能力从事相应的交易或者没有通过有关部门的鉴定，那么合同本身就失去了法律效力，对各方都没有了约束力。一旦出现这种情况，很有可能合同中的受益方会遭受损失。

就银行而言，其资质可以概括为两个方面：

(1) 在总体上，各国金融当局或外部监管机构以法律形式确定的商业银行的业务范围，通常在《商业银行法》中有所体现。比如，分业经营金融体系的国家明确划分了商业银行和投资银行的业务范围，国内的商业银行是没有资格经营证券业务的。

(2) 就单个业务而言，由监管机构或交易所对交易量作出规定。例如，英格兰银行规定，银行对单一业务的投资不得超过其资本基础的 25%，若打算承担超过资本基础的 25%，任何风险都必须通知英格兰银行并作出承诺。又如，全世界的证券交易所和期货交易所，通常都有所谓的交易额度规定，因此，商业银行的交易超出这些规定的部分，应视为不具备合法资格的操作，因而不具备应有的约束效力。

金融机构本身不具备交易资格却从事交易活动，大部分属于故意违规，要么是高额利润的诱惑，要么是对客户无原则服务的结果。监管机构之所以有交易资格相关的限定，通常是为了降低金融机构的经营风险。当金融机构违反这些规定时，当然要承担更高的风险损失，这就是法律风险的发生。

（四）司法管辖权冲突风险

司法管辖权冲突风险主要发生在涉外业务中，是指发生交易纠纷时，适用哪个国家的法律，采取什么样的解决方式。由于各国法律法规的完善程度差异较大，大陆法系和英美法系也存在显著差异，有时需要在合同中确定一个对自己有利的解决方案和适用法律。如果商业银行在争议解决中因无视事先规定而处于不利地位，并最终遭受损失。如果这种损失仅仅是由司法权的归属造成的，也就是说，如果裁决是在另一种司法权的基础上进行审判的，这种损失可以避免或损失的程度是可以降低的，那么就假定存在司法管辖风险。例如，跨国银行在选择哪些分支机构从事衍生金融业务对银行整体更有利时，通常会考虑税收制度和金融监管等，这样，著名的避税中心和因快速发展而普遍以监管不严著称的新兴市场往往容易赢得青睐。当然，商业银行也要考虑市场规范程度、市场稳定性、资金回收能否顺利实现等具体问题。

第二节　声　誉　风　险

一、声誉风险概述

现代经济是信用经济，金融机构是信用经济的主体。在借贷信用交易过程中，以信用为基础是所有金融机构的核心和基本出发点。从某种意义上说，信用是金融机构的生命。在现代经济中，各种金融机构，尤其是商业银行，不仅扮演着保证经济正常、低成本运行的金融中介角色，更重要的是在融资体系中扮演着债务人的角色，承担着融资活动的重要任务 (如融资、筹资、结算、支付等) 都与信用有关。在银行活动中尽可能地调查、计量、防范和控制各种风险的目的是保证各种信贷业务的顺利开展。

声誉风险是指金融机构经营失误、违反相关法律法规、资产质量下降、无法偿还到期债务、无法向公众提供优质金融服务以及管理不善等，可能对金融机构声誉造成不利影响的行为。声誉危机对金融机构的伤害很大，因为金融机构的业务性质要求他们维护存款人、贷款人和整个市场的信心。

政府、工商客户和居民个人作为银行的债权人，从信用关系的本质出发，以同样的理由对商业银行和其他金融机构提出相关要求。比如，要求银行及时支付各类债权，满足客户一切合理的信贷要求，为债权人提供快速、廉价的资金划拨等多元化服务。因此，政府、工商客户和居民个人对商业银行的日常经营管理提出了很高的要求。所以，银行必须保持充足的资本、高流动性、可观的收益率、良好的规范运作、优质高效的服务，才能在汹涌澎湃的金融创新浪潮中立于不败之地。归根结底，银行必须在金融市场上保持积极和值得信赖的形象。

二、声誉风险的成因

（一）从住友事件看声誉风险的成因

1996 年 6 月 14 日，日本住友商社曝出震惊世界的财务丑闻。住友商庄有色金属交易部部门负责人兼首席交易员滨中泰男十年来一直从事未经授权的国际铜交易，致使住友商社蒙受了 18 亿美元的巨额损失。该事件是继 1995 年 3 月以来爆发的三大金融及衍生事件（巴林事件、加州奥兰治事件、大和银行事件）之后，又一个损失巨大的衍生产品事件。

住友事件一经披露，在国际铜市场引起了更大的混乱。穆迪公司立即把住友的债券评级从 AAA 下调至 A，并进一步下调。虽然住友商社雄厚的资金实力使其免于像巴林银行一样破产清算的厄运，但住友事件对其良好声誉和未来经营的恶劣影响是不可估量的。直到住友银行与大和银行合并成立全球最大的金融企业，这种负面影响仍未完全消失。

住友事件是金融机构声誉风险损失的一个非常典型的案例。原因是市场信心动摇，住友的声誉受到影响，直接和表面的原因是巨额亏损。虽然住友因其雄厚的资金实力并未进入破产清算，但近 20 亿美元的亏损必然会影响了集团未来发展战略的实施。人们必然会对其资本充足率和资金实力持怀疑态度，对住友能在多长时间内弥补亏损、增强实力持悲观态度，失去原有的信任感和依赖感。同时，人们也发现了住友内部控制制度的致命缺陷，仅靠全面履行亏损的铜期货合约义务来挽回声誉的补偿性措施是掩盖不了的。损失一方面来自住友员工的违规操作行为，让人怀疑其员工的职业道德和专业素质。未来，人们的怀疑态度将长期把大笔业务挤出住友的大门。另一方面，通过大量的媒体报道，人们逐渐对住友商社的内部管理有了了解。如果个别员工的违规操作不会经常发生，给客户造成损失的可能性毕竟比较小，但如果整个金融企业的管理是无效的、不完善的，就意味着巨大的潜在交易风险。企业财务管理层不能及时发现，或者发现后不能及时处理职工违约行为，缺乏控制可能或已经发生的损失的措施和保证大局的宏观管控能力。这是客户和普遍丧失信心最不能容忍的原因，也是穆迪公司等权威评级机构降低信用评级的原因。

（二）金融机构的违法行为

金融机构是开展合法经营活动的企业，如果金融机构与非法活动有关联，无疑会使公众和交易对手对其失去信心。

针对银行违法犯罪活动的"洗钱"是众所周知的违法行为。所谓"洗钱"，是指将毒品犯罪、黑社会性质组织犯罪、恐怖犯罪、走私犯罪或其他犯罪的非法所得及其产生的收益，以各种手段隐藏或掩饰起来，并使之正式合法化的行为和过程。洗钱是一种社会危害极大的犯罪，这一点已经达成国际共识。洗钱的主要危害是犯罪分子将赃款洗成合法收入，使合法拥有财产的国家或自然人丧失返还请求权。如果犯罪分子将一国的珍贵文物盗窃并贩卖到另一国，然后将赃款存入银行或投资企业，这笔赃款将通过洗钱的方式消失得无影无踪，给文物合法持有国造成重大损失。洗钱不是孤立存在的，它总是要掩盖赃款的真实来源，这无异于切断警方追查犯罪行为的线索。赃款赃物流转的环节越多，追查犯罪行为的难度越大，这助长了组织犯罪，阻碍了司法机关的正常活动。犯罪分子通过洗钱获得大量资金，为其他犯罪活动提供了资金基础，干扰了国家的社会稳定。洗钱给国家金融体系带来了混乱和危机，因为洗钱涉及金额大、资金转移快、突发性强，容易导致金融机构资金流动困难。一些金融机构在利益驱动下，勾结洗钱犯罪，大开方便之门，甚至参与洗钱活动，一旦真相曝光，可能引发公众对金融机构的信任危机。因此，洗钱犯罪势必引起国际社会的关注，应制订公约和协议，共同打击和预防洗钱行为的发生或蔓延。

此外，金融机构的欺诈行为或被卷入欺诈行为，应引起金融监管部门的重视，因为这将极大地威胁金融机构的安全和金融体系的稳定和稳健。第一，这可能意味着金融机构内控薄弱，更需要加强监管，防微杜渐。第二，这种情况会对单个金融机构乃至整个金融体系的声誉和信心产生潜在影响。为此，金融机构的管理层和内部安全部门建立了密切的联系机制，以便随时相互沟通。还要求员工向其上级或内部安全部门报告可疑或有问题的情况，并要求银行向监管机构报告可疑行为和重大欺诈。监管机构需要保持有关各方对金融机构问题的关注，让金融机构意识到正在发生或可能发生的各种欺诈行为，以便金融机构及时采取防范措施。

第三节　国　家　风　险

一、国家风险概述

自亚洲金融危机以来，国家风险对商业银行安全性的影响日益明显。中国自加入WTO以后，经济开放度迅速提高，大量跨国公司涌入国内市场。与此同时，随着我国商业银行海外分支机构的日益增多，各项经营活动越来越多地涉及国家风险管理，这对现有的风险监控体系和分析工具提出了更高的要求。

金融中的国家风险是指在跨境信贷、投资和金融交易中可能遭受损失的风险，具体包括因保存外汇或其他原因无法或不愿履行对贷款人或投资人的外汇偿还义务而导致的风险，以及其他借款人因贷款或投资本身以外的原因无法履行对贷款人或投资人的偿还义务而导致的风险。理解国家风险，要把握两点：

(1) 任何跨国信贷，无论授予该国政府、民营企业还是个人，都有可能遭受国家风险损失。因此，国家风险的概念比主权风险或政治风险的概念更广泛。主权风险仅指一个主权国家政府贷款的可能损失。

(2) 政府能够控制的事故造成损失的风险就是国家风险。比如，一国政府不当的经济政策导致企业破产，从而无法履行合同，这就是国家风险，但如果企业本身因经营不善而破产，一直无法履行义务，则属于商业风险。

与一般商业风险相比，国家风险具有以下四个方面鲜明的特征：

(1) 国家风险是在跨国金融经济活动中存在或产生的，属于国家间经济交往的风险。

(2) 国家风险是与国家主权密切相关的风险，表现为东道国制定的相关法律法令中对外国投资者或外国经营者的一些不利规定或歧视性待遇。

(3) 国家风险源于东道国法律法规的可执行性，从而导致这种风险的合同或合同条款可以改变或免除。

(4) 国家风险是指一个国家的个人、企业或机构作为投资者或债权人所承担的风险，这种风险是由不可抗拒的外来因素所造成的。

二、国家风险的分类

（一）根据国家风险事故的性质

根据国家风险事故的性质，国家风险可划分为经济风险、政治风险和社会风险三个方面。

(1) 经济风险是指债务人所在国经济原因导致的风险，如经济长期低增长、工人罢工、生产成本大幅上升、出口收入持续下降、国际收支恶化、外汇资金短缺等。

(2) 政治风险是指一国国际关系发生重大变化造成的风险，如对外战争、领土被占，或国内动乱、恐怖事件不断、社会动荡、地方纷争、政党分裂等因素造成的风险。

(3) 社会风险是指一个国家的社会矛盾引发的风险，如内战、种族纷争、宗教纷争、群体争斗、社会分配不均导致的社会阶级对立等。

（二）根据借款人的行为

根据借款人的行为，国家风险可划分为以下四个方面：

(1) 间接风险。间接风险是指当一个国家意外遭遇经济困难或政治动荡时，银行在该国的贷款收入虽然不会立即遭受损失，但事后也会遭受间接损失，主要表现为收回时贬值。

(2) 到期未能偿还风险。到期未能偿还风险是指债务到期后无法偿还利息和本金的风险。

(3) 债务重组风险。债务重组风险是指跨国银行、相关国家政府或其他金融机构共同协商，对债务国的债务支付作出新安排的风险，主要包括借新还旧、延迟还本付息、改变还本付息条件等。无论是哪种情况，重新安排债务都会有损失。

(4) 债务核销风险。债务核销风险是指跨国银行被债务国严峻的形势逼着冲销债务，遭受损失的风险。

（三）根据借款人的形式

根据借款人的形式，国家风险可分为政府（主权）风险、私人部门风险、公司风险、公司主权和个人风险。主权风险是与主权贷款相关的特定风险。这种贷款的特定含义是，还本付息与具体项目或企业的经营状况没有直接关系，因而无法通过法律行动保证赔偿贷款损失，因为借款人可以要求免除诉讼或不履行裁决。

（四）根据贷款的用途

根据贷款用途，国家风险可分为信用额度、投入融资、计划融资、国际收支融资和开发融资。

（五）根据风险程度

根据借款人的行为所造成的风险程度进行判断，国家风险可分为高风险、中风险和低风险。

第四节　战略风险

战略风险是指商业银行在追求短期经营目标和长期发展的过程中，因不当的发展规划和战略决策而受到不利影响的风险。战略风险管理一词最早出现在米勒的文章《国际商业中的综合风险管理框架》中。在这篇文章中，米勒指出了企业对战略环境不确定性的五种一般反应：回避、控制、合作、模仿和适应。商业银行战略风险管理具有双重内涵：

(1) 商业银行针对内外部环境，能系统地识别和评估商业银行既定战略目标、发展规划和实施计划中的潜在风险，并采取科学的决策方法和风险管理措施，避免或减少风险损失。

(2) 商业银行应从长远角度和战略高度规划和实施信用、市场、操作、流动性和声誉风险管理，确保商业银行健康、持久经营。

战略风险管理可以最大限度地避免经济损失、长期维护和提高商业银行的声誉和股东价值。商业银行致力于战略风险管理的前提是理解并接受战略风险管理的基本假设：

(1) 存在准确预测未来风险事件的可能性。

(2) 预防措施将有助于避免或减少风险事件和未来损失。

(3) 如果未来风险得到有效管理和利用，其风险可能转化为发展机遇。

战略风险管理通常被视为一项长期战略投资，其实施效果需要很长时间才能显现。从本质上讲，商业银行可以在短期内实现战略风险管理的诸多好处。与声誉风险一样，战略风险与其他主要风险密切相关并相互作用，因此它也是一种多维风险。没有结构化、系统化的风险识别和分析方法，要深入理解和有效控制战略风险是相当困难的。

【本章小结】

(1)《巴塞尔协议》的相关文件将法律风险定义为：合同不具有法律约束力或文件使用不准确。也有学者指出，法律风险是指由于金融法律法规的缺失、对法律规定的误解、执行不力、缺乏细化规定等原因导致双边合同无法执行，造成金融机构的损失。本书认为，法律风险是指当金融机构的正常业务运作不适应法律法规的变化时，金融机构将不得不改变其业务决策，从而导致损失的风险。

(2) 文件的法律效力风险是指金融机构在日常业务记录中的交易凭证首先必须真实有效，同时，合同的措辞存在一些问题，如不准确、定义不清、不一致等，因此给相关业务的未来经营带来极大不便，甚至引发法律纠纷，干扰金融机构的正常经营，造成银行声誉或经济利益的损失。

(3) 所谓"洗钱"，是指将毒品犯罪、黑社会性质的组织犯罪、恐怖犯罪、走私犯罪或其他犯罪的非法所得及其产生的收益，以各种手段隐藏或掩饰起来，并使之正式合法化的行为和过程。

(4) 金融中的国家风险是指在跨境信贷、投资和金融交易中可能遭受损失的风险，具体包括因保存外汇或其他原因无法或不愿履行对贷款人或投资人的外汇偿还义务而导致的风险，以及其他借款人因贷款或投资本身以外的原因无法履行对贷款人或投资人的偿还义务而导致的风险。

(5) 战略风险是指商业银行在追求短期经营目标和长期发展的过程中，因不当的发展规划和战略决策而受到不利影响的风险。

思考题

(1) 什么是法律风险？

(2) 什么是声誉风险？

(3) 法律风险主要有哪些形式？

(4) 什么是国家风险？

案例分析

全球曼氏金融破产

2011 年 10 月 31 日，拥有长达 200 年历史的世界最大期货交易商——全球曼氏金融控股公司（以下简称全球曼氏金融）——向纽约南区破产法院提交了破产保护申请。表面上，终结这家公司的是欧债危机，而更深层次的原因是全球曼氏金融的风险管理体系出现了问题。

2010 年 3 月，原新泽西州州长和高盛掌门人乔恩·科尔津被任命为全球曼氏金融新一任首席执行官。乔恩·科尔津上任后，一直致力于将全球曼氏金融打造成一家中型衍生品经纪公司，进而将其转型为投资银行。于是，他领导制定了从事高风险投资的非常激进的投机战略。

全球曼氏金融"看中"因信用评级下滑价格走低但收益率上升的欧洲国家主权债券，于是大量买入不被市场看好的欧债，并将其抵押以获取贷款，希望能够赚取差价。2011 年 2 月，乔恩·科尔津宣布了在 5 年内将全球曼氏金融转型为投资银行的计划。短短几个月，该公司持有高达 63 亿美元的欧债敞口，分别来自西班牙、意大利、比利时、爱尔兰和葡萄牙等深陷债务危机的国家。当时，全球曼氏金融错误地认为，欧债不会出现大规模的违约。

随着欧债危机的不断加深，2011 年 10 月 24 日，穆迪将全球曼氏金融债务评级下调到略高于垃圾级。穆迪在声明中表示，降级的主要原因在于全球曼氏金融激进的风险策略和公司在欧元区政府债务的风险敞口。10 月 25 日，全球曼氏金融提前公布了截至 9 月 30 日的第二财季的财务状况，披露损失高达 1.91 亿美元，创公司亏损的历史纪录，致使公司股价当天暴跌 48%。随后，在不到一周的时间内，全球曼氏金融市值蒸发超过了 2/3。10 月 31 日，在寻求整体或至少部分出售公司资产以避免破产命运的多轮谈判失败后，全球曼氏金融只好提交了破产保护申请。

资料来源：银行业专业人员职业资格考试办公室 . 风险管理 . 北京：中国金融出版社 .2016.

案例思考

(1) 全球曼氏金融提交破产保护申请时，面临的主要风险有哪些？

(2) 在此案例中，可以得到哪些启示？

第十章 金融监管与政策实践

本章导读

当今社会，经济发展水平越来越高，经济增长速度越来越快，金融行业蓬勃生长。在这样的时代背景下，我们可以获得越来越多的利益，但同时承担的风险也不容忽视，甚至在金融行业中很多时候利益和风险是相互伴随且同比例存在的，如一些高收益的金融投资项目必然伴随着高风险。因此，不仅是个人的投资，还包括企业、金融机构、国家乃至整个国际社会，每一个经济主体的经济行为都需要一定的约束管理，要合理合法的获取收益，也要科学有效的规避风险，这便是本章讨论的金融监管。金融监管涉及金融行业运行的方方面面，是金融市场健康有序、稳定高效运行的基本保障，也是一个国家或国际社会整体经济的平稳发展和高效管理的根基之一。本章将对金融监管的基础理论进行概述，包括内涵、原则与目标、模式和内容等，同时梳理金融监管的发展历程，阐述金融监管中著名的巴塞尔协议，并对我国金融监管的实践进行分析。

学习目标

(1) 了解金融监管的历史发展沿革，认识巴塞尔协议。
(2) 理解金融监管的概念、监管对象、意义与目标。
(3) 熟练掌握金融监管的原则、模式与内容。
(4) 了解我国的金融监管发展历程与现状。

第一节 金融监管概述

一、金融监管的内涵

（一）金融监管的定义

金融监管，即金融监督与管理，是指一个国家或地区的金融管理部门对金融行业、金融市场、金融机构、金融业务进行监督管理的政策、制度、措施的总和。金融监管的主体是金融管理部门，它包含金融监督和金融管理这两个方面的内容。金融监督是指金融管理部门为达到稳定货币、维护国家金融安全等目的，依照国家法律、行政法规的规定，对金融机构及其经营活动实施外部监督、稽核、检查和对其违法违规行为进行处罚等一系列行为。金融管理是指金融管理部门为达到规范行业行为、维持行业正常稳定发展秩序等目的，根据经济、金融形势的变化，制定必要的政策，采取相应的措施，调节金融市场中的金融产品和金融服务的需求与供给，直接或间接的干预市场对金融资源的配置。

（二）金融监管对象

银行作为金融行业中覆盖最广泛、最普遍的金融机构之一，最初的金融监管是从对银行进行监管开始的。银行具有信用创造和流动性创造功能，以及银行是整个支付体系的重要组成部分，银行作为票据的清算者，降低了交易的费用。同时，银行有最基础的存贷款业务，可以将社会闲散资金吸引进来，为储蓄者提供短期资产和流动性，储蓄集合后可根据投资者的需要提供期限相对较长的资金，把储蓄转化为投资，实现期限转换功能。这样的一些从业特征要求必须要维持银行业的稳定性，所以银行成为了最初的监管对象。后来，人们发现非银行金融机构（甚至是一些非金融企业）和银行一样，在其经营中面临的问题是有共性的，因此，金融监管的对象逐步扩大到那些业务性质与银行类似的非银行金融机构，如集体投资机构、贷款协会、银行附属公司或银行持股公司所开展的准银行业务等，甚至包括对金边债券市场业务有关的出票人、经纪人的监管等。目前，金融监管的对象已经扩展到整个金融体系了。随着市场经济的发展，会计师事务所、律师事务所、证券交易所、各类金融同业工会协会等很多机构都参与了金融监管活动，它们既是管理部门，同时也是被监管者。金融监管已经成为市场经济体制的重要组成部分。

二、金融监管的原则与目标

（一）金融监管的原则

1. 法制原则

金融监管不是管理部门任意为之，同样需要相关的法律法规来指导监管行为，要做到有法可依，并依法实施监管。金融管理部门需要制定行业内的一些规则，同时监管者也需要受到一定的监督和约束，避免在监管过程中徇私舞弊。有的监管者可能会因为个人私利或声望而过于强化监督导致监管过度，而有的监管者可能因为被收买、被贿赂、或者避免与被监管者起冲突等原因懈怠工作并导致监管松懈，因此要有相关法律来约束监管者的行为。

2. 独立原则

金融监管机构应该保持相对的独立性。在职责明确的前提下，金融监管机构应拥有制定监管条例和日常操作上的自主权，以免受到地方政府或者某些利益集团的影响或干预。

3. 效率原则

通过各种类型的金融风险的分析，我们可以知道，对于风险的管理是需要付出成本代价的。经济活动通常遵循的基本原则之一就是"成本与收益"，金融监管也是一样的道理，相关机构部门也应当尽可能的减少社会支出以降低监管成本。这就要求金融监管提高效率，如精简监管体系，优化监管方案，提高监管人员的整体素质和办事效率，采用现代化的先进技术手段等。

4. 适度原则

金融监管讲求适度原则，不能过度监管压制，也不能懈怠疏忽。金融监管应当以保证金融市场内在调节机制正常发挥作用为前提，监管不应干扰市场的激励与约束机制，不能压制有活力的、正当的市场竞争，不应承诺将采取措施拯救竞争中的失败者，因为监管的存在并不能排除金融机构倒闭的可能性。监管不是阻止竞争的优胜劣汰，而是通过监管努力保证竞争的公平有序。

5. 动态原则

金融监管不是一成不变的，金融监管需要时刻关注金融行业的发展变化，紧跟行业现状，并与金融发展保持同步。监管是为行业发展进步服务的，需要根据行业发展的新形势及时修改革新不再适应的、落后的规则，避免压制金融创新的积极性。监管机构还应具备一定的前瞻性，把握金融市场走向和金融机构的演变趋势，提前作出相应的准备，缩短监管时滞期，提高监管的事先性和先验性。

（二）金融监管的目标

在现代市场经济体制中，金融监管对经济、金融运行具有重要的意义。实施严格、有效的金融监管，是维护正常金融秩序、保持良好金融环境的重要保证，也是金融国际化发展的重要条件。严格、有效的金融监管有利于增强宏观调控的效果，促进经济和金融的协调发展。

综上所述，金融监管的总体目标就是通过对金融行业的监督与管理，维持一个稳定、健全、高效的金融环境。通过金融监督，为经济主体们创造公平竞争的环境，鼓励金融业在竞争的基础上提高服务效率；通过金融管理，确保金融机构的经营活动符合市场经济条件下真正市场主体的行为规范，从而保证中央银行的货币政策传导途径畅通，充分发挥中央银行的调控作用；通过金融监管，降低金融市场的成本，维持正常合理的金融秩序，提升公众对金融机构的信心，保证金融机构的正常经营、保护消费者的合法权益、保障金融市场的稳定。

具体来说，对金融机构实施监管的主要目的有：

(1) 维持金融业健康运行的秩序，最大限度地减少银行业的风险，保障存款人和投资者的利益，促进金融业和整体经济的健康发展。

(2) 确保公平而有效地发放贷款，由此避免资金的乱拨乱划，预防欺诈活动或者不恰当的风险转嫁。

(3) 金融监管还可以在一定程度上避免贷款发放过度集中于某一行业。

(4) 银行倒闭不仅需要付出巨大代价，而且会波及国民经济的其他领域。金融监管可以确保金融服务达到一定水平，从而提高社会福利。

(5) 中央银行通过货币储备和资产分配来向国民经济的其他领域传递货币政策。金融监管可以保证实现银行在执行货币政策时的传导机制。

(6) 金融监管可以提供交易账户，向金融市场传递违约风险信息。

三、金融监管模式

有效的金融监管实践在不同时期具有不同的特色和方式，世界各国为了达到金融监管的目标，分别采取了适应本国经济状况和金融体系特点的金融监管模式。目前，学术界和政策界比较公认的金融监管分类包含以下方面。

（一）机构监管与功能监管

机构监管指的是按照金融机构的类型来设立监管机构的监管模式。目前，我国实行的是机构监管模式。其具体表现是，中国银保监会统一监管全国的银行、金融资产管理公司、信托投资公司以及其他的存款类金融机构，还有全国的保险市场；中国证券监督管理委员会就对全国的证券市场、期货市场实行集中统一监管。机构监管模式的最大优点在于可操作性强，实施起来相对比较容易。在机构监管模式下，监管当局只需要根据机构自身的类型就可以对其实行监管，不需要仔细甄别被监管的机构所做的业务实行监管。

尽管机构监管模式操作简单，但也存在不足的地方，这种不足表现在机构监管模式下容易出现重复监管和监管真空的问题。重复监管指的是在同一个金融领域存在多个监管部门同时进行监管。例如，银行业、证券业与保险业三家合作推出了某款金融产品，就可能出现多个监管部门同时对这个产品进行监管，导致监管过于严苛，浪费了许多人力和物力，增加了监管的成本。监管真空指的是在某一个金融领域出现无人监管的情况。监管真空通常出现在未被开拓起来的新兴的创新的领域中，导致监管过于松懈。我们知道，金融监管需要遵循适度原则，监管过严或过松都容易导致出现"监管套利"，从而也会导致监管职能的弱化。

机构监管的对象是金融机构，功能监管的对象是金融功能，监管对象的不同决定了两种监管模式的本质差异。同一金融机构可能有多种功能，不同类型的金融机构也会存在相同的功能，实现同一功能可能需要不同类型的金融机构的协作参与，这些都会导致机构监管与功能监管之间存在较大的差异。

功能监管是按照经营业务的功能和性质来划分监管对象的金融监管模式。例如，金融业务可以划分为银行业务、证券业务、保险业务等，监管机构可以根据这些业务进行针对性的监管，而不管从事这些业务经营的机构性质是如何的。从目前世界各国金融机构的发展演变来看，"混业经营"是一个大趋势，一个金融机构可能同时经营着多行业的金融产品，而功能监管则是应对混业经营趋势下的一种很好的监管模式。此外，由于金融机构类型可能一直都会发生变化，但金融功能是相对稳定的，所以从功能监管视角去监管，就能够做到以不变应万变。由于功能监管本质上是从金融工具和产品的功能属性去监管，所以监管门槛是比较高的，其可操作性就不如机构监管强。但是，功能监管相对于机构监管而言，有利于缓解机构监管出现的重复监管和监管真空问题。

（二）分业监管与统一监管

分业监管是针对金融领域的不同行业分别设立专业的监管机构，负责进行全面审慎监管和业务监管，各监管机构在各自的管辖范围内执行监管权力、履行监管义务，相互之间没有从属关系。目前，分业监管的模式比较普遍，如美国、加拿大、法国等均采用此模式。分业监管的优点在于监管部门职责明确、分工细致，凭借专业化优势，监管效率得以提高；

同时，不同监管机构之间还存在竞争压力，监管部门之间的竞争在很大程度上能够促进监管的实施，提高监管效率。分业监管的缺点在于多重监管之下难免出现不易协调的局面，由此产生的"监管漏洞"可能引起"监管套利"行为，使监管对象逃避监管，而且各个监管机构规模庞大，监督成本相对较高。

统一监管是指在一个国家或地区，只设立一个监管机构对金融业实施监管，金融监管权限集中在某一个中央机构，往往是由中央银行或者金融管理局来负责的。目前，意大利（意大利银行）、荷兰（荷兰银行）、比利时（银行委员会）、日本（金融监管局）、新加坡（货币管理局）、印度（印度储备银行）等国家均采用统一监管模式。

统一监管的优点包括以下几个方面：

(1) 监管成本较低，监管部门和被监管部门都可以节约技术和人员投入，可以降低信息成本、改善信息质量，更为集中有效地利用现有的技术和有限的资源，从而获得规模经济效益。

(2) 能够改善监管环境，提供统一的监管制度，避免被监管者因为多重机构重复监管和不一致性而无所适从。

(3) 适应性强，能够更有效地监管被监管者所有的经营业务，更好地察觉其风险所在。

统一监管的缺陷在于缺乏竞争性，容易导致官僚主义等。

（三）审慎监管与行为监管

审慎监管是指监管当局为防范金融机构出现各种风险，通过制定资本充足率、资产质量、贷款损失准备等审慎量化指标，定期监测评估金融机构的风险状况并组织现场检查等措施。由此可知：审慎监管的重点在于对客观的量化指标进行监管，审慎监管的最终目标是维持金融机构和金融系统的稳定。

行为监管指的是监管当局对金融机构的经营行为进行监督管理。与审慎监管注重对客观指标的监管不同，行为监管更加注重对一些定性层面的监管。行为监管的内容主要包含：信息披露要求、禁止欺诈误导、保护个人金融信息、反对不正当竞争；打击操纵市场行为和内幕交易；规范广告行为、合同行为和债务催收行为，关注弱势群体保护；提升金融机构和消费者的诚信意识，解决金融消费争端等。同时，围绕相关规则建立现场检查和非现场监管工作体系，促进公平交易，维护市场秩序，增强消费者信心，确保金融市场的健康稳健运行。

审慎监管与行为监管存在一致性。第一，有效的审慎监管才能保护金融消费者权益，一个不稳健的金融机构是难以保障金融消费者利益的，所以审慎监管通过维护金融机构的稳健，从而间接保护金融消费者利益。第二，行为监管能够把风险管理和监管甚至金融稳定的关口大大前移，有效的行为监管可以提高金融消费者的行为理性，提高其金融素养和风险防范的意识及能力，增强其对金融市场的信心。

然而，审慎监管与行为监管两者之间也存在一定的冲突，具体表现为：审慎监管是以金融机构为核心，重在风险防范和确保金融机构的稳定；而行为监管是以消费者为核心的，重在保护消费者的权益，严格的行为监管以及对侵犯金融消费者权益行为的重罚，在短期可能恶化审慎监管指标。

（四）微观审慎监管与宏观审慎监管

审慎监管可以进一步区分为微观审慎监管与宏观审慎监管。事实上，最新版本的"巴塞尔协议Ⅲ"相对于"巴塞尔协议Ⅱ"的改进，就是提出了宏观审慎监管。

微观审慎监管的理念在于，单家机构或者单个市场的倒闭，其风险会导致其他机构或其他市场受到影响，因此可以通过对单家机构单个市场设置严厉的监管要求以维持其稳健性。这种监管模式的不足在于考虑得不够全面，因为个体最优并不意味着集体最优。微观审慎的不足具体表现为：微观审慎监管虽然从个体角度维护了金融机构的稳定，但是从整体角度来看，就不一定能够保障金融市场的稳定。之所以会出现这种结果，是因为微观审慎监管假设任何金融机构的行为操作对整个金融体系是没有重要影响的。比如当面临风险冲击时，在监管的要求下，某家银行为了保持自身的稳健性向市场出售非流动性资产，以保证自己的流动性充足、防止资产价格的下跌，及时止损，这种行为虽然对这家银行是有利的，但是可能会对市场的资产带来价格下降的压力，进而造成其他银行的损失。

宏观审慎监管是站在整个金融系统角度考虑问题，认为单家金融机构（或市场）的风险及决策具有内生性，金融机构（市场）之间存在风险传染性。宏观审慎监管控制的是金融系统范围的整体的风险，自上而下对风险进行监管，以此测算整个金融体系的风险，再按照风险贡献给单个机构单个市场分配监管任务和监管要求。宏观审慎监管的目标是抑制金融体系的系统性风险，限制金融风险的积累，避免与金融不稳定性相关的成本，降低金融危机的可能性或强度。

宏观审慎监管的职能定位是对微观审慎监管的补充。这意味着在审慎监管的框架内仍然以微观审慎监管为主，宏观审慎监管处于协助性地位。在具体的监测方法和监管工具上，宏观审慎监管可以成为微观审慎监管的延伸和扩展。

四、金融监管的内容

金融监管主要包含市场准入监管、业务运作过程监管、市场退出监管三个方面的内容，这三个方面涵盖了金融行业中经济主体的金融活动的整个过程。

（一）市场准入监管

国家对金融机构的监管是从市场准入开始的。市场准入监管是对金融机构进入市场有关环节的监管，主要考虑必要性和可能性。必要性是考察新设金融机构是否适合宏观经济发展的需要，是否符合金融业发展的政策和方向，是否符合地域分布合理化的要求。可能性是考察新设金融机构的资本金、经营场所、业务范围、高级管理人员等是否符合必需的条件。准入监管的目的是在金融机构审批环节上对整个金融体系实施有效地控制，保证各种金融机构的数量、种类、规模和分布符合国家经济金融发展规划和市场需要，同时保证与监管当局的监管能力相适应。在市场准入环节上实行严格控制，旨在事先将那些有可能对金融体系稳健运行造成危害的机构拒之门外，同时也是为了保证金融业竞争的适度性。

（二）业务运作过程监管

业务运作过程监管是对金融机构业务经营及其相关活动的监督管理，主要包括以下几个方面：

(1) 资本充足性监管。合理充足的资本金是金融机构正常运营的前提条件，是抵御风险的最后一道防线。通过对金融机构资本比率的监管，以资本规模制约资产规模，特别是风险资产的规模，从而降低金融业经营风险，达到金融经济稳定运行的目的。1988 年，《巴塞尔协议》规定了衡量国际银行业资本充足率的指标，即总资本与风险加权资产的比值，明确规定了资本充足率不得低于 8%，核心资本充足率不得低于 4%。此数据已被世界各国普遍接受，是资本充足性监管的最重要的标准。

(2) 资产的流动性监管。资产的流动性监管是对各类金融机构特别是银行的资产在无损失状态下迅速变现能力的监管。考核资产流动性的主要指标是资产流动性比例、备付金比例、中长期贷款比例等。流动性监管的目的是保证金融机构在正常情况下的清偿能力。

(3) 业务范围和经营活动的监管。从确保金融机构稳健经营、维护存款者利益和信用体系的安全性出发，各国一般均通过法律来规定金融机构的业务范围和经营活动的内容。如一些国家把商业银行业务与投资银行业务分开，并禁止商业银行持有股票，这些国家则限制银行对工商企业的直接投资。在日常经营活动中，监管当局的监管主要包括资产负债比例管理、贷款风险管理等，通过这些方面的监管以达到降低金融风险和提高金融运行内在稳定性的目的。

(4) 贷款风险控制。商业银行的经营活动应该坚持安全性、流动性和盈利性的"三性"原则。对于银行健康发展而言，三者是统一的，但在具体的业务中三者又是冲突的，比如资产的流动性和安全性越高，盈利性就越低。而盈利性通常是商业银行经营的最终目标，所以商业银行具有追求高风险、高盈利投资活动的内在冲动。因此，大多数国家的金融监管都会尽可能地限制金融机构的贷款或投资过于集中，一般会对一家银行向单一贷款者的贷款比例作出限制。比如，意大利规定对单个客户的贷款不得超过银行的自有资本，美国则规定不得超过自有资本的 10%，中国也是 10%，日本为 20%。而且，贷款风险不仅要在贷款者之间分散，还要考虑在行业间和地区间分散。

(5) 准备金监管。合理规定和适时调整金融机构上缴中央银行的存款准备金率是保证金融机构的偿付能力、限制金融机构资产过度扩张、防范金融风险和保证金融业经营安全的需要。金融监管部门的主要任务是确保金融机构的准备金在充分考虑谨慎经营和真实评价业务质量的基础上提取。

(6) 外汇风险管理。随着经济全球化的发展，金融机构开展国际业务越来越普遍，因此对金融机构的外汇风险管理成为金融监管的重要内容。同时，由于国家收支均衡对经济稳定和发展具有重要意义，外汇风险管理在一些国家的金融监管中占有重要地位。比如，美国、日本、英国、瑞士、中国等国家对外汇的管制较严。英格兰银行对所有在英国营业的银行的外汇头寸进行监控，要求任何币种的交易头寸净缺口数据不得超过资本基础的10%，各币种的净空头之和不得超过资本基础的 15%；对于外国银行分支机构，英格兰银行要求其总部及监管当局要对其外汇交易活动进行有效地控制。日本要求外汇银行在每个营业日结束时，其外汇净头寸（包括即期外汇和远期外汇）不得突破核准的限额。荷兰、瑞士对银行持有未保险的外币款项，要求增加相应的资本金。

（三）市场退出监管

市场退出监管是监管当局对经营管理存在严重问题或业务活动出现重大困难的金融机构采取的救助性或惩罚性强制措施。金融机构退出市场有主动退出和被动退出，救助性措施主要用于主动退出，惩罚性措施主要用于被动退出。救助性措施主要包括接管、促成其兼并或收购；惩罚性措施主要包括吊销执照和进行清算。

市场退出监管的目的在于及时采取有力措施，防止由于个别金融机构的问题危及整个金融体系的安全稳定。当金融机构出现自身无法通过金融市场解决的流动性问题等困难时，监管当局出于保持金融体系稳定的目的，可以通过协调和组织行业支持、提供央行贷款等方式进行紧急救助，但监管当局没有保证任何金融机构均不倒闭的义务。吊销执照是处理有问题金融机构的最简单的方法，但是监管当局一般不会轻易采用该方法。相对于吊销执照和破产清算，兼并和收购都是成本低、震动小的方法。从国际金融监管实践来看，当个别金融机构遇到严重危机时，往往事先由监管当局出面促成一些实力雄厚的金融机构对其进行并购。只有强制关闭前采取或尝试的并购等方法无法奏效时，监管当局才会采取吊销执照的强制关闭措施。我国金融机构市场退出方式主要有接管、解散、撤销和破产四种。市场退出是一种市场行为，金融监管应该尽可能地按市场规律办事。

拓展阅读

按照国际通行的做法，将银行贷款资产分为以下五类，简称"贷款五级分类法"：

(1) 正常贷款，借款人能够履行合同，没有足够理由怀疑贷款本息不能按时足额偿还。

(2) 关注贷款，尽管借款人目前有能力偿还贷款本息，但存在一些可能对偿还产生不利影响的因素。

(3) 次级贷款，借款人的偿还能力出现明显问题，完全依靠其正常营业收入无法足额偿还贷款本息，即使执行担保，也可能会造成一定损失。

(4) 可疑贷款，借款人无法足额偿还贷款本息，即使执行担保，也肯定要造成较大损失。

(5) 损失贷款，在采取所有可能的措施或一切必要的法律程序之后，本息仍然无法收回，或只能收回极少部分。

第二节　金融监管的发展历程

一、金融监管一般性理论

（一）公共利益论

公共利益论源于 20 世纪 30 年代美国经济危机，并且直到 20 世纪 60 年代都是被经济学家所接受的有关监管的正统理论。这一理论认为：监管是政府对公众要求纠正某些社会个体和社会组织的不公平、不公正和无效率或低效率的一种回应。该理论认为政府的参与能够解决市场的缺陷，所以政府可以作为公共利益的代表来实施管制以克服市场缺陷，而由此带来的公共福利将大于管理的成本。

（二）保护债权论

保护债权论认为为了保护债权人的利益，需要金融监管。所谓债权人，就是存款人、证券持有人和投保人等。众所周知，银行等金融机构存在严重的逆向选择和道德风险等问题，投资者必须实施各种监督措施，但是由投资者进行监督的成本是昂贵的，而且每个投资者都来实施相同的监督也是重复多余的。更为重要的是，很多投资者（如存款人）不了解银行的业务，没有实施监督的激励，由此形成了监督的"自然垄断"性质，造成了"搭便车"的行为，因此外部监管是十分必要的。存款保险制度就是这一理论的实践形式。

（三）金融风险控制论

金融风险控制论源于"金融不稳定假说"，认为银行的利润最大化目标促使其系统内增加有风险的活动，导致系统内的不稳定性。这种不稳定性来源于银行的高负债经营、借短放长和部分准备金制度。银行经营的是金融资产，这使得各金融机构之间的联系非常密切，而各种金融资产的可流通性又使得银行体系有着系统性风险和风险的传导性，易产生多米诺骨牌效应，所以金融业比其他行业有更大地脆弱性和不稳定性。因此，通过金融监管控制金融体系系统性风险显得异常重要。

（四）金融全球化对传统金融监管理论的挑战

前几个传统的理论针对的都是国别金融监管，即从一个国家的角度，由本国金融管理部门掌握监管的决策权，对本国的金融活动进行管理。20世纪30至70年代，世界各国金融监管侧重于稳健与安全，但是越来越强的金融全球化趋势使得传统金融监管模式（侧重于稳健与安全的本国监管）受到挑战。

20世纪70年代以来，金融监管更强调安全与效率并重，同时对跨国金融活动的风险防范和国际监管协调更加重视，其主要原因有：

(1) 伴随着金融全球化，大量金融机构跨境扩张和发展，各种新的金融工具层出不穷，金融市场的传统分界线越来越模糊，各国金融市场之间的联系越来越密切，由此带来的信息不对称问题比任何时候都更为突出，金融交易技术和结构的复杂化也使得监管成本与效率不成正比，金融监管的难度加大。

(2) 金融管理当局既担负着维护本国金融体系稳定的责任，又要不断鼓励本国金融机构参与国际金融业务活动以提高本国金融业的国际竞争力，这样就要受到国际上的监管约束，这种约束包括国际惯例、国际条约和国与国之间的协调。因此，一国金融管理部门的监管行为不再是单边的而是多边基础上的合作。面对这些变化，监管理念需要改变，有人提出要变金融监管为金融监控。金融监控是一种全方位、整体上的对金融业的管理和控制，包括内部监管和外部监管，既有管理部门的监督，也有市场施加的约束。当然，这并没有否认金融监管的经济理论体系。

二、金融监管的发展历程

从历史发展角度来看，金融监管是随着金融交易的发展不断演进的，金融监管的发展历程大致可以划分为四个阶段。

（一）初期阶段

金融监管的初期阶段是指20世纪30年代以前，这一阶段的特点具有自发性、初始性、单一性和滞后性，对金融监管的客观要求与主观认识不足，是金融监管理论与实践的自然发轫时期。在这一时期建立了中央银行制度，其最初目的在于管理货币，也就是消除由于私人机构发行货币的不统一造成的经济混乱。但是在中央银行统一货币发行和票据清算以后，货币信用的不稳定并没有消失，仍然有很多的金融机构因为不谨慎的信用扩张而导致经济波动，这在客观上要求中央银行承担起信用"保险"的责任，履行"最后贷款人"的职能。正是这一职能迫使商业银行服从于中央银行的监督和管理，接受中央银行对其业务经营的检查，为中央银行监管整个金融体系打下基础。但是直到20世纪30年代，中央银行对金融机构经营的具体干预并不普遍，只是集中在货币监管和防止银行挤兑方面。

（二）第二阶段

20世纪30年代至70年代，这一阶段金融监管的主要特点是全面严格的限制性，主要表现在对金融机构具体业务活动的限制、对参与国内外金融市场的限制，以及对利率的限制等方面，坚持严格监管，安全优先。20世纪30年代的世界经济大危机之后，大家认识到市场是不完全的，这只"看不见的手"并不能使经济体系始终保持稳定，避免危机的发生，政府干预宏观调控还是有必要的。因此，传统的中央银行的货币管理职能开始演变成制定和执行货币政策，并为宏观经济的调控目标服务。强有力的金融监管维护了金融业的稳健经营与健康发展，恢复了公众的投资信心，促进了经济的全面复苏与繁荣。同时，金融监管的领域也由国内扩展到国外，开始形成各自不同的金融监管组织体系。

（三）第三阶段

20世纪70年代至80年代末，这一阶段金融监管的主要特点是放松管制，效率优先。在这期间，逐步出现了金融自由化理论，该理论认为政府实施的金融管制直接导致了金融体系和金融机构的效率下降，抑制了金融业的发展；同时，由于金融领域内政府失灵同样存在，政府干预的实际效果并不一定比市场做得更好。因此，金融自由化提倡效率优先，主张解除过去束缚在金融业身上的种种陈规旧习，放松金融管制。随着金融自由化的浪潮逐渐席卷全球，20世纪70年代后，各国金融管制普遍放松，金融创新层出不穷，金融业发生了全面而深刻的变化。

（四）第四阶段

20 世纪 90 年代至今，金融监管最主要的特征是安全与效率并重。随着经济全球化进程的加快，金融创新与自由化带来的金融风险更加复杂，并具有国际传播性。20 世纪 90 年代以来出现的一系列的金融危机再次对过度放松监管敲响了警钟，因此，对金融监管又提出了新的要求，有效的金融监管要求政府在安全与效率之间努力寻找一个平衡点。

三、巴塞尔协议

1974 年，美国、英国、德国和阿根廷的国际性银行先后发生了倒闭事件和国际贷款违约事件，其中德国赫斯塔德银行和美国富兰克林国民银行的案例最令人震惊，使监管当局开始全面审视拥有广泛国际业务的银行监管问题，这是巴塞尔协议产生的直接原因。同时，随着金融市场的国际化，银行经营的风险已经跨越国界，在国际银行业中，一些资本比率较低的银行大量扩张资产业务，造成不平等竞争。在这样的形势下，对国际银行业的监管不能只靠各国各自为政，必须在金融监管上进行国际协调，这正是西方主要国家订立巴塞尔协议的主要原因。

为了维护成员方的共同利益，加强监管合作，统一监管原则和标准，1975 年 2 月，由国际清算银行发起，西方十国集团以及瑞士和卢森堡等 12 国的中央银行成立了巴塞尔银行管理和监督行动委员会（以下简称巴塞尔委员会）。

巴塞尔委员会成立以来，发布了一系列国际清算银行成员方达成的重要协议，主要有 1975 年巴塞尔协定、1984 年修改后的巴塞尔协定、1988 年巴塞尔报告、1992 年巴塞尔建议、1997 年巴塞尔核心原则、2003 年新巴塞尔资本协议、2010 年巴塞尔协议Ⅲ等，这些协议统称巴塞尔协议。巴塞尔协议在全球范围内代表着一种监管思想和监管理念，并随着国际金融监管的发展不断完善和深化。

巴塞尔协议是迄今为止对国际银行业发展影响最大的国际公约之一。据国际清算银行分析，全世界大约有 100 个国家采纳了巴塞尔协议的监管框架。巴塞尔协议有助于发达国家银行在平等的基础上进行竞争，为国际银行监管和协调提供了极大的便利，确保国际银行体系在国际债务危机和金融动荡中能平稳顺利运行，同时促使发展中国家根据巴塞尔协议监管本国银行，并取得在国际业务活动中的平等竞争地位。在巴塞尔协议中，影响广泛的是统一资本监管的 1988 年巴塞尔报告（又称"旧巴塞尔资本协议"）、2003 年新巴塞尔资本协议和 2010 年巴塞尔协议Ⅲ。

（一）巴塞尔报告（巴塞尔协议Ⅰ）

1988 年 7 月，巴塞尔委员会发布了《关于统一国际银行资本衡量和资本标准的报告》，简称巴塞尔报告，其主要内容就是确认了监督银行资本的可行的统一标准。巴塞尔报告是国际银行统一监管的一个划时代文件，适用于所有从事国际业务的银行机构。

(1) 资本组成。巴塞尔委员会将银行资本分为核心资本和附属资本。核心资本又称一级资本，包括实收股本（普通股）和公开储备，这部分资本至少占全部资本的 50%。附属资本又称二级资本，包括未公开储备、资产重估储备、普通准备金和呆账准备金、混合资本工具和长期次级债券。

(2) 风险资产权重。风险资产权重就是根据不同类型的资产和表外业务的相对风险大小，赋予它们不同的权重，即 0%、10%、20%、50% 和 100%。风险资产权重越大，表明该资产的风险越大。银行表外业务按照信用换算系数换算成资产负债表表内业务，然后按同样的风险权重计算。

(3) 资本标准。巴塞尔报告规定，到 1992 年底，所有签约国从事国际业务的银行的资本充足率，即资本与风险加权资产的比率不得低于 8%，核心资本比率不得低于 4%。

(4) 过渡期安排。巴塞尔报告规定，1987 年底到 1992 年底为实施过渡期。巴塞尔委员会作出一些过渡安排，以保证每个银行在过渡期内提高资本充足率，并按期达到最终目标安排。

（二）巴塞尔协议 II

巴塞尔协议 I 自实施以来，取得了很大进展和广泛认同，同时金融业的变革也暴露了原有规定的缺陷，巴塞尔委员会一直积极完善有关规定。2003 年 6 月，巴塞尔委员会发布了经过两次修正的新巴塞尔资本协议第三个征求意见稿。2006 年，十国集团开始实施新协议。在新巴塞尔资本协议中，最引人注目的是该协议所推出的最低资本要求、监管当局的监督检查和市场约束的内容，被称为新巴塞尔资本协议的"三大支柱"。

(1) 最低资本要求。巴塞尔委员会延续了过去以资本充足率为核心的监管思想，将资本金要求视为最重要的支柱。当然，巴塞尔协议 II 的资本要求已经发生了重大变化：

① 对风险范畴的进一步拓展。当前，信用风险仍然是银行经营中面临的主要风险，但是委员会也注意到市场风险和操作风险的影响和破坏力。

② 计量方法的改进。巴塞尔协议 II 根据银行业务错综复杂的现状，改进了一些计量风险和资本的方法，使其更具指导意义和可操作性。

③ 鼓励使用内部模型。巴塞尔协议 II 主张有条件的大银行提供自己的风险评估水平，建立更精细的风险评估系统，并提出了一整套精致的基于内部信用评级的资本计算方法。

④ 资本约束范围的扩大。巴塞尔协议 II 对诸如组织形式、交易工具等的变动提出了相应的资本约束对策。

(2) 监管当局的监督检查。巴塞尔委员会强化了各国金融监管当局的职责，提出了较为详尽的配套措施。巴塞尔委员会希望监管当局担当起三大职责：全面监管银行资本充足状况、培育银行的内部信用评估系统，以及加快制度化进程。

(3) 市场约束。巴塞尔协议 II 强调以市场力量来约束银行，认为市场是一股强大的推动银行合理、有效配置资源并全面控制风险的外在力量，具有内部改善经营、外部加强监管所发挥不了的作用。富有成效的市场奖惩机制可以迫使银行有效而合理地分配资金，从而可以促使银行保持充足的资本水平。为了确保市场约束的有效实施，必须要求银行建立信息披露制度。巴塞尔协议 II 规定，银行在一年内至少披露一次财务状况、重大业务活动以及风险管理状况。

（三）巴塞尔协议Ⅲ

2009 年以来，基于美国次贷危机引起全球金融危机的教训，巴塞尔委员会对现行银行监管国际规则进行了重大改革，发布了一系列国际银行业监管新标准，统称为"巴塞尔协议Ⅲ"。巴塞尔协议Ⅲ体现了微观审慎监管与宏观审慎监管有机结合的监管新思路，按照资本监管和流动性监管并重、资本数量和质量同步提高、资本充足率与杠杆率并行、长期影响与短期效应统筹兼顾的总体要求，确立了国际银行业监管的新标杆。

(1) 强化资本充足率监管标准。资本监管在巴塞尔委员会监管框架中长期占据主导地位，也是本轮金融监管改革的核心。巴塞尔委员会确定了三个最低资本充足率监管标准，普通股充足率为 4.5%，一级资本充足率为 6%，总资本充足率为 8%。为缓解银行体系的顺周期效应，巴塞尔委员会还建立了两个超额资本要求：一是要求银行建立留存超额资本，用于吸收严重经济和金融衰退给银行体系带来的损失，由普通股构成，最低要求为 2.5%；二是建立与信贷过快增长挂钩的逆周期超额资本，要求银行在信贷高速扩张时期积累充足的经济资源，最低要求为 0% ～ 2.5%。新标准实施后，在正常情况下，商业银行的普通股、一级资本和总资本充足率应分别达到 7%、8.5% 和 10.5%。

(2) 引入杠杆率监管标准。本轮美国次贷危机期间商业银行的去杠杆化过程显著放大了金融体系脆弱性的负面影响。为此，巴塞尔委员会决定引入基于规模、与具体资产风险无关的杠杆率监管指标，作为资本充足率的补充。自 2011 年初按照 3% 的标准（一级资本/总资产）开始监控杠杆率的变化，2013 年初开始进入过渡期，2018 年正式纳入第一支柱框架。

(3) 建立流动性风险量化监管标准。为增强单家银行以及银行体系维护流动性的能力，引入两个流动性风险监管的量化指标。一是流动性覆盖率，用于度量短期压力情境下单个银行流动性状况，目的是提高银行短期应对流动性中断的弹性。二是净稳定融资比率，用于度量中长期内银行解决资金错配的能力，它覆盖整个资产负债表，目的是激励银行尽量使用稳定的资金来源。

(4) 确定新监管标准的实施过渡期。巴塞尔委员会决定设立为期 8 年（2011 ～ 2018 年）的过渡期安排。各成员方应在 2013 年之前完成相应的国内立法工作，为实施新监管标准奠定基础，并从 2013 年初开始实施新的资本监管标准，随后逐步向新标准接轨，2018 年底全面达标。2015 年初，成员方开始实施流动性覆盖率。2018 年初，成员方开始执行净稳定融资比率。

（四）巴塞尔协议在我国的实施

我国一直积极借鉴国际上成功的监管经验，并特别重视结合国情，坚持循序渐进，切实提高金融监管的有效性。2003 年，新巴塞尔资本协议代表了监管理论中的先进理念和发达国家银行逐渐完善的风险管理最佳实践经验，但是对广大发展中国家的银行和监管当局而言，实施新协议的挑战是巨大的。为提高资本监管水平，我国对过去的资本规定进行了修改，将新协议中第二支柱和第三支柱的内容包括在内。2011 年 4 月，基于我国银行业改革发展实际，中国银监会借鉴巴塞尔协议Ⅲ，颁布了《中国银行业实施新监管标准的指导意见》，提高了银行业审慎监管标准，增强了系统重要性银行监管有效性，以推动巴塞尔协议Ⅲ的实施工作。

第三节　我国金融监管实践

一、我国金融监管体制演变

自 20 世纪 80 年代以来，我国的金融监管体制逐渐由单一全能型体制转向独立于中央银行的分业监管体制。

1992 年以前，中国人民银行作为全国唯一的监管机构，在国务院领导下承担对全国所有银行和非银行金融机构的监管职能。1992 年 10 月，国务院证券委员会 (证券委) 和中国证券监督管理委员会 (证监会) 同时成立，从而拉开了中国金融业分业监管的序幕。证券委由国务院 14 个部委的负责人组成，是中国证券业监管的最高领导机构，而证监会则是证券委的监督管理执行机构。

1995 年，《中华人民共和国中国人民银行法》和《中华人民共和国商业银行法》颁布，确定了中国金融业分业经营的法律框架。

1998 年，确定中国人民银行负责监管商业银行、信托投资公司、信用社和财务公司。同时，国务院确定证监会为直属国务院的正部级机构，是全国证券期货业的主管部门。1998 年 11 月，中国保险监督管理委员会 (保监会) 成立，保监会也是直属国务院的正部级单位，是全国保险业的主管部门，依法统一监督和管理保险市场。至此，我国基本形成了由中国人民银行、证监会和保监会组成的分业监管体制。这一体制的确立，有利于加强对新生的证券和保险行业的专业化管理，有利于防止在我国金融业管理水平不高的情况下产生金融风险。随着外资银行的大举进入，金融机构业务经营的拓宽，不同金融机构的业务出现了一定的交叉，对混业经营风险的监管提上了议事日程。

2000 年 6 月，为了提高监管效率，中国人民银行、证监会和保监会建立了联席会议制度，以加强三大监管机构的协调。为了进一步健全金融监管体制，2003 年 3 月 10 日，第十届全国人民代表大会第一次会议批准国务院机构改革方案，决定成立中国银行业监督管理委员会 (以下简称银监会)。4 月 28 日，银监会正式挂牌成立，履行原由中国人民银行履行的审批、监督管理银行、金融资产管理公司、信托投资公司及其他存款类金融机构等的职责和相关职责。中国人民银行继续发挥其独特的作用。

2003 年底，修改的《中国人民银行法》明确规定了中国人民银行及其分支机构负有维护金融稳定的职能，主要包括：一是作为最后贷款人在必要时救助高风险金融机构；二是共享监管信息，采取各种措施防范系统性金融风险；三是由国务院建立监管协调机制。该法还明确赋予中国人民银行在金融监督管理方面拥有监督检查权，包括直接监督检查权、建议检查权和在特定情况下的全面检查监督权。这种独立于中央银行的分业监管体制的形成，使中央银行和监管当局腾出更多的时间和空间，以更细的分工专司其职，迅速提升货币政策和银行监管的专业化水平，从而加快了金融改革与发展的进程。

经过 15 年的发展和实践，中国金融市场和金融监管体系建设已取得长足发展，但仍然无法满足新时代、新任务提出的新要求。为贯彻落实党的十九大关于深化机构改革的决策部署，2018 年 2 月 28 日，党的十九届三中全会通过《中共中央关于深化党和国家机构改革的决定》，提出了要加强和优化金融管理职能，增强货币政策、宏观审慎政策、金融监管协调性，优化金融监管力量，健全金融监管体系，守住不发生系统性金融风险的底线，维护国家金融安全。

2018 年 3 月 21 日，中共中央印发了《深化党和国家机构改革方案》。该方案指出，金融是现代经济的核心，必须高度重视防控金融风险、保障国家金融安全。为深化金融监管体制改革，解决现行体制存在的监管职责不清晰、交叉监管和监管空白等问题，强化综合监管，优化监管资源配置，更好统筹系统重要性金融机构监管，逐步建立符合现代金融特点、统筹协调监管、有力有效的现代金融监管框架，守住不发生系统性金融风险的底线，将中国银行业监督管理委员会和中国保险监督管理委员会的职责整合，组建中国银行保险监督管理委员会。其主要职责是依照法律法规统一监督管理银行业和保险业，保护金融消费者合法权益，维护银行业和保险业合法、稳健运行，防范和化解金融风险，维护金融稳定等。将原银监会和原保监会拟订银行业、保险业重要法律法规草案和审慎监管基本制度的职责划入中国人民银行，不再保留银监会和保监会。

二、我国的金融监管实践

（一）"腕骨"监管体系

中国银监会在推进巴塞尔协议 II 和巴塞尔协议 III 同步实施过程中，结合新形势下我国大型商业银行的风险特征，于 2010 年创建并试行了"腕骨监管体系"。"腕骨监管体系"包含了资本充足性 (Capital adequacy)、贷款质量 (Asset quality)、大额风险集中度 (Risk concentration)、拨备覆盖 (Provisioning coverage)、附属机构 (Affiliated institutions)、流动性 (Liquidity)、案件防控 (Swindle prevention control) 这七大项指标，将这七大项指标的英文首字母合在一起正好构成了"腕骨 (CARPALS)"一词，加上"有限自由裁量"，一共八个方面。中国银监会创建的这种新型监管模型正好和"人体手腕部有八块腕骨，八股合一构成了手部力量"异曲同工，在一定程度上也体现了银监会的"铁腕"监管思路。"腕骨"监管体系的七大类涵盖了 13 项指标，突破了自 2006 年股改以后大型商业银行一直沿用的"三大类七项指标"。

"腕骨"监管体系的特点表现在系统性、先进性、针对性和动态性。系统性是指"腕骨"体系将大型银行的 13 项风险指标串连在一起，再加上监管者的有限自由裁量予以修正，形成了覆盖银行业全部风险管理的监管体系，可以识别和判断其各个环节和业务领域的风险表现。先进性表明"腕骨"监管体系将危机后国际监管界研究较多的杠杆率、流动性覆盖率、净稳定融资比率、资本质量等最新指标纳入其中，且每项指标都按法定值、触发值和目标值设置三道监管防线，具有较强的超前预警特点。针对性体现在"腕骨"监管体系专门设置了识别跨业跨境综合经营风险和案件舞弊风险的关联交易、母行负债依存度、案件损失率等指标，特别符合我国大型商业银行案件多发和"走出去"综合经营等现实情况。动态性"腕骨"体系的精髓是 13 项指标有 13 个计算公式，其指标值都是根据各行自己的基础数据计算出来的，所以因行而别，因时而变，体现了动态跟踪、即时监管的特点。

"腕骨"监管体系的应用对象是具有"系统重要性金融机构"特征的国有大型银行，体现出一定的微观审慎监管特性。作为新资本协议下中国式银行监管制度的创新是中国特色的体现，"腕骨"监管体系无异于一场银行监管革命，监管当局对这种差别化、动态化的监管思路势在必行。

（二）现状及展望

2008 年的国际金融危机后，我国成为了金融稳定理事会和巴塞尔委员会成员国，我国监管机构更深入地参与了国际监管框架重构，推动了银行业监管框架从借鉴走向与国际先进水准接轨，逐步建立了审慎的监管体系，逐步实现了强化金融监管的一致性，突出监管的专业性，加强监管的穿透性，金融体系风险总体可控。

党的十九大将防范化解重大风险确定为三大攻坚战之一，其中，金融风险是最突出的重大风险之一。有效监管的建立与完善，对金融风险防控起到关键作用。"十三五"规划纲要指出，"有效运用和发展金融风险管理工具，健全监测预警、压力测试、评估处置和市场稳定机制，防止发生系统性、区域性金融风险"。"加强金融宏观审慎管理制度建设，加强统筹协调，改革并完善适应现代金融市场发展的金融监管框架，明确监管职责和风险防范处置责任，构建货币政策与审慎管理相协调的金融管理体制"。按照这一思路，我国金融监管框架不断完善，同时，宏观审慎管理逐步加强。

2022 年，中国人民银行会同市场监管总局、银保监会、证监会联合印发《金融标准化"十四五"发展规划》（以下简称《规划》）。《规划》以习近平新时代中国特色社会主义思想为指导，以支撑金融业高质量发展为主题，以深化金融供给侧结构性改革为主线，以维护国家金融安全为底线，推动标准化与金融业重点领域深度融合，支持健全现代金融体系，融入和服务以国内大循环为主体、国内国际双循环相互促进的新发展格局。其中一个重点内容强调了"标准化辅助现代金融管理"，提出要完善金融风险防控标准，健全金融业综合统计标准，推进金融消费者保护标准建设，加强标准对金融监管的支持。

目前，在我国金融体系中，已经形成一定的行业自律监管，在我国金融行业的 8 个门类当中，银行业、证券业、保险业和期货业都建立了行业协会，但行业协会在行业规范的制定方面作用甚微，行业协会的金融监管作用有待加强。这需要监管当局适当放权，调动行业协会的积极性，发挥行业协会作为监管补充应有的重要作用。在社会监督方面，加强会计师事务所、审计师事务所和律师事务所等社会监督力量的作用，使社会监督成为金融监管的一种经常性补充。

我国应积极探索适合国情的监管协调机制，随着金融机构提供交叉经营的发展，金融服务集团在金融业中的地位不断上升，我国的金融监管应该实现从机构性监管向功能型监管的转变，以实现跨产品、跨机构、跨市场的协调，减少监管部门之间的职能冲突、监管重叠和监管真空，提高监管效率，降低监管成本，从而依靠金融监管维护金融体系秩序的稳定，促进社会经济活动的健康发展，保障整个社会环境的安全。

▶▶ 【本章小结】

(1) 金融监管是金融管理部门对金融行业、金融市场、金融机构、金融业务进行监督管理的政策、制度、措施的总和。金融监管的主体是金融管理部门，包含金融监督和金融管理这两个方面的内容。

(2) 实施金融监管需要遵循法制、独立、效率、适度和动态的原则。金融监管的总体目标就是通过对金融行业的监督与管理维持一个稳定、健全、高效的金融制度。实施严格、有效的金融监管，是维护正常金融秩序、保持良好金融环境的重要保证，有利于增强宏观调控的效果，促进经济和金融的协调发展，也是一个国家金融国际化发展的重要条件。

(3) 金融监管模式主要有机构监管与功能监管、分业监管与统一监管、审慎监管与行为监管、微观审慎监管与宏观审慎监管。监管内容主要包含市场准入监管、业务运作过程监管、市场退出监管三个方面，这三个方面涵盖了金融活动的整个过程。

(4) 巴塞尔协议是目前为止对金融监管影响最大的国际公约之一。它有助于发达国家银行在平等的基础上进行竞争，为国际银行监管和协调提供了极大的便利，确保国际银行体系在国际债务危机和金融动荡中能平稳顺利运行，同时促使发展中国家根据巴塞尔协议监管本国银行，并取得在国际业务活动中的平等竞争地位。

(5) 我国在推进巴塞尔协议II和巴塞尔协议III同步实施中，结合新形势下我国大型商业银行的风险特征，于2010年创建并试行了"腕骨"监管体系。2011年颁布了《中国银行业实施新监管标准的指导意见》，提高了银行业审慎监管标准，增强了系统重要性银行监管的有效性。

思考题

(1) 金融监管的目标有哪些？意义何在？

(2) 金融监管过程包含哪些内容？需要遵循什么原则？

(3) 金融监管的模式有哪些？试说明他们之间的联系。

(4) 简述巴塞尔协议的主要内容和发展。

(5) 我国现阶段主要采用哪些金融监管方式？

案例分析

中国人民银行起草《金融稳定法》

2022年4月，为贯彻落实党中央、国务院关于防范化解金融风险、健全金融法治的决策部署，建立维护金融稳定的长效机制，中国人民银行会同有关部门深入研究、反复论证，起草了《中华人民共和国金融稳定法(草案征求意见稿)》，向社会公开征求意见。

　　近年来，我国金融立法工作稳步推进，形成了以《中国人民银行法》《商业银行法》《证券法》《保险法》等金融基础法律为统领，以金融行政法规、部门规章和规范性文件为重要内容，地方性法规为补充的多层次金融法律体系。但涉及金融稳定的法律制度缺乏整体设计和跨行业跨部门的统筹安排，相关条款分散，规定过于原则，一些重要问题还缺乏制度规范。有必要专门制定《金融稳定法》，建立金融风险防范、化解和处置的制度安排，与其他金融法律互为补充、各有侧重。

　　防范化解金融风险是金融工作的永恒主题。在党中央、国务院的坚强领导下，国务院金融稳定发展委员会统筹协调、靠前指挥，近年来各部门、各地区协作联动，防范化解重大金融风险攻坚战取得重要阶段性成果，长期积累的风险点得到有效处置，金融风险整体收敛、总体可控，金融稳定基础更加牢靠，金融业总体平稳健康发展。当前我国正向实现第二个百年奋斗目标迈进，立足"两个大局"，有必要制度先行、未雨绸缪，制定《金融稳定法》，总结重大金融风险攻坚战中行之有效的经验做法，健全维护金融稳定的长效机制，切实维护国家经济金融安全和社会稳定。

资料来源：中华人民共和国中央人民政府网站

案例思考

(1) 央行出台《金融稳定法》的背景、原因和目的是什么？

(2)《金融稳定法》的推行将为中国的金融业带来哪些变化？

(3) 2022 年上半年，河南等地的 6 家村镇银行暴雷，几十万储户的上亿存款无法追回，结合此事件思考《金融稳定法》推行的意义。

第十一章 经济资本与风险调整绩效

本章导读

资产面临的风险程度的大小可以根据前几章中介绍的各种风险的度量理论进行计算。在一定时间内，各类企业将十分关注需要多少资本来应对各种不同程度的风险，弥补各种非预计的损失，达到股东价值增值。其实，现在比较普遍使用的计算市场风险的模型 (VaR) 所计算出来的资本就是经济资本的概念。经济资本强调的是所"需要"的资本，"应该有"多少资本，而不是银行实实在在已经拥有的资本。经济资本主要包括两方面的内容：一是根据银行资本实力、股东目标与偏好、监管要求，确定整个机构的总体风险水平以及相应的抵御风险损失的风险资本限额；二是根据银行内各业务部门风险调整的绩效测量，在各部门间进行风险资本限额分配，并根据风险调整后的绩效评估，对经济资本分配进行动态调整。

学习目标

(1) 理解经济资本金的概念、测定、计量与配置。

(2) 理解风险调整绩效相关的概念。

(3) 掌握风险调整绩效的相关模型并进行计算。

第一节 经 济 资 本

一、经济资本的概念

经济资本是一种虚拟资本，与银行风险敞口的非预期损失等额。资本金的设定是为了覆盖非预期损失 (非预期损失为实际损失与预期损失的差)。经济资本是指在一定的置信水平下，银行未来能够承担一年内的损失而必须持有的资本金数量。

根据经济资本金的概念可知，其数量等于损失概率分布中第 α 分位数与预期损失的差，其中 $\alpha\%$ 是置信水平。经济资本金的数量如图 11.1 所示。

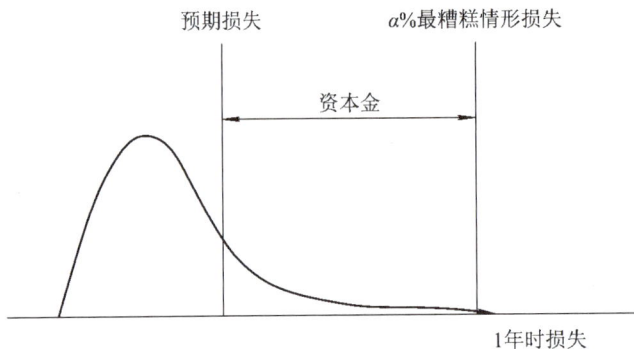

图 11.1　经济资本金的数量

金融机构可以采用自上而下及自下而上两种方法来计算经济资本金。在自上而下法中，我们首先需要估计金融资产的波动率，然后根据波动率得出在一定展望期上金融机构资产低于其负债的概率。

二、经济资本的配置

银行需要经济资本是为了确保其即使在最坏状态下也能够维持清偿力和持续运转，而为业务单位配置经济资本则是为了确保资本的最佳运用，确保每一个业务单位都能持续创造价值。在业务过程中，银行可以通过经济资本的配置来引导和调整业务的发展方向，即经济资本配置的目的在于构建一个与银行的总体风险战略和股东目标相一致的业务风险组合。

资本配置并非完全等同于资本的实际投入，由于经济资本量表现的是风险量，因此在银行内部各部门以及各业务之间的资本配置实质上是风险限额的分配，是确定与风险限额相当的业务或资产总量。

当金融机构获得风险分散效益时，应如何分配经济资本金呢？一种简单的方法是将所有业务部门的经济资本金平均分配，但是这种方法可能不是最优的；另一种方法是对每个业务部门计算递增资本金，即包括某业务部门时与不包括某业务部门时得出的资本金数量之差，进而根据递增资本金的比例分配经济资本金。

（一）经济资本配置的路线

资本是稀缺的资源，银行必须通过一种机制来合理地进行配置，促进优质业务的发展，控制不良业务的增长，使稀缺的资本得到高效的使用。经济资本分配的基本原则就是把资本要求与风险度量直接挂钩，保证经济资本被分配到最能发挥作用的领域，以实现风险调整后的资本回报或经济增加值的最大化。一般而言，经济资本配置路线可分为"自上而下"和"自下而上"两种类型。

1. "自上而下"路线

"自上而下"路线的配置模型是指基于确定的资本总量，结合未来发展战略，综合考虑各管理维度经济资本和风险调整后的资本回报的变化，在遵循一定原则的基础上，将有限的经济资本按照不同的管理维度进行层层分割，最后形成完整的经济资本配置方案。"自上而下"路线能够有效贯彻银行的战略意图和管理思想，使得整个银行业务发展和承担的风险可控。

2. "自下而上"路线

"自下而上"路线是先对每个业务单元进行风险计量，确定相应的经济资本需求，再将这些经济资本由底层向上逐级汇总，最后形成完整的经济资本配置方案。"自下而上"路线的配置模式类似于在银行内部建立的经济资本交易市场。

（二）经济资本配置的流程

经济资本配置的流程一般分为三个阶段：经济资本计量、经济资本分配、应用与调试。

1. 经济资本的计量

根据等额配置原则，经济资本在数量上等于风险敞口的非预期损失，不同类别风险的经济资本要分别进行计量。常用的方法有：简单系数与收入变动法、资产变动法。

1) 简单系数与收入变动法

根据监管机构对操作风险的定义及有无监管资本金，我们可以对金融机构面临的不同风险进行总结。金融机构面临的风险如图 11.2 所示。

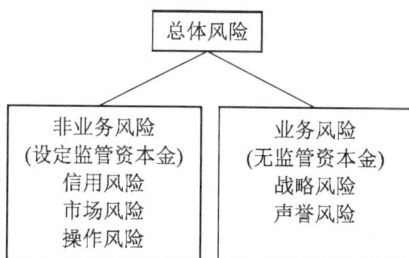

图 11.2 金融机构面临的风险

经济资本覆盖市场风险、信用风险及操作风险这三类所有银行都面临的共同风险，若给定两者的置信水平和风险期限保持一致，经济资本的计量结果与风险的计量结果应该是一致的，因此风险计量等同于经济资本的计量。

(1) 市场风险经济资本。市场风险经济资本的计量对象主要为表内和表外业务因利率、汇率、商品和股票价格等变化而产生的风险。市场风险经济资本目前仅对总行本级进行计量。

市场风险计量的最好指标是风险值指标 (VaR 值)。计算风险值可以采用参数法和非参数法。参数法假设资产回报服从特定的统计分布，如正态分布、对数正态分布等。非参数方法通过模拟而非统计假设来计量风险值，包括历史模拟法、蒙特卡罗模拟法等。

$$市场风险经济资本 = \text{VaR 值} \times 系数 \qquad (11\text{-}1)$$

(2) 信用风险经济资本。信用风险经济资本的计量对象主要为表内各类风险资产和表外业务，包括贷款、存放与拆放同业、投放、抵债资产、其他应收款、待处理资产、承兑、担保和信用证等。

信用风险计量的基础是风险因子计量，包括违约敞口、违约概率、违约损失率、违约相关性及贷款到期日等。简单的计量方法是按照资产类别分配乘数因子；复杂的计算方法是建立组合模型，综合考虑资产的多样化和资产之间的相关性。

经济增加值 (EVA) 考核中：

信用风险经济资本 = 贷款类资产当年平均余额 × 经济资本分配系数 × 经济资本分配区域调节系数 ＋ 非贷款类资产当年平均余额 × 经济资本分配系数 　　　　(11-2)

预算管理中：

信用风险经济资本 = 贷款类资产本年末时点余额 × 经济资本分配系数 × 经济资本分配区域调节系数 × 非贷款类资产本年末时点余额 × 经济资本分配系数 　　　(11-3)

(3) 操作风险经济资本。根据《巴塞尔新资本协议》中的基本指标法，操作风险经济资本按前三个年度经营总收入 (净利息收入和非利息收入的合计) 的平均值的一定比例确定。

$$操作风险经济资本 = 前三年度主营业务收入平均值 × 风险系数 \qquad (11-4)$$

通常来说，金融机构对各业务部门要分别计算市场风险、信用风险、操作风险及业务风险的损失分布，然后将所有的损失分布进行汇总产生该机构所需要的经济资本总量，即

$$E_{\text{total}} = \sum_{i=1}^{n} E_i \qquad (11-5)$$

式中，E_{total} 表示经济资本总量；E_i 表示第 i 类风险的经济资本。

2) 资产变动法

从各国银行的实践看，资产变动法正在成为计算经济资本的主流方式。对一个特定的资产组合，经济资本的计算步骤如下：

(1) 计算资产组合中单笔资产的非预期损失。

(2) 利用历史数据，计算资产损失变化的相关系数矩阵。

(3) 应用蒙特卡罗方法模拟整个资产组合的风险分布函数，并计算整个资产组合的标准差和期望。

(4) 确定整个资产组合的经济资本乘数。该乘数取决于银行的风险偏好和容忍度，风险偏好越大，则经济资本乘数越小。

2. 经济资本分配

确定资产组合所需的经济资本总量后，就需要根据一套规程，将可用经济资本分配到各业务单元和分支机构中，以实现引导和优化资源配置的管理目标。

按照国际先进银行的经验，经济资本分配可以分为存量分配和增量分配。

1) 存量分配

存量分配是指按照一定的比例，将资产组合对应的经济资本总量分配到单笔敞口上。常用的方法有敞口余额分配法、预期损失分配法、非预期损失分配法和欧拉微分方程法。

2) 增量分配

增量分配就是指根据经济资本的增量对经济资本进行分配。首先，银行总部根据盈利能力和融资情况，预测全行在下一时期经济资本的增长目标；然后，在已知各分行和业务单元的经济资本存量的基础上，按照风险调整后资本收益率 (RAROC) 最大化原则，应用运筹学最优化模型，确定分配给各业务单元或分支机构的经济资本增量目标；最后，根据经济资本增量目标和各业务单元或分支机构的风险状况，计算相应的风险限额，并据此确定全行业务发展计划。

3. 应用与调试

经济资本管理的实质是根据风险分布现状，向各分行或业务单元分配风险资产的增量控制额度。因各项业务的风险度不同，在既定的经济资本增量内，如果发展低风险业务，业务规模增长可以较大，但如果发展高风险业务，则业务规模的增长将受到限制。经济资本管理的目标是引导所属机构和部门尽可能发展风险低、回报高的业务，以实现风险调整后的基本回报或经济增加值的最大化。经济资本一旦分配到每个业务单元，就可以在风险内控、资产组合、绩效考核等诸多方面发挥作用。根据国际经验，市场风险的经济资本在实际业务中偏差度较小，操作风险的经济资本通常需要经过大幅度调试才能趋于稳定。

（三）经济资本配置的作用

总的来说，经济资本配置管理对银行业务的发展有着重大的作用。

1. 强化资本约束意识，推动业务规模发展

在经济资本配置过程中强调了资本的稀缺性和高成本性，具有效益约束和风险约束的双效应。通过经济资本重新配置，可以将经济资本从低效率使用者转向高效率使用者，从而提高银行整体经济资本的利用效率；在增加经营收益的同时能够少占用经济资本，以推动业务规模的合理发展。

2. 调整业务结构，提高经济资本回报率

经济资本约束意识的增强能够有力地扭转我国商业银行传统的重规模、轻管理的经营思想，促使经营管理的重心转变为优化资产结构和业务结构，进而提高经营效益。实施经济资本配置管理之后，商业银行可以根据各机构、部门和业务的经济资本回报率水平决定业务发展的方向。对回报率水平和价值创造较高的机构、部门和业务，给予更多的扶持政策，而对回报率很低甚至是负贡献的机构、部门和业务，则采取限制和收缩政策，以避免价值损失。

3. 促进业务发展与风险控制的平衡

随着外部监管部门对资本充足率监管力度的加强和银行对资本测报要求的提高，商业银行在经营决策时，不仅要考虑资产扩张的速度、业务发展的规模以及业务发展所带来的收益，还要充分考虑由此带来的风险。为提高资本的使用效率，确保占用的经济资本能够

达到最低回报要求或高回报水平，银行必须要将有限的经济资本配置到风险较低而回报水平较高的业务上，并重点支持和发展这类业务。

4. 准确计量各项业务的成本

经济资本配置强调了经过风险调整后的资本回报，并扣除了为预期风险所计提的专项准备金，更真实地反映了利润和资本回报率；衡量了具体的交易和账户，有助于真实反映各项业务给银行所创造的价值。基于经济资本配置来衡量业务单位的业绩并将报酬和业绩挂钩，可以给各业务单位最大的制约力，约束只为增加收入而不顾及风险地扩大资产和业务的行为，同时给予业务单位动力，以便设法采用对冲、转移、出售等方式消除或降低风险，以减少经济资本占用。

5. 优化业务战略规划，增强对业务发展的引导

经济资本管理清晰地揭示了不同类型业务的风险，有利于银行选择风险相对较低而收益相对较高的业务作为战略性业务。也就是说，经济资本应优先配置到经济资本系数低、有较高经济资本回报率的业务上。同时，通过对具体产品、业务和区域的经济资本回报率的量化，可以为商业银行在制定经营发展战略时提供有力支持。

第二节　风险调整绩效

若使稀缺的资本能够用在为银行带来收益且风险相对较小的地方，银行管理者必须基于风险收益匹配原则对资本进行管理。目前，商业银行主要关注以风险为基础的盈利指标——风险调整后的绩效评估 (Risk-Adjusted Performance Measurement，RAPM)。RAPM 包含了一组类似的概念，不同的机构对这一概念可能有不同的定义。但是，所有的 RAPM 技术有一个共同点：以对风险状况的内部衡量为基础，通过一定形式的风险调整后的盈利指标与已投资的资金的回报率进行比较。

RAPM 方法通常有四个度量指标：

(1) 资本收益 (Return On Capital，ROC)。

(2) 风险调整资本的收益 (Return On Risk-Adjusted Capital，RORAC)。

(3) 风险调整资本的风险调整收益 (Risk-Adjusted Return On Risk-Adjusted Capital，RARORAC)。

(4) 资本的风险调整收益 (Risk-Adjusted Return On Capital，RAROC)。

一、资本收益 (ROC)

资本收益的一般表达式为

$$\text{ROC} = \frac{\text{调整的收益}}{\text{必要监管资本}} \tag{11-6}$$

从 ROC 公式及实际应用中可以看出：ROC 指标简单直观、易于实施。但是，ROC 指

标没有包括任何风险调整过程且鼓励投资者去承担风险以获取更高的收益。从长期来看，这种不充分的定价标准会导致高风险资本需求的增大，而高信用质量的资产会因相对较低的收益而被挤出市场。

二、风险调整资本的收益 (RORAC)

风险调整资本收益的基本公式为

$$RORAC = \frac{调整的收益}{经济资本} \tag{11-7}$$

从式 (11-7) 中可以看出：相对于 ROC，RORAC 指标使用了经济资本的概念，即在计算资本需求的同时考虑了资产及非资产风险。一般来说，风险和收益都相对较低的交易具有较高的 RORAC 值，那么，大部分机构或企业会据此选择吸引力较低的交易，构建信用质量很高而收益较低的资产组合。

三、风险调整资本的风险调整收益 (RARORAC)

RARORAC 是根据商业银行要求的资本缓冲额和市场风险进行调整所得出的纯粹的经济资本收益率，可用于不同等级资产的风险决策。其基本公式为

$$RARORAC = \frac{风险调整的收益}{经济资本} \tag{11-8}$$

RARORAC 技术以风险原理和坚实的经济理论为基础，该指标能够做到以最小的经济资本获得最大的风险调整收益。但是要达到更好的效果，最好结合一些其他目标，如收益或获利目标等。RARORAC 计算公式的分子和分母中均考虑了风险因素，因此使用该指标时需要对风险进行精确的判定和调整；同时，要在企业中全面恰当地实施这种方法，还需要扎实的理论基础以及完备的风险度量和跟踪系统。

四、风险调整后的资本回报 (RAROC)

（一）RAROC 简介及计算

RAROC 起源于 20 世纪 70 年代，由银行家信托公司首创，其最初的目的是度量银行信贷资产组合的风险和在特定损失率下为限制敞口所必需的股权数量。此后，许多大银行为了确定银行进行经营所需要的股权资本数量都纷纷开发 RAROC 方法。

RAROC 的计算综合考虑了风险和监管资本，使用该指标的机构会倾向于持有更多的能对市场风险进行弥补的资产，以最优化的方法使用现有的监管资本。该指标具有很高的实用性和有效性，因为它试图实现市场监管限制下的风险调整收益最大化。

RAROC 能够将未来可预计的风险损失量化为当期成本，对当期收益进行调整，衡量经过风险调整后的收益大小。同时，考虑非预期损失做出资本储备，进而衡量资本的使用效率，使银行的收益与所承担的风险挂钩，即 RAROC 将收益、风险和资本有机地统一起来。

RAROC 的基本计算公式为

$$\text{RAROC} = \frac{\text{风险调整的净收益}}{\text{经济资本}} = \frac{\text{收益}-\text{经济资本}-\text{预期损失}}{\text{经济资本}} \quad (11\text{-}9)$$

式中，经营成本是银行经营管理成本。在实际操作中，精确计算银行的各项成本是比较困难的，所以不同风险的预期损失具有不同的计量方法，可以用容易得到的变量进行计算，即风险调整后的资本等于贷款的市场值在一年内变化的最大值的相反数，其公式为

$$\frac{\Delta L}{L} = -D \times \frac{\Delta R}{1+R_L} \quad (11\text{-}10)$$

式中，L 表示贷款额；$\frac{\Delta L}{L}$ 表示贷款的市场价值在未来一年内预期的变化比率；D 表示贷款的持续期；ΔR 表示该贷款的利率（浮动利率）在未来一年内变化的最大值；R_L 表示贷款的利率，它等于零风险债券利率加上该贷款的信级利率（$R_L = R_F + R$）；$\frac{\Delta R}{1+R_L}$ 表示贷款市场价值在未来一年内风险折价的最大比率。

对式 (11-10) 进行变形，可写为

$$\Delta L = -D \times L \times \frac{\Delta R}{1+R_L} \quad (11\text{-}11)$$

或者

$$\text{贷款的预期市场价值变化} = - \text{贷款的持续期} \times \text{贷款额} \times \text{贷款的预期损失折价} \quad (11\text{-}12)$$

例 11-1：假设目前市场上有 400 只 AAA 级债券在交易，该笔 AAA 级贷款额为 100 万元，平均利率为 10%，持续期为 2.7 年。同时，假设在 99% 的置信水平下，这些债券的利率变化频率幅度为 1% ～ 1.1%，计算该笔贷款的 RAROC 值。

首先，估计贷款的利率在未来一年内变化的最大值 ΔR，可以用该 400 只债券在未来一年内的利率变化代替该笔贷款的利率变化，把这 400 只债券的利率变化情况绘制成频率分布曲线。根据假设及对 ΔR 计算的定义，可以得出 $\Delta R = 1.1\%$

其次，估计贷款预期市场价值的变化 ΔL，用 AAA 级债券的平均利率代替该笔贷款的利率，那么 ΔL 为

$$\begin{aligned}
\Delta L &= -D \times L \times \frac{\Delta R}{1+R_L} \\
&= -2.7 \times 1\,000\,000 \times 0.011 / (1+0.1) \\
&= -27\,000
\end{aligned}$$

该笔贷款未来市场价值的变化额为 -27 000 元，它要求同数量的资本支持，即风险调整后的经济资本为 27 000 元。

再次，计算该笔贷款调整后的收入。假定该笔贷款利差或贷款利率与筹资成本的差为 0.2%，手续费为 0.15%，预期损失为 500 元，则调整后的收入为

$$0.2\% \times 1\,000\,000 + 0.15\% \times 1\,000\,000 + 500 = 3000$$

最后，得出 RAROC 值并与最低预期收益率相比较。

根据以上计算结果，该笔贷款的 RAROC = 3000/27 000 = 11.1%。

针对 RAROC 需要说明的是：

(1) RAROC 对风险资产标准差很敏感，只要给定一个足够高的波动性的变动量 (σ_A)，甚至当项目的净值为负时，该项目都可能达到所预定的最低预期资本收益率。

(2) RAROC 对市场组合中资产收益率的相关度很敏感。

(3) RAROC 法对波动性和相关度的变动不敏感。

(4) 如果在 RAROC 计算中使用一个固定的最低资本收益率，则倾向于选择高度波动性和高度相关性的项目。

（二）RAROC 模型的缺陷与修正

1. RAROC 模型的缺陷

前面讲述的 RAROC 模型含有两个假设条件：一是不考虑各笔贷款之间的相关性；二是违约概率不变则项目预期收益率不变。科罗赫、特布尔和韦克曼认为这两个假设条件存在问题，他们通过计算两种情况下的企业权益的资本预期收益率，得出实际情况与假设不符。

2. RAROC 模型的修正

通过大量的实证分析研究，科罗赫、特布尔和韦克曼提出使用调整过的 RAROC 来测度每个项目对银行风险收益的边际影响。其中，调整过的 RAROC 定义为

$$ARAROC = \frac{RAROC - R_F}{\beta_E} \tag{11-13}$$

式中，β_E 表示权益资本的系统风险；R_F 表示无风险利率。

科罗赫、特布尔和韦克曼证明，当 $ARAROC > \bar{R}_m - R_F$ 时，即 ARAROC 高于预期额外市场收益率时（这里的 $\bar{R}_m$ 是指预期的市场收益率），该项目会增加股东价值。

（三）RAROC 在绩效考核中的应用

资本对银行来说是一种经济资本，对经济资本的内部配置除了考虑风险和成本以外，还必须引入另外一个重要因素：业绩。特别是随着银行经营环境及客户需求多样化的发展，授信资产组合对业务部门业绩衡量的意义日渐突出、难度加大，银行迫切需要建立一个通用的、系统的方法体系和标准，使各业务部门的业绩评估能够公平一致。

1. 绩效考核

从绩效考核角度来看，RAROC 风险管理技术克服了传统绩效考核目标中盈利目标与风险成本在不同时期的相对错位问题，实现了经营目标与业绩考核的统一。同时，RAROC 是基于风险理念下的商业银行绩效评价方法，将风险因素纳入商业银行整体绩效评价体系，有利于提升商业银行的整体竞争能力。

每笔业务在进入审批程序时，首先必须满足资产组合的限额管理要求和 RAROC 指标要求，然后进行进一步的分析和审批决策，单笔业务一旦经过批准即进入动态的、积极的组合管理，需要定期或不定期对组合资产进行盯住市场式的动态监控。一旦发现某些业务或组合的 RAROC 值有所弱化或有明显的不利趋势的业务或组合进行处置。目的是将有限

的资源从资产负债表上释放出来，进入新的效益更好的业务，从而实现银行总体在可接受风险下收益的最大化。

2. 业绩评估

随着 VaR 模型逐渐被银行业等金融机构接受，ROC 进一步发展到了目前的 RAROC 方法。这里的衡量基准仍然是资本，并且也主要是权益资本。不同的是，RAROC 方法是一种前瞻方法，它对未来的预期收益用风险作出调整，以确定资本量配置。因此，它不是一个会计概念，而是一个经济学概念。这里的资本不再是一般的资本，而是风险资本或经济资本；这里的收益也不是一般的资本收益，而是经过风险调整后的资本收益。

这一演化过程的关键是，VaR 在资本配置及其收益预测中开始发生作用，利用 VaR 模型衡量的收益不是已经发生的，而是预期中的收益。在资本配置过程中，对过去风险的计算意义并不大，因为过去的风险已不复存在，并且一旦实际损失已知，过去的经济资本即已失去意义，有意义的是对未来风险与收益的经济学预期。

▶▶ 🎙 【本章小结】

(1) 经济资本金是指在一定的置信水平下，银行未来能够承担一年内的损失而必须持有的资本金数量。

(2) 金融机构可以采用"自上而下"及"自下而上"两种方法来计算经济资本金。

(3) 经济资本覆盖市场风险、信用风险及操作风险这三类所有银行都面临的共同风险，若给定两者的置信水平和风险期限保持一致，经济资本的计量结果与风险的计量结果应该一致。

(4) 一般而言，经济资本配置路线可分为"自上而下"和"自下而上"两种类型。

(5) 经济资本的配置流程一般分为三个阶段：经济资本计量、经济资本分配、应用与调试。

(6) 四个最经常提到的风险调整后的绩效评估模型是：
① 资本收益 (ROC)；
② 风险调整资本的收益 (RORAC)；
③ 风险调整资本的风险调整收益 (RARORAC)；
④ 资本的风险调整收益 (RAROC)。

思考题

(1) 简述经济资本的概念。

(2) 简述经济资本的配置流程。

(3) 简述风险调整绩效的概念。

(4) 风险调整绩效的模型有哪几种？

(5) 假设目前市场上有 800 只 AAA 级债券在交易，该笔 AAA 级贷款额为 200 万元，平均利率为 10%，持续期为 3 年。假设在 99% 的置信水平下，这些债券的利率变化频率幅度为 1% ～ 1.1%，计算该笔贷款的 RAROC 值。

第十二章 大数据发展与金融风险管理

本章导读

万物皆互联，无处不数据。在互联网时代，一切在网络上留下的痕迹，都被称为数据，比如人们的社交媒体、网购支付、搜索记录、出行信息、游戏注册资料等。据统计，每天微信朋友圈上传照片总量已经超过 10 亿张，每天移动支付笔数已经超过 22 亿笔，每天使用百度地图定位的信息多达 800 亿条，面对数以亿计的数据，传统的数据处理方式需要几年的时间，而大数据技术只要一秒就完成了。当文字、图像、音频，甚至世间万物都可转变成数据，一切都可量化时，大数据就能创造出巨大的新型价值，渗透并服务于人类生产生活的方方面面。目前，大数据已经在各行各业衍生出形形色色的数据应用，尤其是为金融创新提供了有效支持，为金融服务提供了准确的信息和知识，为消费者提供了个性化服务。

学习目标

(1) 掌握大数据的基本概念以及特征，了解大数据在金融领域的应用现状。

(2) 理解大数据的金融应用；

(3) 理解并掌握大数据在银行风险管理方面的应用。

(4) 理解并掌握大数据在小微企业信贷方面的应用。

第一节 大数据概述

一、大数据的概念

"大数据"一词来源于英文"bigdata"，其概念起源于美国。2008 年 9 月，美国《自然》杂志刊登了名为"大数据"的专题，第一次正式提出"大数据"概念。2011 年 5 月，麦肯锡全球研究院发布《大数据：下一个创新、竞争和生产力的前沿》研究报告，第一次给大数据做出相对清晰的定义：大数据是指其大小超出了常规数据库工具获取、储存、管理和分析能力的数据集。大数据被视为继云计算、物联网之后计算机通讯领域掀起的又一次颠覆性技术变革，并成为现代国家发展战略的重要组成部分。

"大数据"一词可以从字面上理解为"巨大的数据量"，通常是指无法在一定时间范围内用常规软件工具进行捕捉、管理和处理的数据集合，是需要新处理模式才能具有更强的决策力、洞察发现力和流程优化能力的海量、高增长率和多样化的信息资产。当数据规模达到某种程度时，会使数据呈现某些有价值的特性，由于数据体量较大，这些特性无法通过传统的数据处理技术进行归纳分析，便需要新的技术进行挖掘与分析。因此，大数据不仅指规模巨大的数据，而且是一种分析处理庞大数据的技术。

大数据技术是新一代的技术与架构，它被设计在成本可承受的条件下，通过非常快速的采集、发现和分析，从大体量、多类别的数据中提取价值。大数据技术的战略意义不在于掌握庞大的数据信息，而在于对这些含有意义的数据进行专业化处理，通过对海量大数据的交换、整合、挖掘和分析，可以发现新的知识，创造新的价值，由此带来"大知识""大科技""大利润"和"大发展"。换而言之，如果把大数据比作一种产业，那么这种产业实现盈利的关键，在于提高对数据的"加工能力"，通过"加工"实现数据的"增值"。

二、大数据的特征

大数据作为数据，除了具有数据的特征外，还有"大"为之带来的体量巨大、类型多样、处理速度快、价值性高和数据在线化的特征。

（一）数据体量巨大（Volume）

数据体量巨大，指代大型数据集，一般数据库的大小在 TB 级别，而大数据的起始计量单位在 PB(1PB = 1024 TB) 级别，有的甚至跃升至 EB、ZB 级别，包括采集、存储和计算的量都非常大。百度资料表明，其首页导航每天需要提供的数据超过 1.5 PB，这些数据如果打印出来将超过 5 千亿张 A4 纸。有资料证实，到目前为止，人类生产的所有印刷材料的数据量仅为 200 PB。

（二）数据类别大、类型多样（Variety）

数据类别大，数据来自多种数据源，数据种类和格式日渐丰富，已冲破了以前所限定的结构化数据范畴，囊括了半结构化和非结构化数据。现在的数据类型不仅是文本形式，更多的是图片、视频、音频、地理位置信息等多类型的数据，个性化数据占绝对多数。

（三）处理速度快（Velocity）

在数据量非常庞大的情况下，也能够做到数据的实时处理。数据处理遵循"1 秒定律"，可快速从各种类型的数据中获得高价值的信息，如果超出这个时间，数据就失去价值了。

（四）价值性高（Value）

当量级庞大、实时传输、格式多样的全量数据通过某种手段得到利用并创造出价值，而且能够进一步推动社会与商业模式的变革时，大数据才真正诞生。

（五）数据在线化（Online）

数据是在线的，是能随时调用和计算的，这是大数据区别于传统数据最大的特征。在互联网高速发展的背景下，数据资源不仅仅是体量大，更重要的是表现出在线这一显著特征。数据只有在线，即数据在与产品用户或者客户产生连接的时候才有意义。如用户在使用某互联网应用时，其行为能够及时地传给数据使用方，数据使用方通过数据分析或者数据挖掘进行加工，对该应用的推送内容进行优化，把用户最想看到的内容推送给用户，就能提升用户的使用体验。

此外，业界还有人总结出大数据的其他特征，如数据准确性 (Veracity) 高，随着社交数据、商业交易与应用数据等新型数据源的兴起，企业越来越需要有效的信息以确保其真实性及安全性；如存活性 (Viability) 低，是指特定情况下的大数据具有很强的时效性。

三、大数据关键技术

大数据技术是大数据价值实现的手段和保障，从数据在信息系统中的生命周期看，大数据从数据源经过分析挖掘到最终获得价值，一般需要经过五个主要环节：数据准备、数据存储与管理、计算处理、数据分析和知识展现。每个环节都面临不同程度的技术上的挑战。

（一）数据准备

在进行存储和处理之前，需要对采集到的数据进行清洗、转换和整理。与以往的数据分析相比，大数据的来源多种多样，包括企业内部数据、互联网数据和物联网数据，不仅数量庞大、格式不一，质量也良莠不齐。这就要求数据准备环节一方面要规范格式，便于后续存储管理，另一方面要在尽可能保留原有语义的情况下去粗取精、消除噪声。

（二）数据存储与管理

当前全球数据量正以每年超过 50% 的速度增长，存储技术的成本和性能面临非常大的压力。大数据存储系统不仅需要以极低的成本存储海量数据，还要适应多样化的非结构化数据管理需求，具备数据格式上的可扩展性。

（三）计算处理

需要根据处理的数据类型和分析目标，采用适当的算法模型快速处理数据。由于大数据具有多样性特点，仅采用传统的数据挖掘、机器学习、智能计算等数据分析方法已无法满足大数据时代对算法提出的快速高效等要求。海量数据处理要消耗大量的计算资源，传统单机或并行计算技术在速度、可扩展性和成本上都难以适应大数据计算分析的新需求。因此，需要利用新技术对大数据进行有效地处理分析。其中主要使用分布式数据库，或是分布式计算集群等工具对存储的大规模数据进行普通的分类汇总及简单分析，从而满足大部分的基本分析需求。

（四）数据分析

数据分析环节需要从纷繁复杂的数据中发现规律并提取新的知识，是大数据价值挖掘的关键。传统数据挖掘对象多是结构化、单一对象的小数据集，挖掘更侧重根据先验知识预先人工建立模型，然后依据既定模型进行分析。对于非结构化、多元异构的大数据集的分析，往往缺乏先验知识，很难建立显式的数学模型，这就需要发展更加智能的数据挖掘技术。

（五）知识展现

解释与演示大数据的分析结果是知识展现环节的主要任务。不合适的数据显示结果会困扰和误导用户。在大数据时代，基于文本形式及屏幕输出的传统方式已不再适用，因此有必要通过数据可视化、人机交互等新型技术将分析结果生动形象地展示给用户，以帮助用户更加清晰地了解整个数据处理流程和最终结果。

在这五个环节中，数据存储与管理、计算处理和数据分析三个环节比较关键，需要对技术架构和算法进行重构，是当前和未来一段时间大数据技术创新的焦点。

四、大数据带来的六大趋势

大数据的发展为我们带来了第二次信息革命，经过几年的发展，大数据即将带来的产业变革趋势已初见端倪。从当前的经济发展水平与大数据技术的融合中，可以预见的未来，几项已经存在的发展趋势正在扩大。

（一）应用无线化

大数据技术的广泛应用为数据采集与分析提供了更大的便利性与移动性，让终端设备与资料采集的作业更具有弹性且有效率，也加快了智能生活的步伐。

（二）信息数据化

数据信息无处不在，而大数据处理数据的高速巨量、多样化、在线化使得信息的流通、交换、加工、运用更趋标准化与结构化，数据的应用变得更及时直接。

（三）交易无纸化

大数据、云计算支持下的在线交易平台凭借其实时性、便利性正在迅速地替代传统的线下交易与纸质凭证，彻底地改变了交易行为与资金流，并赋予未来微经济商业模式更多创新思考的可能性。

（四）思维智能化

大数据所产生的创新价值与人类交互并深入于生活之中，极大地改变了人们传统的思维方式，人的思维与新科技将会迎来前所未有的碰撞与火花。

（五）决策实时化

数据处理、分析技术的提高，改变了过去因数据获取成本过高而面临的信息不对称的困境，能够实现过去难以达到的实时性和精确性，大数据实时采集与加工极大地改变了决策与信息关系。

（六）线下线上化

海量数据使得线上与线下更加融为一体，未来仍将呈现线下更多地倾向于运用线上数据的趋势，线上与线下将连接在一起不能分割。

大数据的这六个趋势会在各自的体系内深化发展与创新，这些本质上的转变将会贯穿于未来大数据发展的进程中，其商业价值也会逐渐落地于各行业中，数据技术将成为各行各业的优化工具或产生颠覆性创新。

第二节　大数据的金融应用

大数据是时代的特征，大数据与金融本是两个不太相关的概念，但是随着现代移动互联网的广泛运用，以及大数据相关技术不断发展成熟，大数据越来越多地被应用于金融领域，大数据金融概念因此而产生。

一、大数据金融的概念

大数据金融是时代发展的产物，是金融业和大数据技术发展到一定阶段的必然要求。它是指运用大数据技术开展金融服务，即依托于海量、非结构化的数据，通过互联网、云计算等信息化方式对其数据进行专业化的挖掘和分析，并与传统金融服务相结合，创新性开展相关资金融通工作。

大数据金融可以为互联网金融机构提供客户的全方位信息，通过分析、挖掘客户的交易和消费信息掌握客户的消费习惯，准确预测客户行为，使金融机构和金融服务平台在营销和风险控制方面有的放矢。

二、大数据征信

征信的英文对应单词是 Credit Reporting 或者 Credit Sharing，可以理解为信用报告或者信用分享。征信是指为了满足从事信用活动的机构在信用交易中对信用信息的需求，专业化的征信机构依法采集、保存、整理、加工自然人、法人及其他组织的信用信息，并向在经济活动中有合法需求的信息使用者提供信用报告、信用评估、信用信息咨询等服务，帮助客户判断、控制信用风险，进行信用管理的活动。我国使用征信一词来概括对企业和个人的信用调查。

大数据时代的到来，使得征信数据来源更加多元化、多层化和非结构化，能够更加真实、全面地反映信息主体的信用状况。大数据征信是指通过采集大量化、多元化、多层化、非结构化、多样化的实时动态数据，特别是交易行为数据和社交网络数据，整理、分析和挖掘这些数据，并运用机器学习等大数据技术重新设计征信评价模型算法的征信模式。大数据征信通过考察多维度、动态、交互的信用信息，向在经济活动中有合法需求的信息使用者提供信用信息服务，帮助客户判断、控制信用风险，进行信用管理的活动。大数据已经成为未来征信业发展最重要的基石。伴随着互联网时代的飞速发展，物联网、云计算、数据挖掘等技术逐渐成熟，征信业必将获得革命性的发展。未来征信业的发展方向是大数据、信息技术与征信业务深度融合，建立与大数据特征相匹配的征信业务规则，推动征信产品供给，建立基于大数据的信息主体权益保护机制。

传统征信模式面临的难题是征信数据不全、平台上传数据积极性低、更新不及时、接入门槛高等问题。大数据征信模式的优点在于：

(1) 数据来源广泛，能弥补传统征信覆盖面不足的缺陷。

(2) 数据类型多样化，不局限于信贷数据，更能全面反映个人信用情况。

大数据征信模式的难点在于：

(1) 信息过多引起的数据杂乱。

(2) 整合多方数据困难，且数据相关性分析需要较长时间和实践来检验。

(3) 短期内信用评价数据精准性较低。

(4) 大数据征信也面临着法律风险，在个人隐私保护上较难把控。

大数据征信适应了金融行业的发展，将征信发展到外部而不仅是银行使用，信息覆盖面广，数据来源也更为广泛和多样化。大数据征信收集的数据类型一定程度上弥补了传统征信存在的数据时效性方面的不足，又具有多样化的数据来源，能更好地营造良好的社会信用体系。大数据征信报告主要收集的数据类型如表 12.1 所示。

表 12.1　大数据征信报告主要收集的数据类型

信息类型	数据类型	典型实例
金融数据	商业银行账户	信用卡、储蓄卡账户流水
消费记录	移动支付、第三方支付、电商平台账户	快钱、支付宝、财付通、汇付天下、拉卡拉、京东、淘宝等
社交行为	网络化的社交账户信息	微信、微博、博客、人人网、贴吧等
日常行为	日常工作、生活信息	公用事业缴费记录、移动通信缴费记录、社保缴纳记录等
特定行为	特定环境下抓取的行为数据	互联网访问记录、特定网页停留信息、检索关键词等

三、信用评分及风险控制

大数据在加强风险可控性、支持精细化管理方面助推了金融业的发展，尤其是信贷服务的发展。在风险控制上，大数据的战略意义在于摆脱担保和抵押方式，将数据作为提供融资渠道的关键依据，其中最明显的地方便是建立了个人征信系统，有效地控制了风险。

过去个人信用评估结果都是滞后的，往往无法有效地反映最新的个人信用风险，导致银行或是保险公司不能提供最符合客户需求和利益的服务。如今，伴随大数据技术的深入发展和广泛应用，在不依赖央行征信系统的情况下，市场自发形成了各具特色的风险控制生态系统。大公司通过大数据挖掘，自建信用评级系统；小公司通过信息分享，借助第三方获得信用评级咨询服务。

互联网金融作为金融行业的新兴领域，其暴露出的诸如野蛮发展、"爆雷""跑路"、监管不力等问题和风险更应该得到很好的监控。互联网金融企业的风控大致分为两种模式：一种是类似于阿里巴巴的风控模式，它们通过自身系统大量的电商交易以及支付信息数据建立了封闭系统的信用评级和风控模型；另一种则是众多中小互联网金融公司通过贡献数据给一个中间征信机构，再分享征信信息。通过分析大量的网络交易及行为数据，可对用户进行信用评估，这些信用评估可以帮助互联网金融企业对用户的还款意愿及还款能力做出结论，继而为用户提供快速授信及现金分期服务。

四、精准营销及客户体验

大数据技术是金融机构推动业务创新和产品创新进而提高金融服务效率的重要支撑。通过大数据技术，金融机构可以精确地刻画出客户画像。客户画像主要分为个人客户画像和企业客户画像。个人客户画像包括人口统计学特征、消费能力数据、兴趣数据、风险偏好等。企业客户画像包括生产、流通、运营、财务、销售和客户数据以及上游和下游相关产业链数据。通过大数据技术对客户个人情况等静态信息和交易记录等动态信息的综合分析，金融机构可以得出包括客户的消费偏好、风险偏好等内在的客户行为数据，从而投其所好，为客户提供个性化的服务。客户画像可以帮助金融机构更加了解客户，根据客户的需求，量身定制金融服务，从而提高客户的满意度和忠诚度。

同时，在拥有客户画像的基础上，银行还可以有效地开展精准营销。精准营销最大的优点就是可以实施个性化推荐，即金融机构可以根据客户的偏好进行服务或者对银行产品进行个性化推荐，如根据客户的年龄、资产规模、理财偏好等，对客户群进行精准定位，分析出其潜在金融服务需求，进而有针对性进行营销推广。利用大数据技术所得出的客户行为信息，是金融机构从事个性化服务的基础。提供有针对性的服务，可以使客户的需求得到最大程度的满足进而促进金融服务和产品的创新，提高金融机构服务水平。例如，招商银行通过数据分析识别出招行信用卡高价值客户经常出现在星巴克、DQ、麦当劳等场所后，通过"多倍积分累计""积分店面换"等活动吸引优质客户；通过构建客户流失预警模型，对流失率等级前20%的客户发售高收益理财产品予以挽留，使得金卡和金葵花卡客户流失率分别降低了15%和17%；通过对客户交易记录进行分析，有效识别出潜在的小微企业客户，并利用远程银行和云转介平台实施交叉销售，取得了良好成效。

进入大数据时代之后，金融业可以通过对用户行为的数据分析，判断用户潜在需求，有效跟踪用户，进而在用户无意识的情况下进行主动推送，使得营销更加精准。一方面可以提高营销的成功率，另一方面对用户体验的改善也更加贴心、高效。

五、投资指导

除了做信用评估和精准营销外，大数据在指导投资上也开始崭露头角。下面举例说明大数据在投资上所展现的魅力。

Thasos Group是一家利用大数据技术进行投资的对冲基金，而对于喜欢多样化的华尔街投资人来说，这一新鲜的想法已经受到了不少的青睐。传统的投资机构基本上使用的是金融和财务数据进行投资，而Thasos Group使用的是大数据，通过对这些数据进行挖掘来准确判断美国消费者的行为，进而了解美国宏观经济运行的趋势，从而做出正确的投资决策。

金融数据和大数据的使用是区分 Thasos Group 和其他对冲基金的特征所在。之前有一些金融机构通过社交网络对客户进行追踪，并据此进行投资，这种基于社交网络进行投资的方式基本失败，因为这些社交网络提供的数据是基于非结构性的语言，很难准确定位并最终带来收益。Thasos Group 的技术却并非如此，其数据挖掘关注的是宏观经济基本面以及行业的评估，借此来精准定位其要投资的公司或行业。

六、金融产品创新

大数据技术的运用有利于开发更多金融产品。大数据处理技术的运用，可以给银行提供全新的、更多的业务品种。尤其是网上银行，更是离不开大数据处理技术。全新的在线金融服务借助现代信息网络技术，使客户足不出户就能在线享受银行专业化、个性化的服务，改变了传统银行业的营销方式，跨越了时空的限制，最大限度地扩大了业务范围和延长了服务时间，降低了银行经营成本，有效提高了银行盈利能力。客户在网上银行可以轻松实现账户管理、转账汇款、自助缴费、贷款服务、基础理财、客户服务、网上支付等业务。大数据处理技术的运用，可以帮助银行根据客户的习惯、喜好，开发更多适合客户的个性化产品，实现"一对一"的自助服务。

未来大数据金融发展的重点趋势之一为从传统的有时限的金融服务向全天候服务转变，打破地域限制，提供"始终在客户身边"的全场景金融服务。大数据金融将整合各类渠道，彻底打破时间和地域限制，运用网络化的社会资本，提供一点接入、全程响应的智能化渠道服务，为客户创造最佳服务体验，实现智慧金融。

拓展阅读

阿里巴巴的"草根"征信体系

2010 年 6 月 8 日，阿里巴巴宣布，联合复星集团、银泰集团、万向集团成立阿里巴巴小额贷款股份有限公司，简称阿里小贷。阿里小贷公司贴近草根用户群，坚持为客户提供 50 万元以下的贷款。阿里巴巴集团通过各平台的数据资源整合，利用其自身拥有的数据库技术和云计算能力，通过小微企业的交易记录、信用状况、好评状况、产品质量以及现金流动情况等指标来进行信贷评估。阿里小贷业务的主要产品是无抵（质）押物和保证担保的信用贷款，贷款对象是来自淘宝和天猫两个 B2C（商家对客户）平台的电子商户。这些电子商户基于自身在阿里巴巴平台上累积的交易信息申请贷款，阿里小贷公司在线核实商户信用记录后发放贷款，信用记录较好的商户最快 3 分钟便可获得贷款。阿里小贷公司之所以可以低成本且高效地操作小微企业贷款，完全依靠先进的信用信息体系支持，其核心竞争力就在于巨量的商户信息数据和较真实的贷款信用资料。从阿里小贷业务的成功可以看出拥有海量数据的平台以及完善的信用信息体系对于开展小微企业信贷业务的重要性。商业银行应大力建设自身的小微客户信用信息平台，竭尽所能地收集各种各样的客户信息，这样才能解决贷款业务信息不对称的问题，实现对小微企业贷款信用风险的有效防范。

第三节　大数据与银行风险管理

一、大数据时代下银行所面临的风险

正如业界常说，银行的业务就是风险，而数据则是银行最有价值的资产。如果将风险比作银行的灵魂，那么数据则当之无愧地是银行的血液，两者相辅相成，维系着银行的运作。数据和风险从来就是银行的两大要素，随着全球化的深入和信息技术的发展，风险和数据为商业银行带来的机遇与挑战日趋明显。就宏观经济发展和商业银行的经营环境而言，商业银行面临监管逐渐严格，市场变化日益加速，来自电商及其他非传统金融机构的竞争不断增强的局面。

（一）外部风险来源多样化

目前，银行业外部风险来源包括小贷公司、典当行、担保机构、民间融资、非法集资、影子银行，以及与银行业金融机构有各种业务合作关系的金融同业、工商企业等。与银行业原来的信用风险、市场风险、操作风险等传统风险比，外部风险事件呈现来源多样、形式复杂、防范困难的特点，而这些公司（领域）发生的风险事件，往往会传递至银行业，最终对银行的业务经营产生不良影响。

（二）外部风险事件对银行业的影响越来越大

在云计算的条件下，银行、企业、中介服务机构之间的联系越发紧密，一时一地、一个单位的局部风险，可以迅速扩展为系统性、全面性风险，如"钱荒"的起因仅仅是一起小小的同业违约事件。此外，大数据时代的信息来源广、传播速度快，银行的负面舆情通过微信、微博、抖音被迅速传递，甚至被放大，银行声誉的风险增大。

（三）电子银行网络安全面临挑战

近年来，网络安全事件频繁发生，银行业面临客户信息、账户信息和交易信息以及信息系统的安全挑战。一旦信息体系遭受破坏和黑客侵入、网络中断等，导致信息资源的扭曲和传输障碍，就可能带来不可估量的损失。针对银行客户资金的网上欺诈、电话欺诈日益泛滥，呈现集中化、长期化、复杂化的特点，电子银行的交易安全和反欺诈工作必须引起高度关注。

（四）风险管理由控制内部向防范外部转变

风险管理一直是各商业银行的重点工作，商业银行普遍实现了"横向到边，纵向到底"的风险管理，重点从提高审批质效、加强资产监控、降低资本占用、专业队伍建设等方面入手，通过风险管理的"前移""下沉"，实行集中化全程管理，取得了良好成效。当然，在银行内部风险得到较好控制的同时，外部风险对商业银行的影响也越来越大。

二、基于大数据的银行风险管理

在这样的大环境下，商业银行要保持竞争力，维护自身的生存与发展，必须更好地发现数据所能提供的风险管理价值，并积极地运用各种技术及管理手段，最大化地实现这些价值。

（一）大数据与信用风险管理

过去，银行在进行信用风险决策时，主要依据客户的会计信息、客户经理的调查、客户的信用记录以及客户抵（质）押担保情况等，通过专家判断进行决策。这种决策模式具有一定的弊端：

(1) 这种模式只适用于经营管理规范、会计信息可靠、信用记录良好的大公司或有充分抵（质）押物并经营良好的大公司，而且风险的状况是要由审批人员进行主观判断，缺乏足够的客观证据。

(2) 信息不对称、标准不统一、业务流程复杂、效率低下。

(3) 决策所依据的主要是企业过去的静态信息，而不是实时的动态信息，时效性、相关性和可靠性不足，风险不能得到有效控制。

信用风险计量已经有成熟的模型与方法，如以违约概率为核心变量的客户风险评级模型，以及以违约损失率为核心变量的债项风险评级模型等。在模型开发中，各银行所面临的共同问题是缺乏相关数据，其原因主要有三个方面：一是数据来源有限，尤其是客户的相关信息，银行通常仅能获得客户主动或被动提供的基本信息数据及财务信息数据；二是数据可靠性不足，数据的获得路径长，缺乏有效的验证手段；三是数据覆盖广度不够，比如客户的市场行为、与第三方对手间的交易往来等有价值的信息数据，或根本无法收集，或被湮没在大量的信息噪声中而无法及时发现，从而不能在建模中充分利用。

银行可以通过大数据体系的建设有效地解决数据缺乏问题。一方面通过多种传感器、多个渠道采集数据，可以帮助银行更全面、更真实、更准确、更实时地掌握借款人信息，降低信息不对称带来的风险；另一方面，利用大数据技术可以找到不同变量间新的相关关系，形成新的决策模型，使决策更准确、更统一、更公正。此外，银行业通过构建大数据平台，也可以帮助银行加强风险建模，大数据技术还可以提供功能广泛的风险分析和管理工具。

此外，银行可以利用大数据提高欺诈检测，创新信用风险管理模式。商业银行通过应用大数据结合实时、历史数据进行全局分析，每天评估客户的行为，并对客户风险等级进行动态调整，实现对客户授信的精细化管理。商业银行通过共享各业务分支机构的相关信息，并针对不同风险点实施相应的控制措施，及时获取、挖掘有效的风险预警信息，发现经营中存在的问题，建立全面的风险管理预警体系，增强风险识别和防范能力。例如，中信银行信用卡中心借助大数据分析技术每天评估客户的行为，并对客户的信用额度随时进行调整。此外，大数据还有助于银行确定客户运营状态变化规律，建立运营状态变化路径，按变化路径设置风险控制点，逐点计算对应的客户价值，在客户价值的基础上评估信用风险，从而形成新的客户信用风险动态计算体系以及管理模式，形成新的利润增长点。

（二）大数据与操作风险管理

《巴塞尔新资本协议》提出了衡量操作风险的各种方法和原则。当前国际金融界实际采用的衡量方法确实存在相当大的差异：一些风险管理能力强的金融机构，已经能够符合"巴塞尔新资本协议"中提出的基本指标法或标准法等较高水平的衡量方法的要求；国内银行在操作风险的衡量方面还较为落后，究其原因，主要是由于银行缺乏操作风险计量模型以及计量所需要的损失数据。建模数据的不足，造成银行模型开发困难，开发和校准工作周期长，主观随意性强，模型验证难，模型的使用效果不能保证。因此，对银行业而言，应系统全面地收集和管理历史数据，为模型和工具的正确使用提供数据支持，从而为操作风险度量和控制提供更有意义的指引。

大数据平台为银行建立完善的风险量化体系提供了保障，主要表现在以下三个方面：

(1) 拓展了数据源的广度。大数据平台可以极大地扩展数据来源，利用大数据平台，银行能从互联网、移动平台等多种非传统渠道中及时捕捉以前无法获得或无法使用的风险事件数据，并通过与传统数据的快速整合、关联补充，为操作风险的度量提供充分的数据保障。

(2) 增强了数据源的时效性。利用大数据平台，可以实时地收集操作风险事件数据，即时监控可能发生的事件，并提供实时或准实时的风险计量服务，以配合业务管理对效率的要求。

(3) 促进了风险管理的前瞻性。风险计量体系要能提前捕捉风险预警信号，为主动性风险管理提供技术支持，而大数据平台为实现该目标提供了可能。

（三）大数据与实时风险监测

任何银行业务的风险管理均分为事前、事中、事后阶段，然而国内银行大部分对业务操作的管理是事后监督。例如，欺诈交易风险管理最重要的环节是事前的监测和识别，而由于时间的滞后，现行的事后监督难以发挥主动监督的作用，难以对风险业务发挥实时控制的作用。

此外，银行日益增长的需求已远非传统的智能业务应用所能满足。银行需要不间断获取情报的能力，从而能够分析大流量的实时事件，并迅速洞察风险事件，即时且自动化地对风险事件进行响应。也就是说,关键是能够对持续大流量的实时数据进行分析并快速响应。

流式计算就是这样的实时计算技术，被称为 Hadoop 之后的第二代"实时"云计算。流式计算的核心思想是实时整合来自多种异构数据源的数据，对海量"运动"中的数据进行连续实时的处理，捕捉可能对用户有用的信息并把结果发送出去。

三、银行开展全面风险管理的对策

在大数据时代，商业银行要积极做好应对工作，加强数据采集与整合能力，建立量化分析数据中心，提升风险量化能力，从而为银行开展全面风险管理提供坚实的基础。

（一）加强对数据的收集与管控规范

商业银行在日常经营中产生的大量数据是形成整个社会大数据的重要组成部分,因此,要对数据管控、数据处理和数据结果反应做出正确处置。一是确定主要的数据采集渠道，主要可以划分为资讯数据、行情数据以及市场数据。数据管控上要进行标准化采集，统一化处理，时效化完成，分级化查阅，坚持做到采集的数据准确、结果可视，使数据应用性大大提高。二是数据处理时一定要科学并依照规则，特别要杜绝以假乱真、以次充好的现象。三是处理后的结果，要依照规定展示，并且严格按照国家法律法规进行使用，避免影响商业银行声誉的风险事件产生。

（二）建立多元化的数据获取渠道

商业银行要注重利用社交媒体的数据拓展渠道，获取客户信息。学会使用各类媒体不但为客户服务，而且为优化商业银行自身形象服务。积极参与网络工具形成的各种运作方式，并研究在运作方式中融入商业银行工作目标，真正使媒体、网络工具成为维系、拓展客户的桥梁和重要的通道。

（三）提升大数据处理与分析的技术水平

在银行数据大集中的基础上，采用数据仓库技术作为银行海量数据提取的实现方法，将数据集中到银行数据仓库中去，然后在此基础上进行各种数据的统计分析及数据挖掘。针对多元、高速、高噪声数据，银行必须制定出整合、清理和分析的解决方案。这些数据包括结构化数据（如客户财务信息、交易信息等）、非结构化和半结构化数据（如邮件、客户信函、代理票据和语音文档等）。

（四）增强对实时数据的处理能力

银行需要即时获取外部风险事件的能力，从而能够分析大流量的实时事件，并迅速洞察事件原委，实时整合来自多种异构数据源的数据，对海量"运动"中的数据进行连续实时处理，捕捉可能对用户有用的信息并把结果发送出去。因此，需要对持续大流量的实时数据进行分析并快速响应。流式计算把数据包分割成小块，然后通过并行计算的方式将这些数据快速处理，并保存数据处理后的相关结果。因此银行需要制定流数据分析方案，通过分析社交媒体等流数据，迅速了解客户行为，发现风险并及时预警。

（五）增强大数据平台的投资与建设

大数据时代将带动整个社会交易方式的变化，服务日趋虚拟化，更多的服务将由网络来承担，强大的大数据平台及网络系统是商业银行未来经营管理的利器。因此，商业银行需要投入大量资源用于适应大数据技术的需要，优化系统的体系架构，使系统具有可拓展性和灵活性。对资源的投入一定要有相当的前瞻性，并兼顾当前实际。争取在过渡期内，尽可能地实现资源利用最大化。

（六）商业银行要高度重视适应大数据技术的人力储备

美国曾预计，为适应大数据时代到来，未来美国需要60万名拥有数据分析特长，又懂行业知识的复合型人才。这类人才仅仅经过大学培养远远不够，还需要丰富的实践经验。

我国商业银行对此类人才的储备相当不足，所以对抓紧人力资源储备更为迫切。

第四节　大数据与小微企业信贷

我国尚未形成与小微企业相匹配的金融市场和银行体系。在当前小微企业普遍缺乏抵押资产和有效担保的情况下，其经营状况的高风险性与银行类授信机构放贷的审慎性原则相冲突。因此，授信机构对小微企业的贷款申请普遍持非常谨慎的态度，一般对没有抵押物担保的信用类贷款客户设置了更高的准入门槛和资质要求。利用基于大数据的挖掘和智能学习技术，可实现对海量数据的分析和处理，也可大量、深度地挖掘社交媒体，同时极大地拓展贷款人的变量，从而建立基于大数据模型的信用评估体系，使贷款批准更有效率，同时使风险控制进一步改善。

一、小微企业及信贷风险

（一）小微企业的概念

小微企业是对小型企业、微型企业、家庭作坊式企业、个体工商户的统称。国内对小型企业的定义主要来自国务院 2002 年下发的《中华人民共和国中小企业促进法》，文件规定了小企业的划分标准由国务院相关部门根据企业职工人数、年销售额、资产总额等指标结合企业所在行业特点制定。

2011 年 6 月，工信部、国家统计局、发改委和财政局又联合制定了《关于印发中小企业划型标准规定的通知》（以下简称《通知》），根据行业特点将中小型企业进一步细分成微型、小型、中型三类，并根据企业的从业人员数量、资产总额、年营业收入等指标制定了具体的划分标准。相对同时废止的《中小企业标准暂行规定》，该文件对中小型企业的分类更加细化，在中小企业类型外增加了微型企业的企业类型。而在划分标准方面，《通知》不再以企业的销售额为划分依据，而通过衡量企业的营业收入对企业进行划分，这个指标更适用于各个行业。2017 年，国家统计局印发《统计上大中小微型企业划分办法(2017)》的通知，对 2011 年制定的《统计上大中小微型企业划分办法》进行修订。本次修订保持原有的分类原则、方法、结构框架和适用范围，仅将所涉及的行业按照《国民经济行业分类》和《国民经济行业分类》的对应关系，进行了相应调整。

（二）信贷风险

信贷资产是商业银行的主要资产，开展信贷业务产生的风险即信贷风险。信贷风险具体是指由于债务人信用等级下降或违约及金融市场因子变化等因素，导致信贷资产发生损失甚至银行整体价值下降的可能性。商业银行关于企业的信贷风险可参照《巴塞尔协议Ⅲ》关于资产风险的分类标准分成信用风险、操作风险、市场风险、流动性风险四大类。由于小微企业本身具有商户数量多、行业分布广、信息采集较难等特征，商业银行开展小微企业信贷业务时会面临一系列与传统大中型企业信贷业务不同的风险。主要来自以下几个方面：

(1) 小微企业多数属于劳动密集型企业，技术含量低、管理水平差、缺乏自主创新产品，在市场竞争中只能依靠低价策略，在产业链中往往处于弱势地位。因此，抵抗市场风险的能力较弱，银行贷款坏账率高，同时单笔贷款规模偏小导致单位贷款成本偏高，这些因素影响了银行放贷。

(2) 中小企业信息披露不规范。小微企业通常治理不完善、财报数据问题普遍，常常让银行信贷人员难以掌握中小企业的经营情况和风险信息，增加了金融机构的贷前调查难度。小微企业的信息不对称，以及"短、频、急"的融资特点增加了金融机构的授信成本，给其带来了不小的障碍。尤其是小微企业数量多、行业分散，又分别处于不同的发展阶段，这就造成了小微企业融资需求的多元化，金融机构满足小微企业多元化的融资需求需要形式多样的资金提供方式，增大了银行信贷的风险成本。信息不对称还导致了逆向选择，具有偿还能力的优质企业往往被高利率挡在门外，剩余客户中高风险企业偏多，进一步影响了银行放贷的积极性。

(3) 金融行业准入门槛高。由于金融行业在国民经济中的特殊地位，国家对金融机构的经营制定了严格的规则制度，旨在保证金融机构的安全性和金融系统的稳定性，避免由于流动性风险带来金融危机造成不良后果。金融机构的审慎性原则要求相关部门在开展授信业务的时候严把风险关口、严格控制授信对象准入，客观上给风险系数较高的小微企业设置了融资门槛，使得一些小微企业由于无法及时从金融机构贷到所需资金而丧失了很好的发展机会。此外，金融机构对贷款申请过程层层把关，小微企业申请一笔数额不大的贷款要准备一大堆资料和通过十几道手续，办理手续相当繁琐，所需时间少则一两周，多则数月，即使最后贷款到手，商机可能早已错过。大中型企业资产足、信誉好，往往是信用资金追着贷；相反小微企业资产积累少，又缺乏资产担保，各家金融机构纷纷提高小微企业贷款的准入门槛和授信标准。而且银行向中小企业提供融资服务的中小型金融机构数量不足，也会导致中小企业融资的供给更加短缺。

(4) 信用评级、信用担保、融资中介等中介服务机构发展缓慢，现有服务机构手续繁杂、服务水平较低、收取费用较高，这些问题令中小企业不堪重负，加大了中小企业融资成本，限制了其健康发展。

二、基于大数据的小微企业信贷模式创新

在中国政府推动及利率市场化等制度变革的背景之下，中国小微企业融资近年来得到了更多的重视，不少银行机构将小微企业融资服务作为转型的重要方向。随着利率市场化，存贷利差缩小，小微企业信贷业务将是商业银行大力发展的业务。小微企业信贷面临的难题是企业数量大、管理不规范、信息不对称。商业银行需要通过大数据挖掘、分析和运用去识别具有市场潜力的中小企业客户，完善批量化、专业化审批，将贷款提供给合适的小微企业。例如，阿里金融就通过大数据分析，建立了面向小微企业的阿里小贷平台。

基于大数据的互联网金融正在尝试打破小微企业融资成本与收益难以均衡的僵局。大数据与信贷业务相结合，可以重塑信息结构，削减业务成本。电子商务平台的发展积累了海量数据，对这些数据进行挖掘所得到的逻辑与规律信息，比现实中发布的小微企业财务

数据更加真实，因而具有巨大的社会经济价值。信息结构的改善使金融机构可以清晰地甄别企业的资质，使信息不对称的问题得以解决，并激励金融机构为优质的小微客户提供信贷服务，"信贷配给"发生的基础亦不复存在。同时，运算能力强大的电子系统将客户拓展的边际成本削减至几乎为零，金融机构有机会从80%的低端客户身上获取不菲的价值，"二八定律"成立的前提也随之消失。在互联网金融和电子商务环境下，小微企业的融资模式也发生了变化，主要形成了以下几种模式。

（一）国外小微企业融资模式

由于商业环境、法规制度不同，国内外中小企业的融资模式也存在一定的差异。国外主要模式包括P2P网络融资模式、众筹模式，以及信贷工厂模式等。

P2P网络借贷是随着互联网的发展和民间借贷的兴起而发展起来的一种新的金融模式。它是指在借贷过程中，借贷双方的资料与资金、合同、手续等全部通过网络实现，是个体和个体之间通过互联网平台实现的直接借贷。与传统银行的间接融资模式不同，P2P网络借贷是资金的直接交易，不经过任何第三方机构（如银行），并在此基础上应用了互联网的连接功能，使得在平台上需要进行资金借入活动的用户（借款人）和在平台上想要对资金进行出借活动的用户（出借人）能够跨时空、跨地域地建立起借贷关系，在很大程度上促进了资金的融通。最早的P2P网络借贷源于英国，2005年3月，正式在英国伦敦运营的Zopa是第一家真正意义上的P2P网络贷款平台。作为中介，平台既不吸储，也不放贷，其收入来源包括向放贷人和借款人收取借款本金额一定比例的成交服务费用。典型的P2P网络融资平台包括英国的Zopa、德国的Smava、荷兰的Boober、丹麦的Myc4、意大利的Boober、波兰的Kokos和Monnetto、法国的Babyloan等。

众筹，即大众筹资，指大众以互联网为载体，汇集资金用来支持某个特定项目或组织。其实质就是以预购的形式，在网上向公众募集项目资金的模式。众筹模式利用互联网和社交网络传播的特性，让小企业、艺术家或个人向公众展示他们的创意，争取大家的关注和支持，进而获得所需要的资金援助。相对于传统的融资方式，众筹模式更为开放，项目的商业价值也不再是获得资金的唯一标准。只要是网友喜欢的项目，都可以通过众筹模式获得项目启动的第一笔资金，这为更多中小企业和创作人士的融资活动提供了可能。典型的众筹网站包括Kickstarter、IndieGogo、AngelList等。国内众筹的起步时间较晚，首家众筹平台是成立于2011年7月的"点名时间"，2011年11月上线的天使汇是国内首家股权式众筹，之后众筹平台开始陆续出现。

在信贷工厂模式中，小微企业信贷业务被分成许多个环节，工作人员以流水线的形式对信贷的申请、审查审批、发放及风险控制进行处理，从而促进了业务办理效率的提高。在国外，新加坡淡马锡控股(Temasek Holdings)公司率先推出了一种小微企业信贷模式——信贷工厂模式。这种模式在提高小微企业信贷业务的工作效率方面作用十分明显，具有很强的借鉴意义。在国内，中国银行、中国建设银行、中国民生银行等商业银行也已采取这种模式，并取得了较好的效果。可以认为，引进信贷工厂模式，推进商业银行信贷业务流程的重构与再造，对于小微企业信贷业务的进一步发展具有重要作用。

（二）国内小微企业网络融资模式

伴随着互联网技术的发展和我国对中小企业融资难的问题日益重视，国内也出现了多种形式的中小企业网络融资模式。由于法律制度差异，P2P网络融资模式和众筹模式推广有限。目前发展较顺利的中小企业网络融资模式可归纳为银行网络融资服务模式、网络融资中介模式和电子商务平台模式。

1. 银行网络融资服务模式

银行网络融资服务模式是指单一银行通过搭建服务平台，将贷前申请、审核，贷后风险控制等线下业务转移到线上进行，借助网络和信息技术，降低银行操作成本，提升融资效率。其主要代表是中国工商银行提供的中小企业网络信贷业务、中国农业银行的金融综合服务平台。这种模式实际上是传统银行贷款模式的延伸，并未改变单个银行面向众多中小企业一对多服务的现状。

2. 网络融资中介模式

网络融资中介模式是指第三方网络服务商与国内多家银行共同合作，整合面向中小企业的多种融资工具，打造一站式的中小企业网上贷款超市，体现贷款产品种类的丰富及选择的方便性，可以在较短的时间里帮助客户选择到合适产品，可以全天24小时办理业务，在3～6个工作日就可以完成贷款全部流程。这种模式实际上是银行金融业务前端流程的服务外包。其主要代表是数银在线、易贷中国等。

3. 电子商务平台模式

电子商务平台模式充分利用了第三方电子商务平台对平台上中小企业的信息优势和制约机制，以企业在电子商务平台上的行为参数为基础向企业综合授信，主要贷款对象是电子商务平台会员。在这种模式下，电子商务公司提供金融机构和企业第三方服务平台，可接受多家银行合作。银行先对贷款企业进行综合授信，然后由贷款企业客户进行无抵押、无担保的贷款，信贷风险由银行和贷款企业共同承担。贷前审核中，电子商务公司将其平台上的"网商网上行为参数"加入授信审核体系，对贷款信息进行整合处理，帮助银行提升授信审核效率，增加企业获得贷款的概率。贷后管理上，电子商务平台也积极同银行合作，利用平台的监督制约机制督促中小企业及时履行还款义务，减少银行坏账比例。

三、银行开展小微企业信贷的建议

在小微企业贷款市场，银行与互联网起家的小额贷款公司竞争日益激烈。与国外小微企业信用评估相比，尽管部分国内银行在小微企业信贷领域取得了一定的成绩，但绝大多数国有商业银行由于银监会的管制以及在国有体制的束缚下，数据分析和挖掘技术推进十分缓慢，仅靠有限的数据对客户进行销售预测和风险管理，作用有限。然而，在大数据环境下，银行业也迎来了新的机遇，利用大数据，有助于推动银行发展模式的战略转型、风险决策模式的创新，以及应用大数据实现管理升级。

(1) 商业银行在操作小微企业信贷业务时，首先应着力建设自身的小微客户信用信息平台，依靠先进的信息科学技术建立功能强大、数据丰富、运行稳定、安全可靠的数据库。然后拓宽用户收集渠道，竭尽所能地收集各种各样的客户信息，这样才能解决贷款业务信息不对称的问题。在数据收集过程中要保证客户信息采集的真实性和科学性。在积攒大量客户信息的基础上，建立模型库，计算业务违约的概率和风险的损失，实现对小微企业贷款信用风险的有效防范。

(2) 对银行监管机构而言，应加强政策激励力度，提升银行支持小微企业发展的积极性。目前国家出台的各项优惠政策主要集中于小微企业，在号召银行支持小微企业发展时，往往缺乏相应的激励，导致银行的积极性不高。建议针对银行出台实质性的优惠条件，鼓励银行机构加大对小微企业的支持力度。如根据银行发放小微企业贷款的平均余额，在次年按比例由中央财政出资对银行进行奖励，或在税收上予以减免和优惠等。在监管方面，区别对待小微企业贷款和其他类型贷款，适当提高对小微企业不良贷款的容忍度等。

(3) 对银行而言，应进一步加大扶持力度，降低小微企业信贷门槛。建议银行实行差别化的信贷政策，即根据小微企业所处行业、规模、营业状况等实际情况来制定相应的贷款政策，适当降低小微企业贷款的条件和门槛。同时，进一步扩大专营机构的覆盖范围，鼓励有条件的银行机构增设小微企业专营机构，简化贷款审批手续和发放流程。

▶▶ ⦿ 【本章小结】

(1) 大数据通常是指无法在一定时间范围内用常规软件工具进行捕捉、管理和处理的数据集合，是需要新处理模式才能具有更强的决策力、洞察发现力和流程优化能力的海量、高增长率和多样化的信息资产。

(2) 大数据具有数据体量巨大、数据类型多样、处理速度快、价值性高、数据在线化等五个特征，其中具有价值是大数据最本质的特征。

(3) 从数据在信息系统中的生命周期看，大数据从数据源经过分析挖掘到最终获得价值，一般需要经过五个主要环节：数据准备、数据存储与管理、计算处理、数据分析和知识展现。在这五个环节中，数据存储与管理、计算处理和数据分析三个环节比较关键，需要对技术架构和算法进行重构，是当前和未来一段时间大数据技术创新的焦点。

(4) 大数据金融是指运用大数据技术开展金融服务，即依托于海量、非结构化的数据，通过互联网、云计算等信息化方式对其数据进行专业化的挖掘和分析，并与传统金融服务相结合，创新性开展相关资金融通工作的统称。

(5) 大数据在金融领域的应用主要体现在大数据征信、信用评分及风险控制、精准营销及客户体验、投资指导、金融产品创新等方面。

(6) 银行应从加强对数据的收集与管控规范、建立多元化的数据获取渠道、提升大数据处理与分析的技术水平、增强对实时数据的处理能力、增强大数据平台的投资与建设、高度重视适应大数据技术的人力储备等六个方面开展全面风险管理。

(7) 国外小微企业的融资模式主要包括 P2P 网络融资模式、众筹模式，以及信贷工厂模式。

(8) 基于大数据的国内小微企业网络融资模式主要有：银行网络融资服务模式、网络融资中介模式、电子商务平台模式三种。

思考题

(1) 简述大数据的特征。

(2) 简述大数据带来的六大趋势。

(3) 简述大数据的金融应用。

(4) 商业银行如何运用大数据进行风险管理？

(5) 基于大数据的小微企业信贷模式有哪些创新？

案例分析

蚂蚁金服：以互联网金融为平台、以大数据金融为元素

2013 年 3 月，支付宝的母公司——浙江阿里巴巴电子商务有限公司，宣布将以其为主体筹建阿里小微金融服务集团，并将服务人群锁定为小微企业和个人消费者。2014 年 6 月 11 日，浙江阿里巴巴电商更名为浙江蚂蚁小微金融服务集团有限公司。同年 10 月 16 日，小微金融服务集团以蚂蚁金融服务集团的名义正式成立，旗下业务包括支付宝、支付宝钱包、余额宝、招财宝、蚂蚁小贷和网商银行等。

自 2014 年 10 月正式成立集团以来，蚂蚁金服始终以一种进击的姿态，不断活跃在市场上，可以看到芝麻信用公测、招财宝破千亿、收入恒生电子、成立蚂蚁达客、开办网商银行等一系列行动。有舆论甚至用"暴兵"二字来形容蚂蚁金服越来越迅猛的业务进展状况。加上已有的支付宝和蚂蚁小贷，如今的蚂蚁金服，已经成为一个横跨支付、基金、保险、银行、征信、互联网理财、股权众筹、金融 IT 系统的大数据金融集团，蚂蚁金服构建的大数据金融生态圈已初见端倪。

蚂蚁金服方面表示，之所以选择这个名字，是因为我们是从小微做起，我们只对小微的世界感兴趣，就像蚂蚁一样，虽然渺小，但它们齐心协力，焕发出惊人的力量，在去目的地的道路上永不放弃。其专注于服务小微企业与普通消费者，而未来将对所有合作伙伴开放云计算、大数据和市场交易三大平台，建设信用体系，拓展互联网时代的金融新生态。

数据是未来企业的重要资产，公司的竞争将会围绕数据展开，谁掌握了数据，谁就掌握了未来。蚂蚁金服从成立以来，就将自己定义为一家技术驱动的数据公司，足见其战略眼光。目前它是全球少有的既有大数据资源，又有大数据思维、大数据应用能力的公司。利用大数据技术，可以深度挖掘客户需求，更好地发现客户、理解客户，实现精准营销；可以实时反馈客户情况，为银行做出客户流失预警；可以提高金融机构的风险管理能力以及内部管理效率；可以准确分析市场，为基金公司研发新产品；可以准确区分目标客户群体，为保险公司进行差异化定价。大数据的价值在尝试中不断被发现，随着蚂蚁金服整个生态的成熟，各种数据会进一步在这个平台上沉淀，然后被发掘利用，形成良性循环，成为永不枯竭的宝藏。

案例思考

大数据对金融体系的改革创新作了哪些贡献？

参 考 文 献

[1] 王芳，张宗梁．银行业风险与防范 [M]．北京：经济科学出版社，1998．

[2] 朱忠明．金融风险管理学 [M]．北京：中国人民大学出版社，2005．

[3] 张金清．金融风险管理 [M]．上海：复旦大学出版社，2013．

[4] 王勇，隋鹏达，关晶奇．金融风险管理 [M]．北京：机械工业出版社，2014．

[5] 劳芬，侯金亮，孙焕民．商业银行合规风险管理：认识与实践 [J]．农村金融研究，2008(06):24-29．

[6] 卢文莹．金融风险管理 [M]．上海：复旦大学出版社，2006．

[7] 马杰．利率与汇率风险管理 [M]．北京：人民邮电出版社，2006．

[8] 马一民．金融体系的风险与安全 [M]．北京：社会科学文献出版社，2007．

[9] 宋清华，李志解．金融风险管理 [M]．北京：中国金融出版社，2003．

[10] 田新时．金融风险管理的理论与实践 [M]．北京：科学出版社，2006．

[11] 邹宏元．金融风险管理 [M]．5 版．成都：西南财经大学出版社，2021．

[12] 陆静．金融风险管理 [M]．2 版．北京：中国人民大学出版社，2019．

[13] 李晓林．风险管理 [M]．北京：中央财经大学，2001．

[14] 杨力，张耿，张瑾．金融风险管理 [M]．北京：清华大学出版社，2014．

[15] 喻平．金融风险管理 [M]．武汉：武汉理工大学出版社，2004．

[16] 王仁祥，喻平．金融风险管理 [M]．武汉：武汉理工大学出版社，2005．

[17] 李静．金融机构风险管理 [M]．江西：江西财经大学出版社，2021．

[18] 朱淑珍．金融风险管理 [M]．4 版．北京：北京大学出版社，2020．

[19] 刘金章．金融风险管理综论 [M]．北京：中国金融出版社，1998．

[20] 梁维和．入世后中国金融业改革与开放 [M]．北京：中国社会科学出版社，2003．

[21] 李健．金融学 [M]．北京：中央财经大学出版社，2018．

[22] 冉光和．金融产业论 [M]．北京：科学出版社，2007．

[23] 崔满红．金融资源理论 [M]．山西：山西财经大学出版社，2007．

[24] 杨军．风险管理与巴塞尔协议十八讲 [M]．北京：中国金融出版社，2020．

[25] 高晓燕．金融风险管理 [M]．2 版．北京：清华大学出版社，2019．

[26] 刘亚．金融风险管理学 [M]．北京：中国金融出版社，2017．

[27] 刘园．金融风险管理 [M]．北京：首都经济贸易大学出版社，2019．

[28] 陈松男．金融风险管理：避险策略与风险值 [M]．北京：机械工业出版社，2014．

[29] 陆静．金融风险管理 [M]．3 版．北京：中国人民大学出版社，2021．

[30] 王金安，陈蕾．金融风险管理 [M]．北京：中国人民大学出版社，2021．

[31] 涂永红．外汇风险管理 [M]．北京：中国人民大学出版社，2004．

[32] 刘立峰. 宏观金融风险：理论、历史与显示 [M]. 北京：中国发展出版社，2000.

[33] 巴塞尔银行监管委员会.《巴塞尔协议Ⅲ》(综合版)[M]. 北京：中国金融出版社，2014.

[34] 赵先信. 银行内部模型和监管模型：风险计量与资本分配 [M]. 上海：上海人民出版社，2004.

[35] 卢亚娟，刘烨. 金融学案例集 [M]. 北京：中国金融出版社，2020.

[36] 王林.《巴塞尔协议Ⅲ》新内容及对我国商业银行的影响 [J]. 西南金融，2011(1):8-10.

[37] 王程程. 人民币汇率制度改革背景下的我国商业银行汇率风险管理 [D]. 东北财经大学学位论文，2013.

[38] 菲利普·乔瑞. 金融风险管理师手册 [M]. 2 版. 张陶伟，彭永江，译. 北京：中国人民大学出版社，2004.

[39] 加斯蒂尼，克里茨曼. 金融风险管理词典 [M]. 湛季强，译，北京：华夏出版社，2007.

[40] 罗恩·顿波，安德鲁·弗里曼. 风险规则 [M]. 黄向阳，孙涛，译. 北京：中国人民大学出版社，2000.